Immanuel Kant

Kritische Briefe an Herrn Immanuel Kant über seine Kritik der reinen

Vernunft

Immanuel Kant

Kritische Briefe an Herrn Immanuel Kant über seine Kritik der reinen Vernunft

ISBN/EAN: 9783744683944

Hergestellt in Europa, USA, Kanada, Australien, Japan

Cover: Foto ©ninafisch / pixelio.de

Weitere Bücher finden Sie auf **www.hansebooks.com**

Kritische Briefe

an

Herrn Immanuel Kant
Professor in Königsberg

über

seine Kritik

der

reinen Vernunft.

———

Göttingen,
bey Vandenhoek und Ruprecht.
1790.

Vorrede.

Freylich ist es immer das Schicksal der Philosophen gewesen, welche darauf ausgiengen, die Lehrgebäude ihrer Vorgänger niederzureissen, und auf ihren Trümmern ein neues zu erbauen, daß viele sich gegen sie erhoben, und andre, welche ihre Rechnung dabey zu finden sich überredeten, wenn sie sich für dieß letzte erklärten, sich zu Vertheidigern desselben aufwarfen. So war es bey den Philosophen der Vorwelt, und so wird es aus sehr natürlichen Ursachen auch bey unsern spätesten Nachkommen bleiben.

Socrates verwarf die Systeme seiner Vorgänger, wollte überhaupt von keinem etwas wissen, und war gewohnt, seinen Unterricht auf Moral einzuschränken. Plato sein Schüler erbaute auf den Trümmern der eingerissenen Systeme ein neues

wie.

wieder, und glaubte zuerst allgemeingültige Principien der
Vernunft gefunden zu haben.   Sein Schüler Aristoteles wollte
tiefer sehen, als sein Lehrer, bestritt das Platonische Lehrge=
bäude, und errichtete ein neues, worin er erst recht die wah=
ren Principien der Vernunft entwickelt zu haben sich überredete.
Zeno und Epicur waren der Meynung, daß es ihnen von dem
Schickfal vorbehalten wäre, die reinen unverfälschten Vernunft=
principien der Welt zu entdecken, und ein jeder von ihnen nahm
im Gefolge seiner Anhänger seinen eignen Weg.   Pyrrho
gieng darauf aus, beynahe wie die neue Kantische Philosophie,
alle ältere und neuere Lehrgebäude mit einmal und auf immer
niederzureissen, sahe sie alle als verunglückte Versuche der sich
täuschenden Vernunft an, und seine Vernunft wollte es erkannt
haben, daß für uns alles in Dunkel eingehüllet, daß alles
ungewiß wäre, daß wir nichts mit Gewißheit erkennen könn=
ten.   Alle hatten ihre Anhänger, auch ihre Gegner, welche im=
mer gegen einander zu Felde lagen.   Die Römer errichteten
keine neue Lehrgebäude, sondern pflegten sich nur an diese oder
jene Griechische Schule anzuschliessen, so wie ein Zufall, oder
Erziehung, oder ein besondrer Hang sie dazu vermochte.   Sie
vertheidigten die Secte, zu welcher sie traten, und bestritten
die andren Secten, welche der ihrigen entgegen waren.   Die
Scholastiker, dunkle und dabey scharfsichtige Köpfe, erhoben
das System des Aristoteles auf den Thron, und stritten hef=
tig darüber, ob die allgemeinen Notionen blos Vorstellungen
der Seele, oder auch ausser diesen obiective Bestimmungen der
Gegenstände wären.   Jene, die Nominalisten, fochten gegen
diese, die Realisten, mit solcher Heftigkeit, daß sie sich auch
wohl in ihren gelehrten Kämpfen der gröbsten Thätigkeiten nicht
enthalten konnten.   Cartesius war auf seine neue Einsichten

stolz

stolz genug, daß er sich der Welt als einen Zermalmer der älteren Systeme ankündigte. Er wollte ein ganz neues erbauen. Nach einem langen Kampf mit seinen Gegnern hatte er das Vergnügen zu sehen, daß die Anzahl seiner Anhänger vornehmlich unter den Franzosen sehr groß ward. Neuton verwarf seine Principien, wodurch er die Begebenheiten in der Natur erkläret hatte. Wo jener eine drückende Schwerkraft fand, wollte dieser eine anziehende Kraft entdeckt haben. Es ist merkwürdig, daß beyde Ebbe und Fluth aus ihren Hypothesen erklärten, daß aber grade da, wo nach Cartesius Ebbe wäre, nach Neuton Fluth seyn, daß da, wo der Mond sich über das grosse Weltmeer hinbewegte, nach jenem dieß einer eingedrückten Kugelfläche, nach diesem einem sich erhebenden Kegel gleich seyn müßte, dessen Spitze den Mond im Zenith über sich hätte und dessen Grundfläche sich als ein weiter Zirkel bis an den Horizont rund umher verbreitete. In diesem Streite hätten sie die Natur befragen müssen. Nur diese konnte hier Schiedesrichterinn seyn, und nur noch vor wenig Jahren wollte Hanrich nach langer Beobachtung gefunden haben, daß sie für die Nichtigkeit der Cartesianischen Hypothese den Ausspruch gethan hätte. Neuton schloß aus Grundsätzen, daß die Erde gegen die Pole zu eine abgeglättete Kugel wäre. Die Franzosen wollten durch Ausmessungen und sichere Berechnungen, welche sich auf jene gründeten, es bewiesen haben, daß die Axe der Erde länger als der Diameter ihres Aequators seyn müßte, und beyde Partheyen stritten heftig so lange für die Richtigkeit ihrer Resultate gegen einander, bis Ludewig der XV. eine Gesellschaft von Meßkünstlern nach Norden, eine andre nach Süden schickte, und diese durch genauere Ausmessungen die Gültigkeit der Neutonianischen Schlüsse aus allen

* 3

gen

gemeinen Principien bestättigten. Leibnitz brachte zuerst die Sätze
des zureichenden Grundes und des nicht zu unterscheidenden
als allgemeine Principien in die Philosophie. Er erschien als
Erfinder der vorherbestimmten Harmonie zwischen Leib und Seele,
weil es ihm ohne Zweifel nicht bekannt geworden war, daß schon
dreyzig Jahre vorher Arnold Geulinx eben diese Hypothese in
seinem Buche Γνῶθι σεαυτόν oder ethica vorgetragen hatte.
Die Platonische Philosophie hatte ihm Gelegenheit zu seiner
Theorie von den Monaden, und von der besten Welt gegeben. Wolf trug die neuen Leibnitzischen Principien in
sein System der Metaphysik über. Er wollte aus dem
Satz des Widerspruches den Satz des zureichenden Grundes beweisen. Er behauptet, alle Dinge ohne Unterschied wären in einem so genauen Zusammenhang, daß die
Welt nicht mehr diese seyn könnte, wenn auch nur die unbe-
deutendste Begebenheit in ihr sich anders zutragen sollte,
als sie sich ereignete. Er machte die Welt zu einer Maschine,
aus deren erstem Zustande alle folgende Begebenheiten durch
völlig determinirende Gründe in einer festgesetzten Ordnung
herfliessen. Er vertheidigte es, daß das Vermögen zu denken
die einzige Grundkraft der Seele sey, woraus alle ihre Veränderungen ihren Ursprung nehmen, und er entwickelte alles in
seinem System nach einer strengen mathematischen Methode.
Seine Anhänger riefen voll Bewunderung: sehet hier ein Gebäude, welches durch nichts erschüttert werden kann! Seht,
wie aus den ersten, ungezweifelten Grundsätzen alle Wahrheiten nach richtigen Regeln der Vernunftlehre hergeleitet, und
zweckmässig verbunden sind! Sehet hier das System aller Sy-
stemen, das höchste, vollkommenste Meisterstück der menschlichen Vernunft! Andre, welche nicht zu dieser Schule gehör-
ten,

ten, dachten in manchen Stücken anders. Sie bewunderten den systematischen Scharfsinn dieses Philosophen, ohne ihm in allen beyzupflichten. Sie stritten theils mit unverwerflichen Gründen gegen einzelne Säße in diesem neuen System. Andre sahen vielleicht in einem übertriebenen Eifer, und durch die Vorspiegelungen ihrer erhißten Einbildungskraft getäuscht, nichts als die gefährlichsten Irrthümer in Rücksicht der Freyheit, der Moral, der Theologie darinn, worauf Wolf nicht gedacht hatte, und welche doch gegen alle seine Erklärungen über diese Sache einige seiner späteren Anhänger wirklich in sein System hineintrugen und sie als Wahrheiten daraus herleiten wollten, Kämpfer traten gegen Kämpfer auf, und der ruhige Denker erkannte es leicht, daß aus einem Streit, welcher mit solcher Hiße geführet wurde, eben so wenig zum Vortheil als zum Nachtheil des neuen Lehrgebäudes mit Gewißheit sich etwas folgern ließe.

Eben so steht es ißt mit der neuen Kantischen Philosophie, welche sowohl das Leibnißwolfische als jedes andre niederzureißen drohet. Von beyden Partheyen treten nach und nach Männer auf, denen man weder Scharfsinn noch Wahrheitsliebe absprechen kann. Ein jeder von ihnen überredet sich, daß er blos die Sache der Wahrheit führe. Die Vertheidiger des neuen Systems sind geneigt, es ihrem Gegner vorzuwerfen, daß das allein Gültige der neuen Philosophie nicht von ihm erkannt werde, weil er von seiner bisherigen Vorstellungsart desto lebendiger überzeugt ist, je mehr Zeit und Mühe sie ihm gekostet, je mehr er sie durch die Gründlichkeit und den Reichthum seines Talentes zu unterstüßen und auszuschmücken gewußt hat.

weil

weil ihm dadurch alle unpartheyische Prüfung der neuen Lehre
unmöglich wird; weil ihm deswegen die Gründlichkeit derselben ungereimt vorkömmt; weil er in die Principien derselben
einen fremden Sinn hineinträgt; weil er auch mit dem besten
Willen seiner langgewohnten, mühsam erworbenen Vorstellungsart nicht entsagen kann; weil ihm, wenn er gar ein akademi-
scher Lehrer ist, sein System desto einleuchtender, geläufiger,
theurer werden muß, je öfterer und besser er es mündlich vorgetragen hat, je mehr seine Principien in den verschiedenen Fel-
dern der Philosophie, welche er bearbeitet, ihre Fruchtbarkeit
und Harmonie vor seinen Augen rechtfertigen, sich mit seiner
gesaminten Ideenmasse verweben, und in die Natur seiner Vernunft übergegangen sind; weil er sich theils in eine neue Untersuchung seines längst bewehrten vollenbeten Systems einzulassen fürchtet, theils auch nicht einmal wegen seiner überhäuf-
ten Amtsgeschäfte sich dazu die Zeit nehmen kann.

Alle diese Ursachen, welche die Kantianer mit grosser
Ausführlichkeit entwickeln, sind allerdings Hindernisse, welche sehr
oft die unpartheyische Prüfung eines neuen Systems erschweret
haben; sie sind aber auch schon von jedem Erfinder eines neuen
Lehrgebäudes, welches Gegner fand, für Hindernisse ausgegeben.
Ein jeder derselben hat sich darüber beklagt, daß nur diese ihre
allgemein gültigen Principien nicht allgemein geltend werden
lassen. Ihre Gegner haben ihnen auch wieder diese Vorwürfe
gemacht, daß sie wegen ihres heftigen Hanges, als Sterne
der ersten Größe in der gelehrten Welt zu glänzen, und durch
eine riesenförmige Kraft alle Gebäude ihrer Vorgänger nieder-
zustürzen, die Principien des Systems, welches sie zertrüm-
mern

mem wollen, nicht recht verstehen können, daß sie ihnen einen
falschen Sinn andichten, daß sie ihrem neuen System durch Abweichungen von dem Redegebrauch, und durch dunkle scholas
stische Terminologien eine Stärke zu geben sich bemühen, welche es
sonst nicht hat, daß ihre Vertheidiger selbst gegen sich im Streit
sind, daß sie selbst nicht wissen, was sie recht wollen, daß
diese etwa glauben, sich an einen Erfinder des neuen Systems, was Aufsehen macht, anschliessen zu müssen, um als
Vertheidiger desselben an dem Ruhm Theil zu nehmen, welchen
doch gewöhnlich Männer erhalten, die sich als solche ankündi-
gen, welche der Welt ein Licht anzünden werden, was bisher noch keinem menschlichen Auge geleuchtet hat. Hier sind
Anklagen gegen Anklagen, Beschuldigungen gegen Beschuldigungen. Man müßte ein Frembling in der Geschichte der
Weltweisheit seyn, wenn man es nicht wissen sollte, daß sie
oft gegenseitig ihre gute Richtigkeit gehabt haben.

Die neue Kantische Weltweisheit ist in der philosophischen Welt eine Erscheinung, von welcher ihre Anhänger behaupten, daß sie ihres gleichen noch nicht gehabt hat. Einer
ihrer scharfsichtigsten Vertheidiger ist der Meynung, daß sie
entweder durchgängig angenommen, oder durchgängig verworfen werden muß, und dieß scheint ein sehr richtiger
Ausspruch zu seyn. Einige wollen in ihr die vollendete,
völlig befriedigende Theorie des menschlichen Erkenntnißvermögens, die einzige mögliche Quelle allgemein gültiger Grundsätze und das in der Natur des menschlichen Geistes gegründete
System aller Systeme gefunden haben. Diesen einigen, wenn
sie aus wahrer Ueberzeugung so denken, wollen wir sehr gerne
zu ihren höheren Einsichten Glück wünschen. Allein selbst An-

*5   hän-

hänger dieses Systems scheinen es ihnen doch vorzuwerfen, daß diese und ähnliche Urtheile, welche sie nicht beweisen können, von dem größten Theil der Philosophen als stolze Anmassungen und lächerliche Uebertreibungen aufgenommen werden müssen. Herr Prof. Reinhold* erkläret sich hierüber so: „es fehlte nicht an einigen unbärtigen und bärtigen Schriftstellerchen, die theils um etwas neues zu Markte zu bringen, theils um ihren Tiefsinn bewundern zu lassen, sich zu Aposteln des alles zermalmenden Kants aufwarfen, und durch die Art, wie sie sich dabey nahmen, den Unwillen und Spott wirklich verblenten, gegen den die denkenden Verehrer des Kantischen Verdienstes, durch alles, was sie zur Bestätigung ihrer Urtheile vorbringen konnten, kaum gesichert waren.”

Wie richtig ist es nicht, was dieser Mann von einigen Kantianern urtheilet? Sind dieß die Waffen, wodurch sie ein System aufrecht zu halten denken, welchem sie einen so übertriebenen hohen Werth beylegen, daß sie mit Hohngelächter auf Männer herabsehen, die sich nicht wie sie zu der neuen Lehre bekennen; daß sie diese für Compendienschmiede, ihre Einwürfe für nichts als leere Luftstreiche schelten; daß sie vom Gewimmer und Gekrächse der Verzweiflung der sterbenden Leibnitzischen Philosophie schwatzen; daß sie sich die Kunst beylegen, die Quintessenz der Kantischen Philosophie auf einige Tropfen zu bringen? Wird Herr Prof. Kant sich nicht solcher Anhänger, solcher Vertheidiger schämen müssen? . Er,
                                                                                ein

---

* S. seinen Versuch einer neuen Theorie des menschlichen Vorstellungsvermögens.

ein Philosoph, der auch freylich seiner neuen Lehre einen
hohen Werth beyleget, aber weit davon entfernet ist, mit
verachtenden Seitenblicken auf diejenigen herab zu sehen,
welche anders denken, wie er; welcher sich in diesen belei=
digenden Krieg durchaus nicht mischet, worinn so manche Ver=
fechter seines Systems mit Waffen erscheinen, deren Ge=
brauch selbst die niedrigste Classe der Menschen noch mehr er=
niedrigen würde; deren ein Weiser, welcher für Wahrheit
streitet, sich nie erlauben wird, nicht kann, ohne sich bis
zum Pöbel herabzuwürdigen. Wer wollte sich mit solchen
Leuten in einen Streit für eine Lehre einlassen, deren Un=
tersuchung durchaus nicht durch aufbrausende Leidenschaften,
sondern allein durch ruhige Fassung der Vernunft, durch ge=
naue, und wohlgeprüfte Abwägung der Gründe und Ge=
gengründe von einem glücklichen Erfolg seyn kann.

Die Kantische Philosophie hat ihre Dunkelheiten. Sie ist hie
und da unverständlich. Dieß sind die Klagen, welche über die
Kritik der Vernunft von so vielen tiefsehenden Männern in diesem
Fache der Gelehrsamkeit geführet sind. Selbst ihre Vertheidiger,
sie mögen wollen oder nicht, müssen dieß Geständniß able=
gen. Man bedenke nur die viele saure Mühe, welche es
dem Herrn Prof. Reinhold nach seiner eignen Versicherung
gekostet hat, ehe er in die Tiefe dieser Philosophie eindrin=
gen konnte, man vergleiche nur die Recensionen, welche
Kantianer von den Werken machen, die von Kantianern ver=
fertiget wurden, um auf die Principien dieser neuen Lehre
Systeme zu errichten: so wird kein Zweifel hierüber weiter
statt haben können.

Die

Diese Philosophie will alle übrige Systeme blos für verunglückte Versuche der Vernunft ausgeben. Sie will unserm Verstande zuerst allgemein gültige Principien entdecket haben. Wenn sie nun wirklich dasjenige wären: woher käme es denn, daß, wie Herr Reinhold schreibt, unter den zahlreichen Gegnern derselben noch keiner aufgestanden wäre, der behauptet hätte, daß er den Sinn davon durchgängig gefaßt hatte? Woher käme es, daß die Anhänger derselben die Widersprüche, welche ihre Gegner ihr vorwerfen, in jener Dunkelheit entdeckt zu haben behaupteten, welche ihnen nicht unüberwindlich gewesen seyn soll, so schwer sie auch ihrem Geständnisse nach zu überwinden war? Warum mußten denn ihre Antworten auf die bisherigen Einwendungen keinen andern Junhalt haben, als daß sie die Gegner über den mißverstandenen Sinn der Kritik zurechte wiesen? Wird dadurch nicht der Vorwurf eingestanden, daß eine Schrift, welche von so vielen scharfsichtigen Köpfen und sonst so ganz competenten Richtern mißverstanden wird, dunkel seyn müsse? Kann blos dieß die Ursache davon seyn, daß sie alle insgesammt durch ihr altes System unfähig gemacht sind, eine Schrift, welche ihre eigenthümliche Klarheit hat, und uns zuerst die allgemein gültigen Principien der Vernunft entwickelt, zu verstehen, daß sie Dunkelheiten hineinbringen, welche nicht in ihr liegen? Wahre erste Principien der Vernunft können doch nicht blos für Kantianer allgemein geltend seyn? Sie müssen es für jeden denkenden Kopf werden, weil sie, wenn sie es wirklich sind, auch für ihn ihre eigenthümliche Klarheit haben. Sie sind die ersten Grundwahrheiten, welche selbst aus der Natur des denkenden Subiects entspringen, und für dieses

the

ihren eigenthümlichen Glanz haben. Fehlet es ihnen an diesem
so wird keine Kritik der Vernunft es ihnen verschaffen können.
Werden sie als Principien der Vernunft für allgemein geltend
gehalten: so müssen sie unmittelbar in der Natur des denken=
den Wesens gegründet seyn. Sollten sie ihm unverständlich
bleiben: so könnte die Ursache davon nirgend anders als etwa
in den Ausdrücken liegen, wodurch sie bezeichnet wurden.
Werden diese besser, richtiger, bestimmter gewählt: so muß sich
die Dunkelheit und Unverständlichkeit der Principien verliehren,
und statt deren ein Licht aufgehen, dessen Glanz kein Denker,
der eben die Beschaffenheit der Denkkraft hat, verkennen kann.
Und doch ungeachtet aller Erklärungen, welche die Kantianer ge=
geben haben, bleibt auch für die sonst einsichtsvollsten, scharf=
sichtigsten Männer diese Dunkelheit. Wie ließ sich dieß erklä=
ren, wenn sie nicht wirklich da wäre?

Nach der Kantischen Philosophie lassen sich die Grund=
wahrheiten der Religion, und Moral nicht demonstriren,
und doch soll man daraus nicht schliessen können, daß es
nach ihr keine allgemeingültige Gründe für sie gebe. Dieß
ist einer von den paradoxen Sätzen, welche den Gegnern
dieser Philosophie sehr befremdend vorkommen. Es soll nach
ihr zwar für diese Grundwahrheiten allgemeingültige Gründe
geben, aber sie sollen nicht dadurch demonstrirt werden kön=
nen. Was heißt denn demonstriren anders, als für eine
Wahrheit allgemeingültige Gründe anführen?

Raum

Raum und Zeit sind nach dieser Philosophie blos Formen der Anschauung, haben ausser ihr durchaus keine obiective Gültigkeit, und wenn man ihnen eine solche Realität beylegen wollte: so würden Ungereimtheiten von der verwerflichsten Art daher entstehen. Dieß behauptet Herr Kant mehr als einmal mit den deutlichsten Worten, und doch sagt Herr Reinhold, wenn man daraus schliessen wollte, daß Raum und Zeit nichts als Vorstellungen (oder subiective Formen der Anschauung) wären: so würde man dadurch in die Kantische Philosophie einen fremden Sinn hineingetragen haben. Will er also hiemit Raum und Zeit (nicht als Formen subiectiver Anschauungen, wovon die Rede hier nicht seyn kann) eine obiective Realität beylegen oder nicht? Beylegen? Nun so widerspricht er offenbar dem Kantischen System, und muß es selbst nicht recht verstanden haben. Will er beyden diese Realität absprechen: so würde er denen beypflichten müssen, welche jene Folgerung aus dem System nicht machen, sondern sie darinn selbst von Herrn Prof. Kant gemacht finden. Das System muß also entweder noch selbst für Herrn Reinhold seine Dunkelheiten haben, oder er entfernet sich in den Sätzen von ihm, welche er zwar darinn findet, aber ihre Gültigkeit nicht anerkennet, ihnen nicht seinen Beyfall giebt.

Doch meine Absicht ist es nicht, mich mit den Anhängern dieses Systems in einen Streit einzulassen. Ich habe mich vielmehr selbst an den Erfinder desselben gewandt, und ihm itzt nur die Resultate der Prüfung vorgelegt, welche ich über seine Transscendentalaesthetik angestellet habe. Ich hatte

meine

meine Urfachen, warum ich die Gründe, womit ich die
Principien, welche die Grundlage feiner ganzen neuen
Philofophie find, beftreite, ihm nicht unter dem gefälli=
gern Gewande bloffer Zweifel entgegenftellte. Ich bin
auffer dem überzeugt, daß einem Philofophen, wie Er ift,
Deutfche Freymüthigkeit weit beffer als eine Maske gefallen
muß, welche unzeitige Befcheidenheit lüget. Ich geftehe es,
daß ich von der Gültigkeit meiner Gründe eben fo überzeugt
bin, wie er es von den feinigen feyn mag. Seiner ftreng=
ften Prüfung unterwerfe ich die meinige, und rechne im=
mer auf Gewinnft für mich und vielleicht auch für die Wahr=
heit felbft, meine Gegengründe mögen entweder feinen Bey=
fall finden, oder von ihm mit belehrenden Widerlegungen
verworfen werden. Kein einziges Syftem unfrer Philofophen
habe ich gegen das feinige in Schutz genommen, weil ich
keinem im Ganzen beypflichte, fondern fchon lange meinen
eignen Weg auf dem Gebiete der Weltweisheit gegangen
bin, ohne die Arbeiten meiner Vorgänger zu verachten.
Auch dieß wird aus den Aphorismen einleuchten, welche
ich aus der Pfychologie zum Befchluß hinzugefüget habe.
Sie find nicht itzt erft von mir entworfen, um fie feinem
Syftem entgegen zu fetzen, fondern ich habe fie fchon lange
für die meinigen erkläret. Sie fcheinen hier aber am rechten
Orte zu ftehen, weil die Gründe darnach defto beffer abge=

wo=

Wogen werden können, welche ich gebraucht habe, um die
seinigen zu widerlegen. Nichts würde mir angenehmer seyn,
als wenn ich durch diese Bemühung entweder zur mehrern
Aufklärung und Berichtigung der Kantischen Philosophie Gelegenheit gegeben hätte, oder wenn auch mein System selbst
den Beyfall einsichtsvoller Kenner erhielte.

    K.., den 18 Febr.
1790.

Einleitung

in die

Kantische Kritik

der

reinen Vernunft.

1. Brief.

Mein Herr,

Freylich leidet es keinen Zweifel. Alle unsre Erkenntniß
nimmt mit Erfahrungen ihren Anfang. Es müssen Gegenstände da seyn, welche unsre Sinne rühren, und dadurch
theils von selbst Vorstellungen bewirken, theils unsre Ver-
standesfähigkeit in Bewegung bringen, daß sie diese Gegenstände vergleichet, sie mit einander verknüpfet, sie trennet,
und so den Stof sinnlicher Eindrücke zu einer Erkenntniß
der Gegenstände verarbeitet, welche wir Erfahrung nennen.
Hätten wir diese nicht, so würde unser Erkenntnißvermögen
nicht zu Ausübungen erweckt werden können. Dieß ist bisher der Ausspruch aller Weltweisen gewesen, und Sie geben ihnen hierinn vollkommen Beyfall. Allein können Sie
es nun auch in Abrede seyn, daß Gegenstände ausser uns
und den Vorstellungen, die wir uns von ihnen machen, ihre
objective Realität haben, daß diese nicht von unsrer Vorstellungsart erst ihre Bestimmungen erhalten, sondern daß die
Anschauungen, welche wir von ihnen haben, von diesen abhängen, und ihnen gemäß seyn müssen, wenn sie anders
nicht leere Hirngespinnste seyn sollen? Wahr ist es auch,
was Sie behaupten. Vor aller Erfahrung kann in Rücksicht der Zeit keine Erkenntniß in uns statt haben. Dieß
ist eine nothwendige Folge von dem, was alle Weltweise
so einstimmig behaupten.

Sie läugnen es nicht, daß alle unsre Erkenntniß mit
der Erfahrung anhebe, und glauben demohngeachtet, behaupten zu können, daß nicht jede aus der Erfahrung ent-
springe Erfahrung nennen Sie selbst eine Erkenntniß von
Gegenständen, welche auf die Sinne wirken. Sie wird al-

so

4

so durch diese erwecket. Wir haben äussere Sinnen, wir
haben einen innern. Durch diesen werden wir uns der
Veränderungen in uns bewußt. Alle Wirkungen also, welche durch unsere Kraft zu denken und zu wollen, in uns hervorgebracht werden, alle Regeln, welche uns die Natur
eingepflanzet, und wornach die Wirkungen dieser Kraft erfolgen, sind Gegenstände unsers innern Sinnes, und gehören mit zu dem Gebiete der Erfahrung. Sollten wir also
wohl nicht berechtiget seyn, zu behaupten, daß die letzte
Quelle aller unsrer Erkenntniß doch zuletzt in Erfahrungen
müsse gesucht werden? Ich leugne es aber deswegen nicht,
daß unsre Erfahrungserkenntniß eine zusammengesetzte, theils
aus dem, was wir durch Eindrücke empfangen, theils aus
dem sey, was unser eigenes Erkenntnißvermögen aus sich
selbst hergiebt. Keine Vorstellung von Gegenständen, und
folglich keine Erfahrung könnte statt haben, wenn wir nicht
die Receptivität, oder das Erkenntnißvermögen hätten. Auch
selbst jede Erfahrung ist eine Erkenntniß von individuellen
Gegenständen. Unsre Denkkraft ist aber so bestimmt, daß
wir die individuellen Eigenschaften von Gegenständen weg-
laßen, und das Allgemeine denken können, welches die unmittelbaren Gegenstände unsrer Erfahrung, als einzelne
Menschen, einzelne Spiegel, gemein haben, daß wir also
zu höhern Begriffen empor zu bringen, fähig sind. Diese
sind nun freylich keine Erfahrungen mehr, aber die Seele
würde sich doch diese Begriffe nicht machen können, wenn
keine Erfahrungen, oder Erkenntniße durch unsre Sinne
vorher gegangen wären. In dem Kinde hat die Vernunft
noch keine Flügel, so weit empor zu bringen. Es gehören
Jahre und lange Uebungen dazu, um allgemeine Begriffe
aus der sinnlichen Erkenntniß zu ziehn, und der Vernunft
ein Gebiet zu eröffnen, worauf sie lebet und webet.

Sie werfen die Frage auf: kann es eine Erkenntniß
geben, welche von der Erfahrung und selbst von den Ein-
drücken

drücken der Sinnen unabhängig ist? — Diese Frage ist meiner Einsicht nach viel zu unbestimmt, als daß bestimmt darauf geantwortet werden könnte. Von der Erkenntniß, die Gott hat, kann hier durchaus nicht die Rede seyn. Geister, welche keinen organischen Körper (schema perceptionis) haben, wenn anders solche in dem Gebiete der Schöpfung sind, gehören auch nicht hieher. Wir dürfen zugleich nicht den innern Sinn als eine Erfahrungsquelle ausschliessen. Ich möchte mich auch gerne erst über das Unabhängigseyn mit Ihnen einverstehn. Unabhängig kann eine Erkenntniß in Ansehung ihres Ursprunges, unabhängig in Ansehung ihres Innhalts seyn. Wir können also nun diese beyden Fragen aufwerfen: 1) können wir wohl eine Erkenntniß haben, welche ihrem Innhalte nach, von allen innern und äussern Erfahrungen unabhängig ist? — Ich trage kein Bedenken diese Frage zu bejahen. Jede Erkenntniß, welche blos Begriffe und richtige Folgerungen aus ihnen in sich faßt, ist eine solche. Sie begreift Wahrheiten, die ihre Richtigkeit haben würden, wenn gleich keine Gegenstände in der Welt wären, worauf sie könnten angewandt werden. Wir finden zur Erläuterung und Bestättigung dieser Wahrheit die glänzendsten Beyspiele in der reinen Mathematik. Ihre Folgerungen aus dem Begriff eines Quadrats würden ausgemacht wahr seyn, wenn es auch keine Quadrate in der Welt gäbe. Die zweite Frage ist diese: sollten wir wohl eine Erkenntniß haben können, welche von innern und äussern Erfahrungen in Ansehung ihres Ursprungs unabhängig ist? — Diese möchte ich verneinen, und ich glaube aus dem, was ich oben behauptet habe, dazu berechtiget zu seyn. Sie bejahen diese nicht gerade weg, nennen sie aber eine Frage, welche nicht auf den ersten Anschein so gleich abzufertigen ist. Allein durch diesen Ihren Ausspruch wird in der Sache nichts ausgemacht. Wir sind also berechtiget es von Ihnen zu fodern, daß Sie es beweisen es gebe eine Erkenntniß in uns, welche in Ansehung ihres Ursprunges von jeder Erfahrung unab-

hän-

hängig sey. Nur dann erst, wenn Sie dieses geleistet haben, können Sie sich das Recht anmaßen, darauf die Eintheilung zu gründen, welche Sie hinzusetzen. So viel ich weiß, sind Sie der erste, welcher eine Erkenntniß a priori diejenige nennt, welche in Ansehung ihres Ursprunges von jeder Erfahrung unabhängig ist: eine empirische diejenige, welche ihre Quelle a posteriori, nämlich in der Erfahrung hat. Von dieser Eintheilung können Sie aber durchaus keinen Gebrauch machen, woferne Sie nicht vorher beweisen, daß wir eine solche Erkenntniß a priori haben, oder haben können. Sie haben sich übrigens von dem Sprachgebrauch entfernet. Eine Erkenntniß a priori heißt bey den übrigen Philosophen diejenige, welche wir uns durch Hülfe allgemeiner Begriffe verschaffen. Eine Erkenntniß a posteriori entspringet blos aus Erfahrungen. Wir finden von beyden erläuternde Beyspiele in der empirischen, und der intellectuellen Psychologie. In jener bilden wir uns Begriffe aus Beobachtungen, in dieser verbinden wir die Begriffe, um aus ihnen die Lehre von der Seele wissenschaftlich zu entwickeln. In jener erwerben wir uns Erkenntniß a posteriori, a priori in dieser.

Sie gestehen es, daß jener Ausdruck (vielleicht meynen Sie Erkenntniß a priori) noch nicht bestimmt genug sey, um den ganzen Sinn, der vorgelegten Frage angemessen, zu bezeichnen. Ich glaubte also hier von Ihnen mehrere Aufklärung erwarten zu können. Allein ich fand ganz etwas anders, als was ich erwartete. Sie bemerken nur, daß auch manche Erkenntniß, welche aus Erfahrungsquellen entspringt, eine Erkenntniß a priori genannt zu werden pflege, weil wir sie nicht unmittelbar aus der Erfahrung, sondern aus einer allgemeinen Regel ableiten welche wir gleichwohl selbst aus der Erfahrung entlehnet haben. Freylich hat man so bisher in den Schulen der Weltweisen gesprochen, und dieß mit Recht nach ihrem Abtheilungsgrunde

zwi

zwischen Erkenntniß a priori und a posteriori. Wir wissen es a priori, daß, wann jemand das Fundament seines Hauses untergraben wollte, es einstürzen würde. Nur erinnern Sie hiegegen, daß wir es doch nicht gänzlich a priori wissen könnten. Allein nach Ihrer Erklärung von der Erkenntniß a priori könnte dieß, was Sie doch hier zum Theil zugeben, durchaus nicht geschehen. Denn wir sollen nur eine Erkenntniß a priori haben, wenn diese von der Erfahrung ganz unabhängig ist, und dieß ist doch hier nach Ihrem eignen Geständniß der Fall nicht. Denn daß die Körper schwer sind, und daher, wenn ihnen ihre Stützen entzogen sind, fallen müssen, dieß kann uns doch nur zuvor durch Erfahrung bekannt werden. Schwer nennen wir die Dinge, welche nach einem Naturgesetze in Verbindung mit unsrer Atmosphäre gegen den Mittelpunkt der Erde getrieben werden. Die Schwere kann also keine Eigenschaft seyn, welche den Dingen für sich betrachtet zukömmt, obgleich in ihnen zugleich der Grund mit liegen muß, warum sie in dieser Verbindung grade nach dem Mittelpunkt der Erde hinzubringen sich bemühn. Wir können also diesen allgemeinen Satz als Regel bilden; alle Körper auf unsrer Erde, welche ein Bestreben äussern, sich nach dem Mittelpunkt der Erde hinzubewegen, fallen, wann ihnen das Fundament, worauf sie ruhen, entzogen wird. Welche sind aber diese? Diese Frage hat man nur durch die Erfahrung vorher beantworten können. Der Satz selbst hat zum Subject und zum Prädikat Begriffe, ist also ein allgemeiner Satz, und erzeuget eine Erkenntniß a priori nach der gewöhnlichen und gegründeten Sprache der Weltweisen, aber nach der Ihrigen durchaus nicht, weil sie in Ansehung ihres Ursprungs nicht von der Erfahrung ganz unabhängig ist.

Sie wollen in der Folge unter Erkenntnissen a priori nicht solche verstehen, die von dieser oder jener, sondern die schlechterdings von aller Erfahrung unabhängig sind,

A 4 und

und doch reden Sie gleich darauf von Erkenntnissen a priori, welchen nichts empirisches beygemischt ist, die es ganz rein sind, und von solchen, die nicht für ganz rein als solche angesehen werden können. Diese Abtheilung faßt offenbar nach Ihrer ersten Erklärung einen Widerspruch in sich, weil nach dieser beyde Gattungen nicht denkbar sind. Sie rechnen zu der letzten Gattung von Erkenntniß a priori den Satz — eine jede Veränderung hat ihre Ursache, und doch soll der Begriff von Veränderung aus der Erfahrung gezogen werden. Eben dies hat auch statt in Ansehung des Begriffes von Ursache. Sie heben also Ihren Begriff von einer Erkenntniß a priori wieder auf, wenn Sie diesen Satz hieher rechnen. Nach Ihrer Erklärung gehöret er ganz zu den Sätzen, welche a posteriori gebildet werden. Mich deucht, diese meine Bemerkung hat ihre völlige Richtigkeit, und ich wüßte nicht, aus welchen Gründen Sie dies leugnen könnten. Leben Sie wohl!

2. Brief.

Mein Herr.

Ist es denn so gewiß, daß wir im Besitze gewisser Erkenntniße a priori sind, und daß selbst der gemeine Verstand niemals ohne solche angetroffen wird. Sie behaupten dieses, auch wir, aber in ganz verschiedenem Verstande. Bisher haben die Weltweisen eine jede Erkenntniß als eine a priori angesehen, welche aus allgemeinen Begriffen entspringet, wenn gleich diese ihrem Ursprunge nach aus Erfahrungen erwachsen sind. Sie denken sich diese aber als eine solche, welche ihrem Ursprunge nach schlechterdings von aller Erfahrung unabhängig ist. Dieß ist die Erkenntniß a priori, deren Daseyn Sie beweisen müssen. Sie wollen also Merkmale angeben, woran wir sicher eine reine Erkenntniß a priori von einer empirischen unterscheiden können,

nen, und ich werde ſie nach der Erklärung prüfen, welche
ſie von einer reinen Erkenntniß a priori gegeben haben.
Freylich lehret uns die Erfahrung blos, daß etwas ſo und
nicht anders beſchaffen ſey, aber nicht, daß es nothwendig
ſo ſeyn müſſe. Allein ſie lehret uns doch, daß ein Ding
dieſe und keine andere Beſchaffenheit habe; unſre Vernunft
bildet daher Erfahrungsurtheile, und muß nun erſt Gründe
aufſuchen, wenn ſie die Allgemeinheit dieſer Sätze beweiſen
will. Die Erfahrungsurtheile haben jederzeit zum Subject
ein Individuum, ein einzelnes durchaus beſtimmtes Ding.
Will die Vernunft ſie zu allgemeinen Sätzen erheben: ſo
darf ſie nur das Individuelle weglaſſen, und ſich das Subject ſo wohl als das Prädicat ohne dieſe Beſtimmung, und
folglich als etwas allgemeines denken. Unterſuchet ſie
nun, ob dieſe Sätze allgemein, ob ſie nothwendig wahr
ſind: ſo beſchäftiget ſie ſich mit Sätzen, welche aus der Erfahrung gezogen ſind, und deren Erkenntniß nicht von dieſer ihrem Urſprunge nach als ganz unabhängig gedacht
werden kann. Wie können Sie alſo behaupten, daß jeder
Satz, welchen unſre Vernunft ſich zugleich mit ſeiner Nothwendigkeit denket, ein Urtheil a priori in dem Verſtande
ſey, wie Sie die Erkenntniß a priori erkläret haben? Denken
Sie ſich den Satz: der Menſch iſt ein vernünftiges Thier:
Woher entſtand er zuerſt in Ihrer Vorſtellung? Zogen Sie
ihn nicht aus Beobachtungen, welche Sie über den Menſchen anſtelleten? Denken Sie ſich ihn nun mit ſeiner Nothwendigkeit: ſo wird dadurch ſein erſter Urſprung aus Erfahrung nicht aufgehoben. Sie ſind ferner berechtiget, aus
ihm den Satz herzuleiten: alle Menſchen müſſen einen or-
ganiſchen Körper haben, weil dieß Prädicat aus dem Begriff nothwendig folgt, welchen Sie als ein nothwendiges Prädicat von einem Menſchen angeſehen haben. Sie haben
alſo dieſen letzten Satz mit ſeiner Nothwendigkeit aus dem
erſten gezogen, welchen Sie mit ſeiner Nothwendigkeit ſich
dachten. Wird er aber deswegen ſeinem erſten Urſprunge

A 5 nach

nach von aller Erfahrung ganz unabhängig seyn? Er kann
also nach Ihrer Erklärung von einer Erkenntniß a priori
durchaus nicht als ein Saß angesehen werden, welcher schlechterdings a priori ist. Wir sind freylich berechtiget, Säße,
worinn Sublect und Prädicat als allgemeine Begriffe gedacht werden, und welche wir mit ihrer Nothwendigkeit
denken, so zu nennen. Allein nach ihrem Begriffe von einer Erkenntniß a priori kann die Nothwendigkeit, womit
Sie einen Saß sich denken, kein ausschliessendes Merkmal
davon seyn, daß er ein Saß a priori ist.

Sie behaupten, daß die Erfahrung niemals den Sätzen, welche aus ihr gezogen werden, wahre oder strenge,
sondern nur angenommne und comparative Allgemeinheit
giebt. Ohne Zweifel wollen Sie hiemit sagen: die Vernunft ist nicht berechtiget, in Säßen, welche aus Erfahrung
gezogen sind, die Sublecte als allgemeine Begriffe anzusehen, von welchen die Prädicate so gesagt werden können,
daß sie allen einzelnen Dingen zukommen, welche unter den
Sublecten begriffen werden. Dieß ist wahr, aber auch
falsch, es kömmt darauf an, wie viel einzelne Dinge unter
dem Sublect liegen. Ist ihre Anzahl von zu grossem Umfange, als daß eine vollkommne Induction durch die Erfahrung möglich wäre: so haben Sie Recht. Woferne aber
ihre Anzahl so eingeschränkt ist, daß wir bey jedem einzelnen Dinge das Prädicat durch Erfahrung gewahr werden
können: so könnte doch auch durch diese die allgemeine Wahrheit des Sates durch Erfahrung bestättiget werden. Denken Sie sich eine bestimmte Anzahl von Menschen, welche
eine Gesellschaft ausmachen. Könnten wir von jedem beweisen, daß er ein Gelehrter wäre: so wäre unsre Vernunft
berechtiget aus Erfahrung durch eine vollständige Induction diesen allgemeinen Saß zu bilden: alle Mitglieder der
Gesellschaft sind Gelehrte, und ich denke immer, daß Ihre
Vernunft gegen die Allgemeinheit dieses Sates nichts ein-
zuwen-

zuwenden habe. Wir könnten nicht blos sagen, sie sind
gelehrt, so viel wir bisher wahrgenommen haben, sondern
weil wir es aus Erfahrung wissen. Sie würden also auch
schon deswegen nicht behaupten können, daß ein Urtheil,
in strenger Allgemeinheit gedacht, so daß gar keine Ausnahme verstattet wird, nicht von Erfahrung abgeleitet, sondern schlechterdings a priori gültig sey. Sie setzen zwar
hinzu — keine Ausnahme als möglich gedacht — dieß kann
doch nichts anders heissen, als dieses, bey dem Satze bleibt
es auch nicht mehr möglich, ein einzelnes Ding zu denken, welches unter dem Subiect begriffen ist, und doch
das Prädicat nicht hätte. Auch dieß läßt sich von dem obigen Inductionssatz behaupten, wenn man sich es als eine
feststehende Regel der Gesellschaft denket, daß nur Gelehrte aufgenommen werden können. Denken wir uns diesen
Satz — alle Menschen haben einen organischen Körper: so
können wir seine Allgemeinheit freylich durch keine vollständige Induction erkennen. Allein wird er dadurch, daß
wir ihn in strenger Allgemeinheit uns vorstellen, so daß gar
keine Ausnahme als möglich verstattet wird, seinem ersten
Ursprunge nach von aller Erfahrung unabhängig, und also
nach Ihrer Erklärung schlechterdings ein Satz a priori?
Allgemeinheit und Nothwendigkeit können also bey einem
Urtheile gedacht werden, und die Erkenntniß, die wir alsdann haben, ist demohngeachtet nichts weniger als eine Erkenntniß a priori nach der Erklärung, die Sie von ihr gemacht haben. Und wie sind denn Allgemeinheit und Nothwendig die sichere Kennzeichen einer Erkenntniß a priori,
und zwar so, daß wo diese nicht ist, auch keine Erkenntniß a
priori statt haben kann? Wir bilden in der reinen Mathematik viele Sätze, die nichts weniger als allgemein wahr sind.
Nicht alle sondern nur einige Vierecke sind Parallelogrammen; nicht alle sondern nur einige Körper sind reguläre
Körper. Unzählige Sätze von der Art könnte ich Ihnen
aus der reinen Mathematik ausheben, in welchen das Prädicat

dicat weder allgemein noch nothwendig dem Subiect zukömmt. Wohin wollen Sie also diese Sätze rechnen? Etwa zu der Erkenntniß a priori? Dann fehlten ihnen die
Merkmale, woran Sätze nach ihrer Erklärung als solche
erkannt werden, die zu dieser Erkenntniß gehören. Sollen
sie zur Erkenntniß a posteriori gerechnet werden: so zieht
der Geometer sie nicht aus Erfahrungen, sondern vielmehr aus Vergleichung allgemeiner Begriffe. Sie gehören also eigentlich zu keiner von beyden Erkenntnißarten,
welche Sie angenommen haben.

Eine strenge Allgemeinheit, welche wesentlich zu einem
Urtheile gehöret, soll auf eine besondre Erkenntnißquelle, nämlich auf ein Vermögen der Erkenntniß a priori hinzeigen.
Und welche ist denn diese Erkenntnißquelle? Keine andre,
als unsre Vernunft, wodurch wir fähig werden, zuerst
durch Hülfe der Erfahrung Begriffe zu bilden, sie in Sätzen zu verbinden, ihre Wahrheit, in wie weit sie blos Erfahrungssätze sind, durch Wahrnehmung anzuerkennen, das
Individuelle aus den Sätzen wegzulassen, sie im allgemeinen zu denken, und nun aus Gegeneinanderhaltung mehrerer Begriffe nach den Principien des Widerspruchs und
des zu eichenden Grundes, welche weiter keines Lichtes be-
dürfen, keines größern für uns fähig sind, als welches sie
als angebohrne ursprüngliche Principien unsrer Denkkraft
haben, es zu untersuchen, ob das Prädicat vom Subiect
allgemein oder nur unter Einschränkungen gesagt werden
kann, ob es nothwendig oder zufällig ihm zukomme. Allein von diesem Vermögen der Erkenntniß, von dieser Erkenntnißquelle können Sie hier nicht reden, Sie müssen sich
ein Vermögen der Seele denken, vermöge dessen sie sich
Erkenntnisse von Wahrheiten verschaffen kann, welche ihrem Ursprunge nach ganz unabhängig von aller äusseren und
innern Erfahrung sind. Beweisen haben Sie es noch nicht,
daß wir ein solches Erkenntnißvermögen haben. Wie
müs-

müssen es also noch erst erwarten, ob Sie dieß leisten können.

Doch Sie behaupten gleich darauf, es sey Ihnen leicht, zu zeigen, daß es dergleichen nothwendige, und im strengsten Sinn allgemeine, mithin reine Urtheile a priori in der menschlichen Erkenntniß gebe. Sie haben dadurch meine Aufmerksamkeit sehr gespannet. Ich werde sehen, wie Sie diese befriedigen. Sie berufen sich auf alle Sätze der Mathematik. Diese können unmöglich alle hieher gehören. Die Sätze aus der Optik, Hydrostatik, Astronomie, kurz aus allen Theilen der angewandten Mathematik sind hier ausgeschlossen. Doch Sie scheinen sich unbestimmter ausgedruckt zu haben, als Sie es wollten. Sie wollen nur von Sätzen der reinen Mathematik reden. Ich wünschte aber, daß Sie nur einen einzigen angeführet hätten, von welchem Sie beweisen könnten, daß er auch dem Ursprung seiner Erkenntniß nach in uns von aller Erfahrung unabhängig sey. Unabhängig sind sie alle von ihr in Ansehung Ihres Innhaltes, weil diese Wissenschaft blos allgemeine Begriffe zu Gegenständen ihrer Untersuchung nimmt. Dieß haben alle Kenner der Mathematik eingesehen, und dieß ist allein die Ursache, weswegen sie diese eine reine Mathematik genannt haben.

Sie berufen sich auf diesen Satz — alle Veränderungen müssen eine Ursache haben. Allein haben Sie diesen Satz nicht selbst schon oben als einen solchen angeführt, welcher kein reiner Satz a priori ist, welcher also, ehe er gebildet werden kann, Erfahrung voraus setzet? Sie sind also nicht berechtiget ihn als ein Beyspiel von Erkenntniß a priori nach Ihrer Erklärung zu gebrauchen. Der Begriff einer Ursache faßt offenbar den Begriff der Nothwendigkeit der Verknüpfung mit einer Wirkung in sich. Dieß leugne ich nicht, weil Ursache ohne Wirkung nicht gedacht wer-

werden kann. Allein wie erhielten wir zuerst den Begriff
von Ursache und Wirkung? Haben wir ihn nicht durch
Hülfe der Erfahrung gebildet? Folget denn daraus, weil
keine Ursache ohne Wirkung, und diese nicht ohne jene gedacht werden kann, daß alle Veränderungen Wirkungen
seyn müssen, und wenn diese Folge nicht gegründet wäre,
würden Sie denn blos deswegen, weil der Begriff von Ursache nothwendig den Begriff der Wirkung erzeugte, eine
strenge Allgemeinheit dieses Satzes oder dieser Regel anerkennen: — Alle Veränderungen müssen eine Ursache haben.
Die Allgemeinheit dieses Satzes erkennen wir entweder aus
dem Grundsatz von zureichenden Ursachen, oder wir werden
nie zur Gewißheit desselben gelangen. Hier finden wir eine
uns angebohrne Grundregel, wornach unsre Vernunft sich
die Verknüpfung der Dinge denkt. Diese Regel selbst entdeckt sie dann erst, wenn sie über die Art ihrer Wirksamkeit
nachgedacht hat, dieß der Seele angebohrne Gesetz, wornach sie denket, heraushebt, und es sich in einem Satze
deutlich darstellt. Hätte Hume nichts weiter sagen wollen:
so würde er doch so ganz Unrecht nicht haben. Die Beyspiele, welche Sie bisher angeführet haben, um die Würklichkeit reiner Grundsätze in unsrer Erkenntniß nach Ihrer
Erklärung zu beweisen, sind also zu Ihrem Zwecke ganz
untauglich.

Sie wollen diese Ihre Absicht noch auf einem andern
Wege zu erreichen suchen. Sie glauben die Unentbehrlich-
keit solcher reinen Erkenntniß zur Möglichkeit der Erfahrung selbst, mithin a priori darthun zu können. Woferne
Sie diese Ihre Behauptung selbst deutlich gedacht haben:
so muß dieß doch wohl Ihr Gedanke seyn: Selbst Erfahrungen sind nicht möglich, wenn nicht reine Erkenntniß a
priori in der Seele da wäre, und jene möglich machte.
Wäre denn dieß durchaus nothwendig: so müßte die reine
Erkenntniß a priori vor aller Erfahrung in der Seele da
seyn.

seyn. Allein dieß widerspricht grade dem von Ihnen behaupteten Satz: der Zeit nach geht keine Erkenntniß in uns vor der Erfahrung vorher. Welches ist nun von beyden wahr? Doch wohl das letzte, und also muß das erste unwahr seyn. Erfahrungen erhalten unsern Beyfall, weil wir durch sie wissen, welches Prädicat einem individuellen Subject zukommt, und die Gewißheit des daher entspringenden Erfahrungssatzes erzeuget sich in unsrer Seele nach dem Grundsatz des Widerspruchs, welcher als Regel des Denkens uns angebohren ist, und als Grundsatz von unsrer Vernunft durch Beobachtung unsrer innern Wirksamkeit gebildet wird. — Welcher Weltweise wird aber bloß Erfahrungssätze für erste Grundsätze gelten lassen? Sätze, die unmittelbar aus Erfahrungen gezogen werden, haben zum Subject durchaus bestimmte Dinge (individua) und sind also in so weit keine allgemeine Sätze — Grundsätze. Will die Vernunft sie dazu erheben: so muß sie die individuellen Bestimmungen absondern, und nun untersuchen, in wie weit diese Sätze, welche ihrem Ursprunge nach von Erfahrungen abhängen, als allgemeine Regeln oder Grundsätze ihre Gültigkeit haben. Ich kann es Ihnen also durchaus nicht zugestehen, daß Sie den reinen Gebrauch unsres Erkenntnißvermögens, oder daß Sie die Würklichkeit der reinen Erkenntniß a priori, welche ihrem Ursprunge nach von aller Erfahrung in uns unabhängig ist (denn davon war die Rede) als Thatsache sammt den Kennzeichen derselben dargelegt oder bestimmter, bewiesen haben.

Sie überreden sich auch, daß es Begriffe gebe, welche in uns a priori d. h. nach Ihrer Erklärung unabhängig von aller Erfahrung entspringen. Sie fodern es, daß wir aus dem Erfahrungsbegriff von einem Körper alles, was darinn empirisch ist, als Farbe, Härte, und Weiche, Schwere, selbst Undurchdringlichkeit wegwerfen. Was bleibt nun noch übrig? Raum! Gut; aber so lag doch die-

dieser auch in dem Erfahrungsbegriff, gehörte mit zu seinem empirischen, und die Erkenntniß von ihm, oder sein
Begriff entsprang aus Erfahrung, und ist also nicht von
dieser ganz unabhängig. Können Sie die Richtigkeit die-
dieser Folgerung leugnen? Der Raum bleibt über, wenn
der Körper ganz verschwunden ist. Wo? Etwa in unsrer Vorstellung? Dieß hat bey allen Erfahrungsbegriffen
statt, wenn unsre Vernunft durch Absonderungen bis zum
höchsten Geschlecht, (ad supremum genus) empor steigt.
Etwa ausser unsrer Vorstellung verschwindet der Körper,
wo er war, und Raum bleibt über. Wir wollen diesen
Fall hier annehmen. Was geht dieß unser Erkenntnißvermögen an, und wie kann dadurch in uns eine reine Erkenntniß a priori erwachsen? Sie haben Recht. Wenn
wir von einem Oblecte, welches durch Erfahrung uns bekannt wird, alles absondern: so müssen wir uns dieses doch
zuletzt entweder als Substanz oder Bestimmung einer Substanz denken. Wir könnten auf der Leiter der Ideen noch
höher empor steigen, weil beyde unter dem Begriff des
Möglichen begriffen sind. Durch welche Nothwendigkeit kann
sich dieser Begriff uns anders aufdringen, als weil unsre
Vernunft es gewahr wird, daß er in dem Erfahrungsbegriff
mit enthalten ist, nicht weil er in unserm Erkenntnißvermögen a priori, d. h. seinem Ursprung nach von aller Erfahrung unabhängig liegt, oder wie Sie sprechen, seinen
Sitz hat. Mit aller Achtung, welche ich übrigens für Ihre Verdienste habe, muß ich es Ihnen bekennen, daß Sie
meine Erwartung nicht befriediget, und nichts weniger als
bewiesen haben, daß sich bey uns eine reine Erkenntniß a
priori, oder wie Sie diese erklären, eine solche finde, welche in Ansehung ihres Ursprungs nicht etwa von dieser oder
jener, sondern schlechterdings von aller Erfahrung unabhängig ist. Ich habe die Ehre zu seyn,

3. Brief.

3. Brief.

Mein Herr,

Die Philosophie bedarf einer Wissenschaft, welche die Möglichkeit, die Principien, und den Umfang aller Erkenntniß a priori bestimmet. Mit diesem Satze wird uns von Ihnen angekündiget, was Sie uns itzt lehren wollen. Ich erwartete also, daß Sie sich darüber erklärten, wie Sie Philosophie von Wissenschaft unterscheiden, daß Sie es entwickelten, worinn dieß Bedürfniß der Philosophie bestehe, daß Sie es zeigten, was Möglichkeit, was Principien, was der Umfang der Erkenntniß a priori in Ihrer Sprache, die überall so viel ungewöhnliches hat, bedeute, und daß Sie nun aus allen diesen dieß Bedürfniß der Philosophie beweisen würden. Allein von allen diesen haben Sie in der folgenden Abhandlung kein Wort gesagt. Sie berufen sich auf Erkenntnisse, welche das Feld aller möglichen Erfahrungen verlassen, und durch Begriffe, denen überall kein entsprechender Gegenstand in der Erfahrung gegeben werden kann, den Umfang unsrer Urtheile über alle Grenzen derselben zu erweitern scheinen. Allein welche sind denn die Erkenntnisse, welche das Feld aller Erfahrungen verlassen? Sind sie Erkenntnisse a priori nach Ihrer Erklärung, und also auch ihrem Ursprunge nach von aller Erfahrung unabhängig: so sind Sie noch nicht berechtiget, diese in unsrer Seele anzunehmen, weil Sie bisher weder ihre Möglichkeit noch Würklichkeit in uns hinreichend bewiesen haben. Ist die Vernunft zwar durch Erfahrung auf sie geleitet, kann sie diese aber nicht durch Erfahrung als allgemeine Sätze darthun: so muß sie freylich das Feld der Erfahrung verlassen, wenn sie doch dieß leisten, und folglich den Umfang ihrer Urtheile über alle Grenzen der Erfahrung erweitern will. Allein wie muß sie nun Gründe für die Allgemeinheit solcher Sätze suchen, wie diese anwenden? Die Fra-

B ge

ge kann freylich aufgeworfen werden. Sie haben sich über diese noch nicht erklärt; und ich werde auch deswegen diese hier noch unerörtert lassen.

Grade in diesen letzten Erkenntnissen sollen die Nachforschungen unsrer Vernunft liegen. Allein dieß thun sie nun eigentlich doch nicht. Das vorzügliche Geschäfte unsrer Vernunft zielet dahin, Gründe für solche Erkenntnisse aufzusuchen, welche über die Sinnenwelt hinaus gehen. Vielleicht haben Sie auch nur bleß sagen wollen. Unsre Wißbegierde reizet uns allerdings, Fragen aufzuwerfen, welche die Vernunft nicht mehr aus bloßen Erfahrungen beantworten kann, und die Befriedigung unsrer Wißbegierde ist für uns ein so grosses Bedürfniß, daß wir so gar, auf die Gefahr zu irren, ehr alles wagen, als daß wir eine so angelegne Untersuchung aus irgend einem Grunde der Bedenklichkeit, oder aus Geringschätzung aufgeben sollten.

Ist ein unendliches Wesen da, welches von der Welt unterschieden ist, und derselben ihr Daseyn gegeben hat? Ist Freyheit ein Eigenthum der Menschen? Haben wir einen unsterblichen Geist? Wichtige Fragen für uns. — Allein kann unsre Vernunft diese Fragen aufwerfen, wenn sie sich keine Begriffe von Gott, Unsterblichkeit, Freyheit gemacht hat? Aus welcher Quelle hat sie denn diese geschöpfet? Können Sie es in Abrede seyn, daß unsre Vernunft auf Veränderungen ausser und in uns, auf die Art, wie Entschlüsse in uns entspringen, auf das Hinsterben der Thiere vorher aufmerksam seyn mußte, um durch Hülfe dieser Wahrnehmungen sich eine Vorstellung von Gott, Freyheit, Unsterblichkeit machen zu können? Und nun ward sie erst fähig, die obigen Fragen aufzuwerfen. Metaphysik ist eine Wissenschaft, welche sich mit Beantwortung dieser Fragen, oder wie Sie es ausdrücken, mit Auflösung dieser Aufgaben beschäftiget, ob sie gleich auch andre Zwecke de zu erreichen sucht. Warum muß aber die Verfahrung dieser Wissenschaft in Anfang ohne alle vorhergehende Prüfung des Vermögens oder Unvermögens, welches die Vernunft zu einer so grossen Unternehmung hat, zuversichtlich die Ausführung übernehmen? Wo ist ein Weltweiser gewesen, der, wenn er anders diesen Namen mit Recht verdiente, es sich erkühnen konnte, die Metaphysik als eine Wissenschaft zu bearbeiten, ohne vorher das Vermögen seiner Vernunft zu dieser wichtigen Unternehmung geprüfet zu haben? In der Vernunftlehre haben die Weltweisen doch immer dieß zum Hauptzweck gehabt. Eine andre Frage ist es, ob sie diese Prüfung vorher vollendet hatten? Dieß können Sie untersuchen, aber auch uns das Recht nicht streitig machen, eben diese Frage in Ansehung Ihrer angestellten Prüfung aufzuwerfen, und sie wieder zum Gegenstand unsrer Untersuchung zu machen.

Freylich ist es sehr natürlich, daß kein Philosoph, welcher dieses Namens würdig ist, ein Gebäude errichten wird, ohne vorher die Gründe sorgfältig geprüft zu haben, worauf er es erbauen will, oder wie Sie es in einer Ihnen eigenthümlichen Sprache ausdrücken, ohne der Grundlegung durch eine sorgfältige Untersuchung versichert zu seyn. Man hat, welches Sie zu leugnen scheinen, die Frage vorlängst aufgeworfen, wie denn die Vernunft zu wissenschaftlichen Kenntnissen gelangen kann, welchen Umfang, welche Gültigkeit, welchen Wehrt die Sätze in Ansehung der Folgerungen haben, die daraus gezogen wurden. Ohne gegen unsre beste Philosophen ungerecht zu seyn, kann man ihnen dieß Verdienst nicht absprechen. Ich könnte es Ihnen zugeben, daß es übrigens sehr begreiflich sey wie eine solche Untersuchung lange unterbleiben kann.

Die mathematische Erkenntniß ist schon lange in dem Besitz der Zuverlässigkeit gewesen. Allein wodurch anders konnte sie zu diesem Besitze kommen, als weil die Vernunft

B 2   die

die Gründe prüfte, worauf sich diese Wissenschaft stützet, als
weil sie den Quellen nachspührete, woraus sie diese Kennt-
nisse schöpfte. Wenn nun die Vernunft einmal auf die
rechte Bahn geführet ist: so entsteht daher die günstige Erwartung, nicht, daß sie in den hellen Köpfen der Denker bey einer Wissenschaft die Bahn verlassen, sondern vielmehr auf
derselben fortdringen werde. So ganz sicher kann sie doch
nicht seyn, daß, wenn sie in ihren Speculationen sich über
die Erfahrung erhebt, und allgemeine Sätze aus ihnen folgert, sie nie durch Erfahrung widerlegt werde. Dieß
Schicksal hat sie mehrmal erfahren, daß die Allgemeinheit
ihrer Sätze, wenn sie zu rasch zur Bildung derselben fort-
schritt, durch eine Instanz wieder zertrümmert wurde, und
dieß machte sie vorsichtig, nicht ihre Erdichtungen nur mit
mehrer Behutsamkeit zu entwerfen, um sie gegen klare Widersprüche zu sichern, sondern ihre Gründe genauer zu prüfen, und es zu untersuchen, in wie weit sie hinreichend sind,
um die Gültigkeit ihrer Sätze in dem Umfange, welchen
sie ihnen gegeben hat, überzeugend zu erkennen. So machten es unsre Leibnize, unsre Wolfe, und so viele andre
deutsche und ausländische Philosophen. Dieß ist Wahrheit
der Geschichte, welche durch keinen Machtspruch in Unwahrheit umgeschaffen werden kann.

Die Mathematik giebt uns die glänzendsten Beyspiele, wie weit die Vernunft es in der Erkenntniß a priori,
nicht in wie weit diese von aller Erfahrung in Ansehung ihres Ursprunges, sondern ihres Innhaltes unabhängig ist,
bringen kann. Alle Gegenstände, womit sie sich beschäftiget, können wir uns nach Ihrem Ausspruch in der Anschauung darstellen. Ich wünschte, daß Sie es genau erkläret
hätten, was Sie eigentlich dabey denken, wenn sie behaupten, daß wir uns etwas in der Anschauung darstellen. Wollen Sie damit so viel sagen, die Zeichen, worunter wir uns
die Gegenstände in der Geometrie denken, sind nicht blos
Wor-

Worte, fondern die Gegenftände felbft, wovon die Vernunft Abftractionen, oder allgemeine Begriffe bildet: fo
hat freylich diefe Wiffenfchaft dieß vor allen andern voraus,
und die Kenntniffe, welche wir uns durch fie verfchaffen, erhalten eine glänzende Klarheit für unfre Vernunft, in welcher keine Gegenftände andrer Wiffenfchaft uns dargeftellt
werden können. Allein die uhmittelbaren Gegenftände diefer Anfchauungen find ftets einzelne Dinge, Linien, Figuren, Körper, welche wir uns durch Abzeichnungen, oder
durch Körper felbft, worinn wir diefe erblicken, gleichfam
fichtbar machen. So bald wir aber von diefen Anfchauungen zu den Begriffen felbft empor fteigen: fo find wir
genöthiget, durch Sprachzeichen, welche mit den Gegen-
ftänden felbft gar keine Aehnlichkeit mehr haben, fie uns
deutlich zu denken. Dieß wären alfo Anfchauungen, welche von blos reinen Begriffen wenig unterfchieden find. Ift
dieß Ihre Meynung: fo verftehen wir Sie. Woferne fie
aber dieß nicht feyn follte: fo hätten Sie fich beftimmter erklären follen. Die Schuld liegt in Ihnen, wenn Sie auch
nachdenkenden Philofophen unverftändlich bleiben.

Der Trieb, unfre Erkenntniß zu erweitern, hat keine Grenzen, weil wir es fühlen, daß unfer Vermögen zu
denken von dem größten Umfange ift, und daß wir den Beruf haben, fo weit auf der Leiter der Erkenntniß empor zu
bringen, als noch höhere Stuffen da find, welche unfre Vernunft erfteigen kann. Wenn die Taube Vernunft hätte:
fo würde fie fich nur dann es vorftellen können, daß ihr Flug
durch einen Luftleeren Raum ihr beffer gelingen würde, wann
fie es nicht wüfte, was zum Fliegen nothwendig ift. Plato
verließ die Sinnewelt, d. h. ohne Zweifel die Erfahrungen,
weil fie ihm zu enge Schranken fetzten. Allein find denn
alle feine höheren Speculationen fo ganz ohne Grund? Hat
er gar kein Feld für die Vernunft gewonnen, wo fie Blumen pflücken konnte, welche auch noch in dem Gebiete der

Wahr-

Wahrheiten sich in der schönsten Blüthe zeigen? Dieß werden Sie doch nicht durchaus leugnen wollen? Er verlor sich freylich nicht selten auf den Flügeln seiner Ideen oder vielleicht richtiger auf den Schwingen seiner glühenden Imagination in Gegenden, wo unsre Vernunft wegen ihrer Grenzen keinen festen Fuß fassen kann, und diese nennen Sie leeren Raum des reinen Verstandes. Ich gestehe gerne, daß das Bild, welches Sie brauchen, für mich mehr Schatten als Licht hat. Unterdessen werden Sie doch nicht in Abrede seyn, daß er sich als ein grosser philosophischer Kopf darein verlor, dergleichen die Natur nicht viele hervorbringet. Er brachte seinen Verstand vielleicht mehr von der Stelle, als er es hätte sollen, oder ohne Bild zu reden, er glaubte mehr Wahrheiten entdeckt, mehr bewiesen zu haben, als es ihm die Schranken erlauben, welche noch unsrer Vernunft gesetzt sind.

Sie behaupten, daß es das gewöhnliche Schicksal der menschlichen Vernunft in der Speculation sey, ihr Gebäude so bald aufzuführen als es möglich ist, dann erst zu untersuchen, ob auch der Grund gut dazu gelegt sey, nachher allerhand Beschönigungen herbey zu suchen, und dieß deswegen, daß man sich wegen der Tüchtigkeit tröste, oder eine späte und gefährliche Prüfung lieber abweise. So haben es freylich manche Philosophen gemacht, aber wahre Denker, helle Köpfe unter ihnen hielten zu sehr auf ihre Ehre, als daß sie so elenden Beyspielen nachgeahmet hätten. Nun glauben Sie die wahre Ursache von dieser Erscheinung in der philosophischen Welt entdeckt zu haben. Ein grosser Theil und vielleicht der größte von dem Geschäffte unsrer Vernunft bestehet in Zergliederung der Begriffe, die wir schon von Gegenständen haben. Daher eine Menge von Erkenntnissen, welche, ob sie gleich nichts weiter als Aufklärungen und Erweiterungen desjenigen sind, was in unsern Begriffen liegt, doch wenigstens der Form nach neuen Erkenntnissen gleich geschätzet

schätzet werden, wiewohl sie der Materie oder dem Innhalt nach die Begriffe, die wir haben, nicht erweitern, sondern nur aus einander-setzen.

Ob die Vernunft der Philosophen dem größten Theile nach sich so beschäfftiget erweiset, das laß ich dahin gestellet seyn. Die Vernunft eines Wolfs, eines Terens und andrer helldenkender Köpfe hat nicht diese Bahn betreten. Sie hat den Quellen ihrer Begriffe nachgedacht, nicht blos diese entwickelt, sondern sie auch in Säze verbunden, sie gegen einander gehalten, und daher dem Zweck der Wissenschaft, welche sie behandelte, gemäß andre Wahrheiten hergeleitet, und auf diesem Pfade sich würklich neue Einsichten erworben; Sie hat sich durch dieses Verfahren eine ausgebreitete Erkenntniß a priori, d. h. aus reinen Begriffen nach der gewöhnlichen Sprache der Weltweisen verschoffet, welche einen sichern und nützlichen Fortgang hatte. Nicht durch falsche Vorspiegelungen hat sie zu ihren Begriffen ganz fremde hinzugethan, ohne zu wissen, wie sie dazu gelangte, und ohne sich eine solche Frage auch nur in Gedanken kommen zu lassen. Dieß ist Thatsache, durch die Geschichte bewährt, und ich müßte weniger Achtung gegen Ihre Einsichten haben, wenn ich mich überreden könnte, daß Sie fähig wären, das Gegentheil ohne alle Einschränkung zu behaupten. Ich bin

4. Brief.

Mein Herr,

Sie wollen uns hier ganz neue Aussichten eröffnen. Sie behaupten, daß grade deswegen, weil diese vor den Augen der Weltweisen bisher in dicke Wolken gehüllet waren, ihre Vernunft so wenig sichre Schritte in dem Gebiete der speculati-

ven

ren Wissenschaften habe thun können. Die Absicht ist sehr
lebenswürdig. Möchten Sie diese in einem hohen Grade
der Vollkommenheit erreicht haben! Wie viel hätten dann
die höhern Wissenschaften Ihnen zu danken?

Allein welche sind denn nun diese neu eröffneten Aussichten?
Vor Ihnen hat man den Unterschied zwischen analytischen
und synthetischen Urtheilen nicht gekannt. Freylich hat man
diesen nicht gemacht. In der Vernunftlehre der Einsichts-
vollern Weltweisen hat man wohl gezeiget, wie die Vernunft
durch eine Auflösung (ἀνάλυσιν) höhere Begriffe (genera
superiora) bilden, wie sie durch einen Zusatz (σύνθεσιν)
Bestimmungen zu den höhern Begriffen hinzuthun kann,
welche nicht der Würklichkeit sondern nur der Möglichkeit
nach ihren Grund in jenen haben, um Arten (notiones
inferiores, species) zu bilden, oder wohl gar bis auf einzelne Dinge (individua) herabzusteigen. Sie haben den
Unterschied zwischen Beweisen entwickelt, worinn man von
dem zu beweisenden Satz bis auf ihre ersten Gründe her-
abbringe, oder in welchen man sich von diesen bis zu dem
Satze empor arbeite, welcher bewiesen werden sollte. Jenen nannten sie einen analytischen, diesen einen synthetischen
Beweis. Sie hielten es aber für zweckwidrig, von analytischen und synthetischen Urtheilen oder Sätzen zu reden.
Wenigstens haben sie an diese Abtheilung nicht gedacht.

Sie glauben aber hier eine wichtige Entdeckung gemacht zu haben, worauf Sie sich in der Folge sehr oft berufen, und vieles erbauen zu können, sich überreden. Ohne Zweifel haben Sie hier vorzüglich auf theoretische Sätze
Rücksicht genommen, und erklären sich vornehmlich nur über
bejahende Urtheile, weil die Anwendung auf verneinende
sehr leicht gemacht werden kann. In jedem Urtheile denken wir uns das Verhältniß des Prädicats zum Subject.
Entweder gehöret das Prädicat B zum Subject A, als etwas, was in diesem Begriff A (verstecker Weise) enthalten
ist,

ist, oder B liegt ganz außer dem Begriff A, ob es gleich
mit demselben in Verknüpfung steht. Im ersten Fall nennen Sie das Urtheil analytisch, in dem andern synthetisch.
Sie wollen also diejenigen Urtheile, in welchen die Verknüpfung des Prädicats mit dem Subject durch Identität gedacht wird, analytische, diejenigen aber synthetische nennen,
in welchen die Vernunft sich diese Verknüpfung ohne Identität denkt. Erlauben Sie mir, daß ich einige hieher gehörige Begriffe entwickle, um diese Ihre Abtheilung nach richtigen Grundsätzen prüfen zu können. Ein jedes Subject,
welchem ein Prädicat beygelegt wird, denken wir uns als
eine Sache, welche ihr eigenthümliches Wesen hat, und
dieß drücken wir in dem Begriff aus, welchen wir uns von
ihm machen. Das Wesen selbst kann aus mehrern wesentlichen Theilen bestehen. Wir können also das ganze Wesen, oder einzelne, oder mehrere wesentliche Theile zum Prädicat des Subjectes machen. Im ersten Fall entspringen
vollkommen identische, im andern Fall unvollkommen identische Sätze. Ein Beyspiel von der ersten Art ist dieser
Satz: ein Triangel ist ein Raum, von drey Linien eingeschlossen, ein Beyspiel von der letzten Art ist dieser: ein
Triangel ist eine Figur. Alles, was einem Subject, für
sich betrachtet, zukömt: ist entweder das Wesen selbst, oder
dasjenige, was in dem ganzen Wesen, oder in einem, oder
mehrern Theilen desselben vollkommen gegründet ist. Es
liegt also entweder offenbar, oder versteckter Weise, in dem
Wesen oder in dem Begriff des Subjects. Von diesen beyden Sätzen: eine Figur, die von drey Linien eingeschlossen
ist, hat auch drey Winkel; die drey Winkel in einem Triangel sind zwey rechten Winkeln gleich; kann der erste zur
Erläuterung des ersten, der letzte zur Aufklärung des letzten
Falles dienen. Sätze von der ersten Art nennet man Grundsätze, (Axiomen), weil unsre Vernunft die Wahrheit derselben nach einer unsrer Denkkraft angebohrnen Grundregel,
welche wir in dem Satz des Widerspruches ausdrücken, an-

B 5 er-

erkennen muß. Iſt zwar das Prädicat in dem Subiect vollkommen gegründet, liegt aber der Grund für unſre Vernunft verſteckt in dem Begriff oder Weſen des Subiects: ſo wird dieſes, für ſich betrachtet, dadurch nicht erweitert, ſondern nur mehr entwickelt, wenn wir dieß Prädicat hinzudenken. Unſre Erkenntniß von ihm wird freylich dadurch erweitert. Wir müſſen uns nun nach Beweiſen umſehen, wodurch es uns klar wird, daß dieß Prädicat nicht ganz auſſer dem Weſen oder dem Begriff des Subiects, ſondern vielmehr in ihm als eine Beſtimmung angetroffen wird, welche in dem Weſen deſſelben hinreichend gegründet iſt. Sätze von der Art, deren Wahrheit wir nicht ohne Beweiſe für gültig erkennen können, heiſſen Lehrſätze (theoremata). Sie ſind Erweiterungeſätze nicht in Anſehung des Weſens, oder des Begriffs vom Subiect, ſondern blos in Rückſicht der Erkenntniß, welche wir von ihm erhalten.

Wir können aber auch Prädicate mit Subiecten verbinden, welche nicht ihrer Würklichkeit, ſondern blos ihrer Möglichkeit nach ihren hinreichenden Grund in dem Weſen der Subiecte haben. Dieſer Fall wird allemal eintreten, wenn wir höhere Begriffe (genera) zum Subiect, und die ſpeciviſchen Differenzen, oder zufällige Beſtimmungen zum Prädicat machen. Hieburch wird der Begriff des Subiects, für ſich betrachtet, erweitert, und die Sätze, die daher entſpringen, wenn bloß der Begriff des Dinges zum Subiect gemacht wird, können keine andre als Particularſätze werden. Z. E. einige Figuren ſind Quadrate; einige Menſchen ſind Philoſophen. Nur dieſe allein können in Anſehung des Subiects Erweiterungsſätze genannt werden, und werden es auch in Rückſicht unſrer Erkenntniß ſeyn. Bey dieſen wird eigentlich Identität des Prädicats mit dem Subiect ausgeſchloſſen.

Allein

Allein Ihre Eintheilung von analytischen und synthetischen Sätzen, von Erläuterungs- und Erweiterungsurthei-
len hat einen ganz andern Grund. Sie nennen blos diese analytisch, in welchen das Prädicat im Subiect iden-
tisch enthalten ist, oder worinn das Prädicat entweder das
ganze Wesen, oder wesentliche Theile oder Bestimmungen
bezeichnet, welche offenbar in dem Begriff des Subiectes
angetroffen werden, welche Sätze selbst also Axiomata in der
Schule der Weltweisen genannt werden. Synthetische sind
in Ihrer Sprache solche, worinn das Prädicat B ganz auf-
ser dem Begriff A lieget, ob es zwar mit demselben in Verknüpfung steht. Nach dieser Erklärung sollte man glauben,
sie redten von Sätzen, in welchen das Prädicat eine zufällige Bestimmung vom Subiect bezeichnet. Es erhellet aber
aus dem Gebrauch, welchen Sie von diesen Sätzen machen,
daß Sie dadurch solche verstehen, worinn das Prädicat zwar
seinen Grund in dem Wesen des Subiects hat, wir aber diesen nicht anders als durch Vergleichung mehrer Begriffe
oder nicht ohne Beweis in ihm erblicken können. Diese Ihre
synthetische Sätze sind also grade diejenigen, welche in allen
Logiken längstens Lehrsätze, (theoremata) genannt wurden.
Zu welcher Classe wollen Sie aber nun folgende Sätze rechnen — Einige Körper sind Pyramiden, einige sind Kegel,
und so unzählige von der Art? Wollen Sie diese mit unter Ihre synthetische begreifen: so wird Ihre Sprache dadurch sehr schwankend. Rechnen Sie diese nicht dazu: so
gehören sie zu keiner von beyden Classen, so ist diese Ihre
Abtheilung sehr unvollkommen, und der Grund, worauf sie
sich stützet, hat keinen festen Boden. Sie haben uns hier
also zwar eine neue Terminologie vorgelegt, aber keine Eintheilung der Sätze entdeckt, welche uns dunkle Gegenden
in dem Gebiete der Wissenschaften aufhellen könnte, ob sie
gleich wohl Verirrungen des Verstandes in den Schlüssen
erzeugen kann, welche er daraus folgert.

Sie brauchen zur Erläuterung Ihrer analytischen Sätze bloß Beyspiel: alle Körper sind ausgedehnt; und bloß Beyspiel beweiset, daß ich Ihre analytischen Sätze richtig erkläret habe. Alle Körper sind schwer. Durch dieß Urtheil wollen Sie Ihren Begriff von synthetischen Sätzen erläutern. Allein ich muß gestehen, daß Sie mich durch diesen irre machen, oder daß er auch hieher nicht gehöre. Schwere ist kein Prädicat, welches in dem Wesen des Körpers selbst gegründet ist. Wir denken uns darunter den Druck des Körpers nach dem Mittelpunct der Erde. Diesen äussert er nun nicht vermöge seines blossen Wesens, sondern nach einem Naturgesetze vermöge der Verbindung, in welcher er durch die Atmosphäre mit der Erde steht. Seine Schwere treibt ihn auf Puncten der Erde, die sich diametraliter entgegengesetzet sind, grade nach entgegengesetzten Richtungen in einer graden Linie, deren Mitte der Mittelpunct der Erde ist. Sie kann also nicht in ihm allein ihren hinreichenden Grund haben. Er könnte also in einer andern Verbindung, worinn dieß Naturgesetz sich nicht wirksam beweisen kann, wohl keine Schwere, keine drückende Kraft nach irgend einem bestimmten Puncte äussern, und also ohne diese seyn. Folglich kann die Vernunft eigentlich eben so wenig sagen, alle Körper sind schwer, als alle Figuren sind Vierecke. Dieser Satz gehörte also zu den Particularsätzen, und folglich zu den eigentlichen Erweiterungssätzen in Ansehung des Subjects, in welchem das Prädicat nicht der Würklichkeit, sondern blos der Möglichkeit nach gegründet ist, und welches also nicht in dem Begriff des Subjects lieget. Allein so denken Sie sich doch die synthetischen Sätze nicht. Denn sonst hätten diese nur als Particularsätze ihre Gültigkeit. Ich will ein andres Urtheil hersetzen: Ein Dreyeck hat drey Winkel, welche zusammengenommen zwey graden gleich sind. Wohin rechnen Sie diesen? Ohne Zweifel nicht zu analytischen sondern zu synthetischen Sätzen. Sie werden in der Folge oft von die-

sen

sen reden. Es ist aber äusserst unangenehm, und macht die Prüfung beschwerlich, daß Sie durch Ihre Erklärung der synthetischen Sätzen uns keinen genau bestimmten Standpunct angewiesen haben, woraus wir Ihre Folgerungen beurtheilen können.

Alle Erfahrungen sind nach Ihrer Behauptung durchaus synthetisch. Warum denn dieses? Sie sagen, es wäre ungereimt, einen analytischen Satz auf Erfahrung zu gründen, weil ich aus meinem Begriff gar nicht hinausgehen darf, um das Urtheil abzufassen, und also kein Zeugniß der Erfahrung nöthig habe. Allein ich könnte demohngeachtet doch wohl fragen, wie kam denn meine Vernunft zu diesem analytischen Satze? Ich gehe zu einem Künstler, und frage ihn nach einem seiner Kunstwerke, was es ist. Er antwortet mir — eine Uhr. Ich möchte auch gerne ihren Zweck kennen, und er befriediget mir meine Neubegierde. Er zeigt mir den Mechanismus der Uhr, und belehret mich, daß der Zweck derselben sey, die Minuten und Stunden des Tages genau anzuzeigen. Nun bilde ich den Satz. Diese Uhr ist eine Maschiene, welche durch ihre innre Zusammensetzung die Minuten und Stunden des Tages anzeiget. Ist dieser nun synthetisch oder analytisch? Nicht das erste sondern das letzte nach Ihrer eignen Erklärung, also ein analytischer Erfahrungssatz. Ich werfe vermöge meiner Vernunft die individuellen Bestimmungen weg, und denke mir den Satz, eine Uhr ist eine Maschine. Ist er nicht noch immer analytisch? Woher entstand er? Nicht aus Erfahrung? Hat meine Vernunft nun einmal den analytischen Erfahrungssatz — diese Uhr ist eine Maschine, wodurch Minuten und Stunden des Tages angezeiget werden sollen, zu einem allgemeinen erhoben: so liegt in dem Begriff, welchen sie sich durch Erfahrung von der Uhr machte, der Begriff der Maschine, und sie darf sich nicht erst, um sich von der Wahrheit dieses Satzes,

Uhren

Uhren ſind Maſchinen, zu überzeugen, auf Erfahrung be-
rufen, ſondern die Vernunft erhält bey Vorausſetzung des
aus Erfahrung gezogenen Begriffs von der Uhr, nach der
Anwendung ihrer Grundregel, welcher in dem Satz des
Widerſpruches ausgedruckt wird, von der Wahrheit dieſes
Satzes eine vollkommne Gewißheit.

Auf eine ähnliche Art kann ich dieſes von dem Satze, ein Körper iſt ausgedehnt, zeigen. Man entziehe unſrer Seele das Vermögen, Erfahrungen zu haben: ſo würde ſie auch unfähig ſeyn, ſich den Begriff von einem Körper zu machen.   Hat ſie dieſen erſt durch Beobachtungen
gebildet, und verknüpft ihn mit dem Subject, Körper: ſo
entſteht der analytiſche Erfahrungsſatz, dieſer Körper iſt
ausgedehnt.   Die Nothwendigkeit in dieſer Verbindung des
Subjects mit dem Prädicat kann durch die Erfahrung nicht
gelehrt werden.   Die Vernunft erkennt vielmehr, wenn
ſie erſt ſich einen Begriff vom Körper durch die Erfahrung
gebildet hat, die nothwendige Verknüpfung des Prädicats
mit dem Subject, weil ſie ſonſt, wenn ſie das Prädicat
leugnen, und doch das Subject ſetzen wollte, in dieſer Denkungsart einen Widerſpruch gewahr wird, und ſich nun durch
eine Naturnothwendigkeit gezwungen fühlt, die Richtigkeit
des Satzes, ein Körper iſt ausgedehnt, anzuerkennen. Sie
müſſen ſelbſt behaupten, daß wir den Begriff des Körpers
durch Erfahrung abgezogen haben.   Allein wenn wir nun
dieſen Begriff, oder einen Theil deſſelben als Prädicat mit
dem Körper in einem Satz verbinden: entſpringt dann nicht
ein analytiſches Urtheil, und giebt bleß nicht offenbar einen
Erfahrungsſatz?

Setzen wir Schwere als ein Prädicat zu demſelben
Subject: ſo erweitern wir nicht blos unſre Erkenntniß, welche ſich blos auf den Begriff des Körpers gründet; ſondern
auch den Begriff ſelbſt, und zwar durch die Erfahrung. Sie
iſt

ist es also, worauf sich die Möglichkeit der Synthesis gründet, wodurch wir das Prädicat Schwere, mit dem Begriff des Körpers verbinden. Die Erfahrung lehret uns, daß Körper schwer sind, und weil Würklichkeit ohne Möglichkeit einen Widerspruch in sich faßt: so erhalten wir dadurch eine vollkommne Ueberzeugung, daß Körper schwer seyn können, und daß also die synthetische Verbindung in diesem Fall ausser allem Zweifel gesetzt ist. Ueber Ihre synthetische Verbindung der Anschauungen erkläre ich mich itzt nicht, weil die Erörterung dieser Sache hier nur am unrechten Orte stehen würde.

Bey den synthetischen Urtheilen a priori soll die Erfahrung als ein Hülfsmittel völlig fehlen. Erlauben Sie mir, daß ich Ihnen erst die Frage vorlege: Reden Sie hier von synthetischen Sätzen, welche sonst in der Logik Lehrsätze heissen, oder von solchen, worinn das Prädicat von dem Subiect eine blos zufällige Bestimmung ist, oder von beyden zugleich? Einer von diesen drey Fällen muß doch wohl statt haben. Was denken Sie sich unter Urtheilen a priori, solche, welche von aller Erfahrung auch in Ansehung ihres Ursprunges, oder solche, welche von ihr in Ansehung ihres Innhaltes unabhängig sind? Würden Sie hier sich jene denken: so müßte ich Ihnen dagegen einwenden, daß Sie, wie ich glaube gezeigt zu haben, weder ihre Möglichkeit noch ihr Daseyn in einem Geiste von der Art, wie der unsrige ist, bewiesen haben. In Ansehung der ersten drey Fragen haben Sie sich zu unbestimmt erklärt, als daß ich darauf genau zu antworten wüste. Vielleicht geben uns Ihre ferneren Entwicklungen mehr Licht, um etwas entscheiden zu können. Wenn Sie über den Begriff A hinaus gehen, um einen andern als damit verbunden zu erkennen, was ist das, fragen Sie, worauf ich mich stütze? Wäre hier die Rede von Sätzen, worinn ein zufälliges Prädicat mit dem Subiect verbunden wird: so würde theils die

Er-

Erfahrung, theils die Hypothese, unter welcher ich das Subject denke, und wodurch dasjenige, was blos bey ihm möglich war, würklich wird, mich diese Synthesin, und also
auch ihre Möglichkeit lehren. Sie scheinen mir aber sich
hier die synthetischen Sätze so, wie wir uns die Lehrsätze,
(theoremata) zu denken, weil Sie sich auf den Satz,
alles, was geschieht, hat seine Ursache, berufen. Geschehen, Ursache, sind freylich Begriffe, wovon der erste nicht
den letzten einschliesset, der letzte aber doch nicht ohne den
ersten gedacht werden kann; beyde haben in Ansehung
ihres ersten Ursprungs in unsrer Seele die Erfahrung zur
Quelle. Allein ihre Verbindung in einem Satze — ist diese so
sehr das Werk unsrer blossen Vernunft, daß die Erfahrung hiebey ohne allen Einfluß bleibet? Auch dieß möchte ich nicht beweisen. Schon sehr gnug entschliessen wir
uns Absichten zu erreichen, und suchen Mittel auf, um zu
jenen zu gelangen. Die Absichten denken wir uns als
Dinge, die geschehen sollen, und die Mittel als Ursachen,
wodurch sie geschehen. Die Erfahrung lehret uns in tausend Fällen, daß viele Dinge, die sich ereignen, ihre Ursachen haben. Hier erwächst also in unsrer Seele dieser Erfahrungssatz, manches, was geschieht, hat seine Ursache.
Wir werden in tausend Fällen durch die Erfahrung von
der Richtigkeit dieses Satzes und folglich von der Synthesis des Prädicats mit dem Subject belehret. Hier ist
also das unbekannte x, wie Sie es nennen, entdecket, worauf sich der Verstand bey Verknüpfung dieses Prädicats
mit dem Subjecte stützet, und dieß ist die Erfahrung. Allein nun kann sich unsre Vernunft über die Erfahrung erheben, wenn sie die Frage aufwirft, ist es denn durchaus
nothwendig, daß alles, was geschieht, seine Ursache haben
muß? Die Entscheidung dieser Frage kann nicht mehr von
der Erfahrung erwartet werden, ob sie gleich unsrer Vernunft Gelegenheit gab, die Verbindung des Prädicats mit
dem Subjecte sich zuerst zu denken. Sie würde aber auch
die

die Allgemeinheit dieses Satzes aus keinen Begriffen zu erkennen fähig seyn, wenn die Natur, oder der Urheber derselben ihr nicht vorgearbeitet hätte. Er hat uns eine Regel des Denkens eingepflanzt, welche wir uns in dem Grundsatz von zureichenden Gründen deutlich vorstellen. Diese
darf unsre Vernunft nicht leugnen, wenn sie anders nicht
sich selbst zerstören will. Durch eine innre Nothwendigkeit
ihrer Natur wird sie gezwungen, die Richtigkeit dieser Regel anzuerkennen. Will unser Geist von den Fesseln, welche diese seine innre Nothwendigkeit einer angebohrnen Grundregel des Denkens ihm angelegt hat, sich losreissen, und
täuscht er sich durch einen seltsamen Traum, sich davon frey
gemacht zu haben: so findet er weder a priori in den Begriffen noch a posteriori in der Erfahrung irgend etwas zu-
verlässiges, wodurch er sich von der Allgemeinheit und
Nothwendigkeit dieses Satzes, alles, was geschieht, hat
seine Ursache, überzeugen könnte.

In den speculativen Wissenschaften ist freylich dieß die
Endursache, daß wir uns von Lehrsätzen eine richtige und
überzeugende Erkenntniß aus allgemeinen Begriffen, oder
a priori verschaffen. Nennen Sie diese Erweiterungssätze:
so habe ich nichts dagegen, in wie weit sie es in Rücksicht
unsrer Erkenntniß sind. Ich sehe aber keine Ursache, wodurch Sie berechtiget wären, von synthetischen Grundsätzen
zu reden. Bisher haben Sie diesen Ausdruck nicht gebraucht, vielweniger erklärt. Wollen Sie vielleicht nur
dieß dadurch anzeigen, daß die hinreichend bewiesenen Lehrsätze wieder als Principien angesehen werden können, woraus unsre Vernunft neue Folgerungen machen, oder neue
Wahrheiten herleiten, und ihre Kenntniß aus Begriffen erweitern kann: so würde ich um desto weniger ein Wort dagegen einwenden, je häuffiger Philosophen und Mathematiker mit sehr gutem Erfolg diese Bahn gegangen sind.
Denken Sie sich aber synthetische Grundsätze als Erweite-

C   rung-

rungen unſrer Erkenntniß a priori, welche von allen Erfahrungen auch in Anſehung ihres Urſprunges durchaus unabhängig iſt: ſo würden Sie erſt beweiſen müſſen, daß der
menſchliche Geiſt derſelben fähig iſt, durch welchen Beweis Sie ſehr verpflichten würden Ihren ergebenſten ꝛc.

5. Brief.

Mein Herr,

Sollte es denn wohl ſo ausgemacht ſeyn, daß in allen theore-
tiſchen Wiſſenſchaften ſynthetiſche Urtheile a priori als Principien enthalten ſind? Sie wollen dieſes beweiſen. Allein laſſen
Sie uns erſt uns darüber einverſtehen, von welchen ſynthetiſchen Sätzen hier die Rede iſt. Nicht Sätze, deren
Prädicat eine zufällige Beſtimmung des Subjects bezeichnet, kommen hier in Betracht. Dieß iſt mir aus Ihren
folgenden einleuchtend. Sie denken ſich hier unter ſynthetiſchen Sätzen ſolche, worinn das Prädicat zwar dem Subject als eine nothwendige Beſtimmung zukömmt, aber unſre Vernunft dieſe Syntheſis nicht allein aus dem Begriff
des Subjectes herzuleiten fähig iſt. Solche Sätze ſind den
Philoſophen längſt unter dem Namen der Lehrſätze bekannt
geweſen. Wenn ſie richtig bewieſen ſind: ſo werden ſie in
allen Wiſſenſchaften den Grundſätzen gleich geſchätzet, und
man hat ſie dazu gebraucht, um aus ihnen, als vollkommen bewieſenen Wahrheiten, andre zweckmäſſig herzuleiten,
und ſie alſo in ſo weit als Principien angeſehen. Allein
von dieſen ſcheinen Sie nicht zu reden, ſondern von ſolchen,
welche bisher der menſchlichen Vernunft entgangen ſind. Sie
können ſich hier alſo keine ſynthetiſche Sätze denken, welche ihres Innhaltes wegen von der Erfahrung unabhängig,
und deswegen ſynthetiſche Sätze a priori ſind. Wenn gleich
dieſe Terminologie bisher nicht von Philoſophen gebraucht
iſt:

ist: so ist doch die Sache selbst ihnen längstens bekannt gewesen, und sie haben von ihr mit dem glücklichsten Erfolg
einen zweckmässigen Gebrauch gemacht. Sie reden von synthetischen Sätzen a priori, d. h. nach Ihrer Erklärung von
solchen, welche schlechterdings von aller Erfahrung auch in
Ansehung ihres Ursprunges unabhängig sind. Allein weder
das Daseyn noch die Möglichkeit solcher synthetischen Sätze
in unsrer Seele ist bisher von Ihnen bewiesen. Wollen
Sie also darthun, daß diese in allen theoretischen Wissenschaften als Principien vorkommen: so müssen Sie entweder
jenen Beweis erst führen, oder uns aus den Wissenschaften
solche Sätze herausheben, welche als Principien in ihnen
gebraucht sind, und auf welche die Merkmale angewandt
werden können, welche Sie zu synthetischen Sätzen a priori erfodern. Wir müssen also nachforschen, was Sie geleistet haben.

Sie behaupten, daß alle mathematische Sätze durchaus synthetisch sind. Allein durch diese Behauptung wird
nichts entschieden. Welcher Mathematiker wird die Gültigkeit dieses Ausspruches anerkennen? Werden sie nicht alle
ihre Axiomen, nicht alle ihre Erklärungen von ihren Gegenständen, nicht alle unmittelbare Folgen aus diesen, nicht
alle ihre Particularurtheile, nicht den größten Theil ihrer Sätze in der angewandten Mathematik Ihnen entgegenstellen?
Werden sie nicht durch alles dieses berechtiget zu seyn glauben, Ihren Satz, welchen Sie ohne alle Bestättigung so
hingeworfen haben, für ungültig zu erklären, nicht deswegen, weil er den Bemerkungen der Zergliederer der Vernunft entgangen ist, sondern weil er der Erfahrung, welche sie in theoretischen Wissenschaften haben, gradezu widerspricht, nicht deswegen, weil er allen ihren Vermuthun-
gen entgegengesetzt ist, sondern weil er von den sichern
Kenntnissen der Wahrheiten verworfen wird. Er kann also weder unwidersprechlich gewiß, noch in der Folge von Wich-

C 2   tige

tigkeit seyn. Denn diese setzet seine Wahrheit voraus. Eigentlich finden die Mathematiker es nicht, daß alle ihre Schlüsse nach dem Grundsatze des Widerspruchs fortgehen, sondern daß in ihren directen Beweisen der Satz von zureichenden Gründen ihnen die größten Dienste leiste, und daß man ihre Folgerungen nicht leugnen könne, wenn man nicht die Gültigkeit des ersten Grundsatzes verwerfen will. Sie glauben nicht, daß ihre Axiomen aus dem Satze des Widerspruchs erkannt werden, als nur in so weit, weil das Prädicat B bestimmt in ihnen liegt, und folglich das Prädicat, nicht B, ohne Widerspruch nicht mehr mit dem Subiect verbunden werden kann. Sie erkennen nicht aus dem Satz des Widerspruchs, daß die vier Winkel in einem Viereck vier rechten Winkeln gleich sind, sondern nur dieß sieht die Vernunft aus ihm ein, daß sie das Gegentheil nicht behaupten kann, wenn sie sich anders nicht gegen eine nothwendige Grundregel des Denkens empören will. Können sie sich hierinn geirret haben? Sie haben es auch längstens sehr gut gewust, daß aus einem bewiesenen Theorem als aus einem Princip andre hergeleitet werden können, und schliessen nach dem Satz des Widerspruchs, daß das Gegentheil des Prädicats mit dem Subiect nicht ohne Irrthum verbunden wird. Nennen Sie diese Theoremen synthetische Sätze a priori nach Ihrer Erklärung: so können Sie diese dem Mathematiker nicht aufdringen, weil Sie es bisher noch nicht bewiesen haben, daß es solche in unsrer Seele gebe.

Mit welchem Grunde können Sie behaupten, daß eigentliche mathematische Sätze jederzeit Urtheile a priori sind? Sie berufen sich zwar darauf, daß diese Nothwendigkeit bey sich führen, welche aus Erfahrung nicht abgenommen werden können. Sind denn diese Sätze, einige Triangel haben gleiche Winkel, einige Vierecke sind reguläre Figuren, einige Körper sind von sechs gleichen Quadraten ein-

eingeschlossen, keine eigentliche mathematische Urtheile? Wo ist hier Nothwendigkeit? Nun sind Sie gezwungen, die Allgemeinheit ihres Satzes, alle mathematische Urtheile sind synthetische Sätze a priori, wieder aufzuheben? Steht dieß aber nicht in Widerspruch mit demjenigen, was Sie vorher behauptet haben? Sie wollen Ihren Satz auf die reine Mathematik einschränken. Allein auch in dieser giebt es unzählige Sätze, welchen die Nothwendigkeit fehlt, und diese Wissenschaft wird nicht deswegen reine Mathematik genannt, weil sie Wahrheiten in sich faßt, deren Erkenntniß von aller Erfahrung auch ihrem ersten Ursprunge nach unabhängig ist, sondern weil sie aus allgemeinen Begriffen ihre Sätze herleitet, und sie ohne Rücksicht auf Erfahrung beweiset. Sie wollen es darthun, daß der Satz 7 † 5 = 12 nicht blos ein analytischer Satz sey. Wir wollen Ihren Beweis prüfen. Hier ist er. Der Begriff von 7 † 5 enthält nichts weiter als die Vereinigung beyder Zahlen in eine einzige, wodurch ganz und gar nicht gedacht wird, welche die einzige Zahl sey, die beyde zusammenfaßt. Allein ich werde Ihnen dieß darauf antworten: 7 † 5 enthält nicht blos die Vereinigung beyder Zahlen in eine einzige, sondern in die einzige, welche die Summe von beyden ist. Aus dem Satze, welchen Sie doch für einen analytischen werden gelten lassen, die Theile zusammengenommen sind dem ganzen gleich, folgt nach dem Satz des Widerspruchs, daß 5 † 7 als Theile zusammengenommen ihrer Summe gleich sind. Welche ist diese? Dieß zeigt mir nicht der Ausdruck, sondern die Zahl, die ich durch 12 ausdrücke, und folglich der Begriff von 12, daß sie es selbst ist. Folglich erkenne ich aus dem Begriff von 12 und von 5 † 7, daß ich ohne Widerspruch nicht anders denken kann, als daß 12 das Ganze und 5 † 7 seine Theile zusammengenommen bezeichne. Nehmen Sie einmal, daß dieser Satz 5 † 7 = 12 ein synthetischer und folglich ein Satz sey, der bewiesen werden muß. Leiten Sie seine Gültigkeit aus einem andern

C 3

syn-

synthetischen Satze her, der also für unsre Vernunft wieder
eines Beweises bedarf Welcher ist denn dieser und woher
sind Sie von seiner Gültigkeit als einem Princip überzeugt?
Werden Sie, um Ihren Satz zu beweisen, nicht zuletzt zu
analytischen Urtheilen, oder zu Grundsätzen Ihre Zuflucht
nehmen müssen? Warum betreten Sie denn nie eine solche Bahn, welches doch durchaus nöthig wäre, um uns zu
zeigen, wie Sie synthetische aus andern synthetischen Sätzen auf einem uns bisher unbekannten Wege so herzuleiten
wissen, daß unsre Vernunft von der Wahrheit derselben
vollkommen überführet wird? Sie berufen sich auf eine
Methode, die Segner in seiner Arithmetik gebraucht hat.
Welche ist denn diese, und wie folgt daraus, daß dieser Satz
5 † 7 = 12 ein synthetischer ist? Segner will seinen Zuhörern zeigen, wie sie eine Anschauung von diesem Satz erhalten können.

Er nimmt seine fünf Finger zu Hülfe, läßt sie einen nach dem andern als Einheiten zu 7 hinzuzählen, und so
mit dem letzten bis zu 12 hinaufsteigen. Allein wozu gebraucht er dieß Hülfsmittel, dessen er sich nicht einmal, ohne ausgelacht zu werden, bey seinen Zuhörern bedienen
darf, wenn er sie nicht als sehr einfältige Jünglinge voraus
setzen kann. Will er sie etwa davon belehren, daß sie nicht
aus dem Begriff von 12 als einer bestimmten Summe es
schließen können, daß sie aus 5 † 7 zusammengesetzt ist? Nichts
weniger als dieses. Er will ihnen nur eine lebhafte Vorstellung von 12 als einer Summe durch dieß sinnliche Bild
machen, damit sie besto klärer es einsehen, wie der Begriff
12 aus 5 † 7 zusammengesetzt ist. Dieser Weg, welchen
er nimmt, ist der Weg der Erfahrung. Durch ihn werden
unmittelbar von unsrer Vernunft Erfahrungsbegriffe gebildet. Gründet sich auf diese der Satz 12 = 5 † 7: so ist
er ein Erfahrungssatz, und folglich kann er nach Ihrer Erklärung von Erkenntniß a priori durchaus kein synthetischer
Satz

Satz seyn." Wir sind aber gewohnt, ihn als einen Satz anzusehen, welcher durch Anwendung dieses analytischen Grundsatzes, das Ganze ist so groß als seine Theile zusammengenommen, nicht ohne Widerspruch geleugnet werden kann. Gesetzt daß er ein synthetischer wäre: wie können Sie daraus schliessen, daß alle arithmetische Sätze synthetisch seyn müssen? Giebt es denn keine andre arithmetische Sätze, als worinn das Subiect eine Summe ist, und das Prädicat die Theile anzeigt, woraus jene zusammengesetzt wurde? In jeder geometrischen Proportion ist das Factum der mittlern Glieder dem Facto der äußern gleich; in jeder arithmetischen Progression ist die Summe so groß, als die Summe des ersten und letzten Gliedes, multiplicirt durch die halbe Anzahl der Glieder. Was sind denn bleß für Sätze? Auch solche, deren Wahrheit nur durch eine Anschauung erkannt werden kann?

So viel mich die Erfahrung gelehret hat: so kann ich meine Zuhörer nur davon überzeugen, wenn ich erst ihnen einen bestimmten Begriff von einer geometrischen Proportion oder arithmetischen Progression gemacht habe, und ihnen nun zeige, wie aus ihren Begriffen die Wahrheit so folge, daß sie ohne Widerspruch nicht kann geleugnet werden. Wäre Anschauung der einzige Weg zur Erkenntniß dieser Wahrheiten: so würde sie durch Erfahrung erwachsen, sich auf diese gründen. Wie könnte diese denn eine Erkenntniß aus den Begriffen seyn?

Eben so wenig werden Sie den Mathematiker davon überzeugen können, daß alle Grundsätze der reinen Geometrie nicht analytisch, sondern synthetisch sind, oder Sie möchten ihn denn zu überreden im Stande seyn, daß diese Sätze: ein Dreyeck hat drey Linien, ein Quadrat ist eine Figur, worinn alle vier Linien und Winkel sich gleich sind, und unzähllich

lich andre keine analytische sind. Dieß sind sie ja so gar nach
dem Begriff, welchen Sie uns selbst von analytischen Sätzen
gegeben haben. Sie berufen sich auf diesen: die grade Linie
ist zwischen zwey Puncten die kürzeste. Ich könnte es Ihnen
zugeben, daß dieß ein synthetischer Satz ist, wenn Sie darunter nichts anders sich dächten, als was wir Lehrsätze nennen.
Allein der Grund, welchen Sie für Ihre Behauptung anführen, scheinet mir durchaus kein Gewicht zu haben. Es ist
wahr, der Begriff vom Geraden enthält nichts von Größe,
sondern nur eine Qualität. Es kann also aus dem Begriff
der graden Linie durch keine Zergliederung der Begriff des
Kürzesten gezogen werden. Allein ist denn in diesem Satze
grade Linie das ganze Subiect? Sie reden ja von einer graden Linie zwischen zwey Puncten. Liegt nicht in dem Begriff
dieses ganzen Subiects die Idee von Entfernung, und folglich auch von Größe? Kürzeste ist ein relativer Begriff,
und zeigt also, daß die Linie mit krummen Linien verglichen
wird, welche zwischen denenselben Puncten gezogen sind. Die
Anschauung wird dem Geometer zum Beweis dieses Satzes
nicht verhelfen können. Denn krumme Linien können durch
unendliche Abstuffungen sich so der graden nähern, daß keine Anschauung mehr statt haben kann. Er muß also entwe-
weder aus dem Vergleich des ganzen Begriffs vom Subiect
und vom Prädicat es beweisen, daß das letzte aus dem ersten
folgt, und also in ihm gegründet ist, oder, wo dieß nicht
möglich ist, so ist auch alle seine Bemühung umsonst. Sollte, wie Sie es ohne Grund annehmen, die Möglichkeit dieser Synthesis ohne Anschauung nicht erkannt werden können:
so wäre dieser Satz blos ein Erfahrungsatz, nicht einmal ein
Theorema nach der gewöhnlichen Sprache der Weltweisen,
vielweniger ein synthetischer Satz a priori nach der Erklärung, welche Sie uns von einem solchen gegeben haben.

Ich wundre mich, wie Sie doch endlich einmal dazu
kommen, es zuzugestehen, daß einige wenige Grundsätze,
welche

welche die Geometer voraussetzen, würklich analytisch sind,
und auf dem Grundsatz des Widerspruchs beruhen. Allein
sind diese Sätze denn nicht auch geometrisch, und hätten wir
in diesem Fall nicht Ihr eignes Zeugniß gegen den Satz, welchen Sie kurz vorher behaupteten, nämlich daß kein Grundsatz
der reinen Mathematik analytisch sey. Sie behaupten, daß
solche Sätze auf dem Satze des Widerspruchs beruhen. Dieß
ist sehr unbestimmt gesagt, und kann bey denen, welche nicht
genug eingeweihet sind, zum Mißverstande Anlaß geben.
Die analytischen Sätze beruhen nicht in so weit auf
dem Grundsatz des Widerspruchs, als wir die Synthesis
des Prädicats mit dem Subiect für richtig erkennen, sondern nur in so weit, als wir einen Widerspruch bemerken,
wenn wir das entgegensetzte Prädicat mit dem Subiect verbinden wollten. Ich bin davon überzeugt, daß, wo ein
Quadrat ist, auch vier rechte Winkel seyn müssen, und der
Grundsatz des Widerspruchs kann mir weder zur Bildung
dieses Satzes noch zur Ueberzeugung von dieser Wahrheit
helfen. Weil ich weis, daß aus dem Begriff eines Qua-
drates dieß Prädicat durchaus folget: so bin ich überzeugt,
daß das Gegentheil des Prädicats mit dem Subiect nicht
ohne Widerspruch verknüpft werden kann, und dieß ver-
schafft meiner Ueberzeugung eine Stärke, die nicht erschüttert werden kann. Nur in den indirecten Beweisen erkenne ich aus dem Satz des Widerspruchs, daß ein Prädicat
entweder positiv oder negativ einem Subiect beygelegt werden muß. In den directen Beweisen erkenne ich es aus
andern hinreichenden Gründen, daß das Prädicat dem Subiect zukömmt. Der Satz des Widerspruchs ist hiezu ganz
unbrauchbar; dazu dienet er aber meiner Vernunft, daß
sie die Verbindung des Gegentheils vom Prädicat mit dem
Subiect verwirft, und für unmöglich erkennet.

Sonderbar scheinet mir auch diese Ihre Behauptung,
daß die analytischen Sätze nur als identische, nur zur Kette der

C 5   Me-

Methode und nicht zu Principien dienen. Was nennen Sie
Kette der Methode, was Principien? und warum dienen
analytische Sätze nur zu jener, nicht zu diesen? So wird
jeder Geometer Sie fragen, und nun Ihre Antwort erwarten. Allein es hat Ihnen nicht gefallen, seine Erwartung zu befriedigen. Er wird also selbst prüfen müssen.
Aus der Art, wie er seine Wissenschaft behandelt, weis er,
daß er alle seine Lehrsätze, oder, wenn Sie lieber synthetische Sätze diese nennen wollen, seine synthetischen Sätze zuletzt aus Grundsätzen herleitet, daß er diese als Principien
nicht zur Kette, sondern zu Gliedern in der Kette der Wahrheiten macht, in welcher das letzte Glied der synthetische, oder
der Lehrsatz ist, welchen er beweisen will. Er erblickt also
in dieser Kette die analytischen Sätze als Principien, als die
Grundlage, worauf er das Gebäude seiner Wahrheiten errichtet. Er wird also, wenn er anders Ihre Ausdrücke in
der gewöhnlichen Bedeutung nehmen darf, es nicht begreifen können, wie Sie analytische Sätze zwar für eine Kette der
Methode, aber nicht für Principien zu halten im Stande
sind. Sie berufen sich zwar auf diese Sätze: das Ganze ist sich selbst gleich, $a = a$ und das Ganze ist grösser als
ein Theil. Er höret es von Ihnen, daß diese nach blossen
Begriffen gelten. Gut, wird er glauben, fortschliessen zu
können; diese Sätze werden also deswegen für richtig erkannt,
weil aus dem Begriff des Subiects das Prädicat so folgt,
daß das Subiect wieder aufgehoben würde, wenn ich das
Prädicat leugnen wollte. Wie können Sie also behaupten,
daß sie in der Mathematik nur darum zugelassen werden,
weil sie in der Anschauung dargestellet werden können? Was
nennen Sie hier in der Anschauung darstellen? Nehmen
Sie den Satz $a + b > a$. Stellen Sie ihn sich in der Anschauung dar! Wovon haben Sie denn nun eine Anschauung? Etwa von diesen Zeichen, oder von der Wahrheit
selbst, welche durch diese Zeichen ausgedrückt wird? Die
Anschauung der Zeichen wird Ihnen zu nichts dienen.

nen. Die Wahrheit selbst läßt sich nicht anschauen, weil sie eine allgemeine ist. Wollen Sie diese anschauen: so werden Sie sich einen einzelnen Fall denken müssen, etwa den ganzen Körper eines Elephanten und den bloßen Kopf desselben. In dieser Anschauung finden Sie die allgemeine Wahrheit durch einen einzelnen Fall bestättiget, aber nicht bewiesen. Der Beweis kann aber auf dieser Anschauung nicht beruhen, sondern muß eine ganz andre Quelle haben, woraus die Vernunft ihn herleitet, weil sie sonst diesen allgemeinen Satz als einen Erfahrungssatz ansehen müßte, dessen Gültigkeit nur durch eine sehr unvollkommne Induction erwiesen werden könnte. Wie kann blos die Zweydeutigkeit des Ausdruckes uns bisher verleitet haben, zu glauben, daß das Prädicat solcher apodictischen Urtheile schon in dem Begriff des Subiects liege, und das Urtheil also analytisch sey. Sie gestehen es selbst, daß wir in solchen Sätzen zu einem gegebenen Begriff ein gewisses Prädicat hinzudenken, dessen Nothwendigkeit an jenem haftet. Allein wird in einem solchen Fall nicht der Begriff des Subiects wieder aufgehoben, wenn wir das Prädicat leugnen. Dieses muß also in jenem seinen hinreichenden Grund haben, und unsre Vernunft erblickt diesen entweder blos in dem Begriff des Subiects, oder sie muß andre Begriffe zu Hülfe nehmen, um aus diesen die Gültigkeit der Wahrheit zu beweisen. Im ersten Fall hat sie Axiomen, oder wie Sie sprechen, analytische Sätze, im andern Theoremen oder synthetische Urtheile. Die Anschauung kann, wie ich oben bewiesen habe, ihr nicht zur Erkenntniß der Allgemeinheit und Nothwendigkeit der theoretischen Sätze verhelfen.

Sie wollen aus der Naturwissenschaft ein Paar Sätze zum Beyspiel anführen, um dadurch zu beweisen, daß synthetische Urtheile a priori als Principien in ihr enthalten sind. Die angeführten Sätze sind folgende: 1) In allen Veränderungen der körperlichen Welt bleibt die Quantität der

Ma-

44

Materie unverändert, 2) in aller Mittheilung der Bewegung sind Wirkung und Gegenwirkung jederzeit einander
gleich. Bey beyden Sätzen denkt sich die Vernunft Allgemeinheit und Nothwendigkeit. Beyde Bestimmungen kann
sie nicht aus Erfahrung, auch nicht aus blossen Begriffen
des Subiects und Prädicats herleiten. Sie muß also andre Gründe aufsuchen, woraus es ihr einleuchtet, daß diese Synthesis in der angenommenen Bestimmung nicht bloß
möglich, sondern auch würklich ist. Sie wird sie also nicht
für Axiomen, sondern für Theoremen; oder nicht für analytische, sondern für synthetische Sätze, wenn Sie sich lieber so ausdrücken wollen, ansehen können. Wenn sie erst
hinreichend bewiesen sind: so können sie auch von der Vernunft als ausgemachte Wahrheiten zum Grunde gelegt werden, um andre daraus herzuleiten, und folglich können sie
alsdann die Stelle der Principien einnehmen. So weit
stimmen alle Philosophen mit Ihnen überein. Allein Sie
reden noch von synthetischen Sätzen a priori. Durch diese
Redensart bezeichnen Sie entweder blos allgemeine Sätze,
oder solche, deren Erkenntniß bey uns von allen Erfahrungen auch in Ansehung ihres Ursprunges durchaus unabhängig ist. Das erste leugnet kein Philosoph. Das letzte, müßten Sie beweisen, weil es offenbar dem Gang widerspricht,
welchen unsre Vernunft nimmt, um sich zu der Erkenntniß
von der Allgemeinheit und Nothwendigkeit dieser Sätze empor zu arbeiten. Diesen Beweis bleiben Sie uns noch schuldig, und Ihr blosser Ausspruch kann hierinn nichts entscheiden.

Wie können Sie den Ausspruch thun, daß die Metaphysik bisher für nichts weiter als für eine blos versuchte
Wissenschaft gehalten werden darf? Sie nehmen freylich
die Miene an, als ob Sie dieß hier nur als eine Hypothese einsweilen hinsetzen wollen. Sie werden sich aber bald
deutlich genung darüber erklären, daß dieß nicht bey Ihnen
für eine Hypothese, sondern für eine ausgemachte Wahrheit

heit gelte. Also hätte noch keiner die Metaphysik mit glücklichem Erfolg als eine Wissenschaft behandelt; weder Grie-
che noch Deutscher, noch Engelländer noch Franzose, noch
irgend ein Philosoph aus allen Nationen der Erde? Bedenken Sie, was Ihre Gegner zu diesem Ausspruch sagen werden, welchen er nothwendig zu gewagt, zu hart vorkommen muß, als daß er sich einmal mit Anstand auf dem Ka-
theder, vielweniger vor den Ohren der Philosophen öffentlich
sagen läßt. Was für Beweise werden sie von Ihnen fodern? Können Sie es wohl von allen Metaphysiken der
helldenkenden philosophischen Köpfe darthun, daß sie keine the-
retische Wissenschaft in einem gewissen Grade der Vollkommenheit in ihnen geliefert, sondern blos Versuche gewagt haben, welche ihnen so wenig gelungen sind? Nach Ihrem
eignen Geständniß ist die Metaphysik eine Wissenschaft, welche durch die Natur der menschlichen Vernunft unentbehrlich gemacht wird. Ist auch deswegen es wohl wahrscheinlich, daß bis auf den Zeitpunct, wo Sie in der philosophischen Welt auftreten, die Vernunft in so vielen helldenkenden Köpfen zwar immer nach der größten Vorbereitung dieß Ziel zu erreichen suchte, aber noch nie eine Wissenschaft zu Stande bringen konnte, welche ihr doch selbst
durch die Natur so unentbehrlich gemacht ist?

Die Metaphysik soll synthetische Erkenntnisse a priori
enthalten. Allein ist denn unsre Seele auch solcher fähig,
wenn wir nach Ihrer Erklärung darunter Erkenntnisse denken,
welche ihrem Ursprunge nach schlechterdings von aller Erfahrung unabhängig sind? Diese Frage haben Sie durch oft
wiederhohlte Aussprüche bejahet, aber Ihre Behauptung
durch keinen einzigen tüchtigen Grund bewiesen. Wäre unsre Vernunft nach den Einschränkungen, welche ihr wenigstens in ihrer itzigen Lage von der Natur gesetzt sind, unfähig,
sich diese zu verschaffen, wie es sich beweisen ließ, und würden diese in der Metaphysik die Hauptgegenstände ausmachen:

chen: so würden wir freylich bloß Versuche, keine Metaphysik als Wissenschaft haben, und Sie selbst würden uns nichts beßres liefern können. Es ist uns freylich in der Metaphysik nicht bloß darum zu thun, uns allgemeine Begriffe von Dingen zu machen, jene bloß zu zergliedern, und sie dadurch analytisch zu erläutern. Wir wollen unsre Erkenntniß erweitern, und Prädicate zu den Subiecten finden, welche wir nicht aus den Begriffen der Subiecte allein herleiten können, sondern in Ansehung deren wir andre Wahrheiten, als Grundsätze zu Hülfe nehmen, um aus dieser Verbindung es einzusehn, daß das Prädicat in dem Begriff oder in dem Wesen des Subiectes gegründet ist. In solchen Theoremen wollen wir nicht den Begriff des Subiectes selbst, sondern nur unsre Erkenntniß erweitern. Wir fügen nicht ein Prädicat zum Subiect, was nicht vermöge seines Wesens schon in ihm liegt, sondern was wir ohne Vergleich mit andern Wahrheiten nicht darinn erblicken können. Diese Urtheile sind deswegen Lehrsätze, nicht synthetische Sätze in dem Verstande, als wenn das Prädicat zu dem Begriff des Subiectes etwas hinzuthäte, was gar nicht darinn enthalten wäre. Dieß hat nur in den Sätzen statt, worinn das Prädicat eine zufällige Bestimmung von dem Subiect ist, und bloß diese sind so wohl der Sache als unsrer Erkenntniß nach synthetische, oder Erweiterungssätze in Rücksicht des Subiects. Allein solche Sätze sind am wenigsten die Hauptgegenstände der Metaphysik, ob sie gleich auch in ihr angetroffen werden müssen. Will die Vernunft beweisen, daß die Welt einen ersten Anfang haben müsse: so kann die Erfahrung ihr zwar keinen Beweis von dieser Wahrheit liefern, ob sie gleich ohne ihre Beyhülfe zu dieser Untersuchung nicht hätte kommen können. Sie will hier nicht ein Prädicat zum Subiect hinzuthun, welches nicht in seinem Begriff enthalten, oder nicht in ihm gegründet wäre: sondern sie ist bemüht, sich ein Licht anzuzünden, wodurch sie es mit Gewißheit erkennet, daß dieß Prädicat mit dem Sub-

lect

lect verbunden werden muß, weil es in dem Wesen desselben seinen hinreichenden Grund hat. Die Metaphysik besteht ihrem Zwecke nach nicht aus lauter synthetischen Sätzen a priori nach Ihrer Erklärung, sondern aus Theoremen, durch deren gründlichen Beweis sie unsre Erkenntniß erweitern will. Können Sie mich von dem Gegentheil überführen: so verpflichten Sie Ihren ergebensten :c.

6. Brief.

Mein Herr,

Der Gewinnst ist in theoretischen Speculationen sehr oft von grossem Umfange, wenn man eine Menge von Untersuchungen unter die Formel einer einzigen Aufgabe bringen kann. Sie haben Recht, man erleichtert sich dadurch sein eignes Geschäfte, und jedem andern, der prüfen will, das Urtheil, ob wir unserm Vorhaben Gnüge geleistet haben, oder nicht. Sie glauben, daß die eigentliche Aufgabe der reinen Vernunft in dieser Frage enthalten sey: wie sind synthetische Urtheile *a priori* möglich?

Ich gestehe es gerne, daß Sie meine Neugierde sehr gereizet haben, und daß ich Ihrer Beantwortung der Frage alle Aufmerksamkeit widmen werde. Die Wahrheit ist mir zu schätzbar, als daß ich Ihnen nicht gerne beypflichten werde, wenn sie auf Ihrer Seite ist. Finde ich sie da nicht: so wäre es eine übel angebrachte Hochachtung gegen einen Verdienstvollen Mann, wenn ich mich durch sie abhalten ließ, es freymüthig zu gestehen, daß ich sie nicht da gefunden habe. Ihre Frage scheint mir doch immer noch etwas unbestimmt zu seyn. Könnte sie wohl nicht folgende Aufgaben in sich fassen: 1) wodurch wird der menschliche Verstand fähig, solche Urtheile zu bilden? 2) wie

2) wie kann er auf diese geführet werden? 3) wie kann er ihre Wahrheit beweisen? Vielleicht werden Sie alle diese Aufgaben auflösen, vielleicht bleiben Sie blos bey der ersten stehen. Ich erwarte auch, daß Sie sich darüber bestimmt erklären, was Sie unter reiner Vernunft verstehen. Der Erfolg wird mich lehren, was Sie gethan haben.

Sie behaupten, daß die Metaphysik bisher in einem sehr schwankenden Zustand der Ungewißheit und Widersprüche geblieben ist, und Sie wollen die Ursache hiervon darinn entdeckt haben, daß kein Philosoph sich diese Aufgabe und vielleicht so gar den Unterschied der analytischen und synthetischen Urtheile früher in Gedanken kommen ließ. Das erste wird von Ihnen blos so hingeworfen, und werden nicht alle Metaphysiker gegen Sie aufstehen, und Ihnen das Gegentheil zurufen? Welche Stimme gilt nun in diesem Streit am meisten? Eben diese Philosophen werden Ihren Ausspruch verwerfen, einmal, weil sie den Unterschied zwischen Axiomen und Theoremen sehr gut gekannt, und Regeln entwickelt haben, wornach man beyde bilden, und diese aus jenen herleiten müsse; zweytens, weil sie diese Ausdrücke, analytische und synthetische Urtheile, für unschicklich halten, und die Eintheilung, in wie weit Sie diese gemacht haben, entweder für ungegründet, oder doch wenigstens für schwankend ansehen. Sie werden es von Ihnen fodern, daß Sie vorher die Würklichkeit oder Möglichkeit synthetischer Urtheile a priori in unsrer Seele nach Ihrer Erklärung beweisen, ehe Sie ihnen einen so grossen Einfluß zuschreiben, und daß Sie diese Aufgabe: wie sind synthetische Urtheile a priori möglich? hinreichend auflösen.

Diese Foderung, welche so gerecht scheint, wird dadurch nicht befriediget, daß Sie gleich darauf behaupten, das Stehen und Fallen der Metaphysik beruhe, und zwar das erste auf der Auflösung dieser Aufgabe, das letzte auf einem
genug

genugthuenden Beweise, daß die Möglichkeit, welche wir durch diese Aufgabe erklärt wissen wollen, in der That gar nicht statt finde. Wird man Ihnen nicht hier die reine Mathematik entgegen setzen, welche schon so lange als Wissenschaft unerschüttert da stand, und in welcher doch keine Lehrsätze, oder wie Sie lieber sprechen, keine synthetische Urtheile angetroffen werden, deren Erkenntniß in Ansehung ihres Ursprunges von aller Erfahrung durchaus unabhängig ist, ob sie es gleich in Ansehung ihres Innhaltes wird, ob gleich die Vernunft die Verbindung dieser Sätze theils nach dem Grundsatz des Widerspruchs, theils der zureichenden Gründe aus Begriffen oder andern Sätzen veranstaltet, und nun ihre allgemeine Wahrheit auch ohne Rücksicht auf Erfahrung mit Gewißheit erkennet. Eben dieß hat auch in der Metaphysik statt. Wozu sollten ihr synthetische Sätze a priori, welche von aller Erfahrung nicht blos ihrem Innhalte, sondern auch ihrem Ursprunge nach schlechterdings unabhängig sind, dienen? Worauf sollte denn die Vernunft die Gültigkeit derselben bauen? Etwa auf analytische? Sollte sie die Verbindung derselben nach den uns angebohrnen Regeln der Denkkraft machen? Dieß hat sie in der reinen Mathematik, und in der Metaphysik gethan? Sollte sie diese etwa auf andre synthetische Sätze von der Art gründen? Alsdann würde eben die Frage wieder aufgeworfen werden müssen, und wir wären in Ansehung der Auflösung nicht um ein Haar weiter fortgerücket. Oder sollen Anschauungen hier zum Grunde gelegt werden? Diese geben aber blos unmittelbar Erfahrungssätze. Oder sollen sie sich auf nichts stützen; nun so hätten wir einen Thurm in der Luft, welchen die Phantasie sich erbaute, ihn aber auf nichts sich gründen läßt.

Wenn der Sceptiker David Hume andre überreden will, daß Sätze a priori, d. h. solche, deren Allgemeinheit und Nothwendigkeit die Vernunft mit Gewißheit erkennet,

D   ganz

ganz unmöglich sind, und doch aus solchen seine Schlüsse herleitet: so gleicht er einem Wandrer, welcher immer rasch über
einen Hügel hinsteigt, und seinen Gelehrten zuruft: es ist
unmöglich, über diesen Hügel hinzusteigen. Würden diese
sich durch seine Betheurungen irre machen lassen? Hume
widerlegt sich durch die allgemeinen Begriffe und Sätze,
welche er zum Grunde seiner Schlüsse legt. Wer wird sich
an einen Mann kehren, welcher durch seine Speculationen
diesen seinen Machtspruch selbst immer für falsch erklärt,
wenn nach seinen Schlüssen alles, was wir Metaphysik nennen, auf einen blossen Wahn von vermeinter Vernunftein-
sicht dessen hinauslaufen würde, was in der That blos aus
der Erfahrung erborgt, und durch Gewohnheit den Schein
der Nothwendigkeit überkommen hat? Denn will er nur
so viel hiemit sagen, daß unsre Erkenntniß aus Erfahrung
ihren Ursprung nimmt: so ist die Sache richtig, und seine
Schlüsse, die er daher zieht, sind ohne Grund. Ist dieß
aber seine Meinung, daß unsre höhere Erkenntniß von allen
Sätzen sich blos auf Erfahrung zuletzt, nicht auf allgemeine
Gründe stütze, aus welchen die Vernunft die Allgemeinheit
und Nothwendigkeit von jenen einsieht: so sind dieß Grillen,
welche ihm seine Phantasie, oder seine Neigung zu zweifeln,
nicht aber eine unbefangene Vernunft in den Kopf gesetzt hat.
Wie können Sie sich schmeicheln, daß der kranke Verstand
eines solchen Sceptikers geheilet worden wäre, wenn er Ihre
Aufgabe in ihrer Allgemeinheit vor Augen gehabt hätte? Wie
sollte diese seinen guten Verstand vor solchen Behauptungen
bewahret haben? Wie wann er die Auflösung derselben von
Ihnen gefodert hätte, und Sie ihm diese nicht hätten machen können? Nicht aus einer unmöglichen Auflösung Ihrer allgemeinen Aufgabe, sondern aus seiner Behauptung
folget es, daß, wenn sie wahr wäre, es auch keine reine Mathematik geben könnte, und es wäre immer zu vermuthen,
daß er, wenn er auf diese Folgerung gedacht hätte, lieber
die Möglichkeit der reinen Mathematik, als die Richtigkeit

seiner

seiner Behauptung würde aufgegeben haben. Denn wozu
sind Köpfe von der Art nicht fähig? Sie können wenn der
Paroxismus ihrer Zweifelsucht sie anwandelt, wohl so gar
leugnen, daß sie Finger haben, mit welchen sie durch Hülfe
der Feder es uns niederschreiben, daß sie diese leugnen, oder
wenigstens an ihrem Daseyn zweifeln, weil man dieses nicht
a priori beweisen kann.

Wann werden Sie aber zu der Auflösung Ihrer Aufgabe selbst kommen? Sie sagen uns zwar, daß in ihr zugleich die Möglichkeit des reinen Vernunftgebrauchs in Grün-
dung und Ausführung aller Wissenschaften, die eine theoretische Erkenntniß a priori von Gegenständen enthalten,
mit begriffen ist. Allein wie ist diese Möglichkeit in der
Auflösung gegründet? Dieß möchten wir gerne von Ihnen
wissen. Sie können unsre Neugierde nur dann befriedigen, wann Sie vorher Ihre Aufgabe aufgelöset haben.
Warum lassen Sie uns noch immer auf diese Auflösung
vergeblich warten? Die Möglichkeit des reinen Vernunftgebrauchs, wovon Sie redeten, soll die Beantwortung der
Fragen seyn: 1) Wie ist reine Mathematik möglich, 2)
wie ist reine Naturwissenschaft möglich. Vielleicht werden
Sie, um diese Fragen zu beantworten, uns nun die Auflösung Ihrer Aufgabe vorlegen. Allein auch hier wird unsre Hoffnung getäuscht. Wir hören nichts weiter von Ihnen, als daß von diesen Wissenschaften, da sie wirklich gegeben sind, sich geziemend fragen läßt: wie sie möglich
sind, weil sie doch möglich seyn müssen, da wir sie wirklich
haben. Sie werfen es allen Philosophen noch einmal vor,
daß man von keiner einzigen Metaphysik, welche sie bisher
vorgetragen haben, es sagen kann, daß sie wirklich vorhan-
den sey, und daß man also wegen ihres bisherigen schlech-
ten Fortganges mit Grund an der Möglichkeit zweifeln
könne. Was werden diese Herren dazu sagen? Ohne
Zweifel dieses: wir erwarten von Ihnen die Auflösung der

Auf-

Aufgabe: wie sind synthetische Urtheile a priori möglich, und Sie, statt uns diese zu liefern, reden äußerst verächtlich von unsern Arbeiten. Haben wir denn nicht nach den Regeln der Vernunftlehre Begriffe und Axiomen zum Grunt. gelegt, nicht aus diesen auf eine regelmässige Art Folgerungen gezogen, und sie zweckmässig verbunden? Fodert dieß nicht die scientivische Methode? Haben wir also nicht die Metaphysik zu einer Wissenschaft erhoben? Dieß ist Thatsache. Ein Machtspruch dagegen gleicht einer Woge, die sich erhebt, um eine Klippe niederzureissen. Freylich hat unsre Vernunft manche Frage aufgeworfen, worauf sie wegen ihrer Grenzen nicht bestimmt, nicht hinlänglich antworten kann. Hier sind Dunkelheiten, welche auch Sie durch Ihre Theorie, wenn man sie so nennen kann, von synthetischen Urtheilen a priori eben so wenig wegschaffen, eben so wnig aufhellen können. Allein vieles ist auch in der Metaphysik richtig bewiesen, und dadurch gezeiget, daß auch ohne synthetische Sätze a priori nach Ihrer Erklärung die Vernunft Allgemeinheit und Nothwendigkeit ihrer gebildeten Urtheile zu beweisen fähig ist. In der Logik haben unsre Philosophen sich damit beschäftiget, es zu zeigen, wie wir nach Voraussetzung der uns angebohrnen Grundregeln des Denkens Begriffe a posteriori und priori durch diese Urtheile bilden, ihre Allgemeinheit, wenn sie diese haben, aus unwiderleglichen Gründen herleiten können, und in der Metaphysik haben sie sich bemüht, diese Kritik des Verstandes auf Vernunftswahrheiten anzuwenden.

Sie leugnen zwar, daß es eine Metaphysik als Wissenschaft bisher gebe, ob sie gleich als Naturanlage (metaphysica naturalis) wirklich seyn soll. Naturanlage ist blos Fähigkeit, nicht Erkenntniß, so wie etwa Naturanlage, die Regeln der Vernunftlehre aufzusuchen und sie anzuwenden, in der Seele eines Menschen angetroffen wird. Einige haben diese zwar logicam innatam nennen wollen. Allein sie

sie benken sich dabey weder Erkenntniß, noch Anwendung derselben, sondern blos Anlage, Vermögen zu beyden. Sie denken sich aber, wie ich aus der Folge sehe, mehr als Naturanlage, schon einige Fortschritte, zu welchen die Vernunft der Menschen unaufhaltsam fortgetrieben, und durch einen innern Drang genöthiget wird, Fragen aufzuwerfen, welche durch keinen Er'ahrungsgebrauch der Vernunft, und daher entlehnte Principien beantwortet werden. Nur in so weit soll wirklich in allen Menschen, so bald Vernunft sich in ihnen bis zur Speculation erweitert, irgend eine Metaphysik zu aller Zeit gewesen seyn, und wird auch immer darinn bleiben. Hier denken Sie sich die Metaphysik grade so wie die natürliche Logik bey allen Menschen, welche zum Gebrauch der Vernunft gekommen sind. Sie bilden ihre Ideen, Begriffe, Schlüsse nach Regeln, welche sie nicht deutlich kennen. Ihre Logik ist keine Wissenschaft, sondern eine gewisse Fertigkeit, regelmäßig zu denken, welche sie sich durch Erziehung und Uebung erworben haben. Die Natur hat ihnen vorgearbeitet, und sie folgen der Führung derselben. Dieß ist die allgemeine Auflösung der Aufgabe: wie ist die Logik, nichts als bloße Naturanlage, sondern als Fertigkeit in der Seele des Menschen möglich?

Sie werfen die Frage auf: Wie ist die Metaphysik nicht als bloße Naturanlage, weil sie dann blos Vermögen der Seele wäre, sondern als Naturanlage zur Wissenschaft möglich, d. h. wie Sie es erklären, wie entspringen die Fragen, welche reine Vernunft sich aufwirft, und die sie so gut als sie kann, zu beantworten, durch ihr eignes Bedürfniß getrieben wird, aus der Natur der allgemeinen Menschenvernunft? Hier berechtigen Sie uns, es zu erwarten, daß Sie es uns erklären 1) was reine Vernunft sey, 2) worinn die Natur der allgemeinen Menschenvernunft bestehe, 3) wie aus dieser die reine Vernunft dahin gebracht werde, diese Fragen aufzuwerfen. Allein wir finden uns in unsrer

Erwar-

Erwartung getäuschet. Sie denken in der Folge nicht daran, diese Aufg.. n uns aufzulösen, ob ich gleich überzeugt bin, daß sie wirklich schon sehr gut von unsern besten Philosophen aufgelöst sind. Sie sagen es uns nur, daß bey allen bis‐ herigen Versuchen, diese natürlichen Fragen zu beantworten, z. B. ob die Welt einen Anfang habe, oder von Ewigkeit her sey, sich jederzeit unvermeidliche Widersprüche gefunden ha‐ ben. Allein folgt daraus, daß kein Weltweiser die Fragen richtig beantwortet, und seine Antwort mit befriedigenden Grü den bewiesen habe? Auch richtige Entscheidungen ma‐ chen Widersprüche bey andern nicht unmöglich, und diese als bloße Widersprüche können nicht die Gültigkeit einer richtigen Entscheidung aufheben.

Die bloße Naturanlage zur Metaphysik erklären Sie uns itzt durch ein reines Vernunftvermögen, woraus immer eine Metaphysik, sie sey, welche sie wolle, erwächst. Vor‐ her hieß bey Ihnen die Metaphysik selbst Naturanlage. Sollte hier wohl nicht eine gewisse Verwirrung der Begriffe statt finden? Bey der Metaphysik als bloßer Naturanlage, oder als bloßem reinem Vernunftvermögen können wir es freylich nicht bewenden lassen, wenn wir solche Fragen richtig auflösen wollen. Wir müssen es zu entscheiden suchen, wie weit das Vermögen oder Unvermögen unsrer Vernunft in An‐ sehung solcher Fragen geht. Diese Untersuchungen sind bald mit mehrerm, bald mit wenigerm Glücke von Aristoteles an bis auf Reimarus in allen Logiken vermittelst psychologischer Beobachtungen und Folgerungen aus ihnen angestellt. Man hat also nicht von der Vernunft bloß einen dogmatischen Ge‐ brauch ohne Kritik gemacht. Wäre das Gegentheil durch‐ aus geschehen: so würde unsre Vernunft bloß auf grundlose Behauptungen geführt seyn, denen man eben so scheinbare entgegen setzen könnte. Allein dieß ist bisher bey den Philo‐ sophen nicht schlechterdings geschehen. Wenn Sie das Ge‐ gentheil behaupten: so werden Sie doch unmöglich von uns

fodern

fodern können, daß wir Ihrer bloßen Behauptung auf Ihr
Wort glauben, und sie für eine unwidersprechliche Entscheidung halten sollen. Wir werden aber von Ihnen mit
Recht die Auflösung Ihrer Aufgabe fodern: wie ist Metaphysik als Wissenschaft möglich? Diese sollten Sie uns doch
nicht so ganz schuldig geblieben seyn.

Sie machen einen Versuch, dem Gebiete der Metaphysik seine Grenzen überhaupt anzuweisen. Allein wornach
sollen wir es bestimmen, ob diese auch die wahren Grenzen
dieser Wissenschaft sind? Hätten Sie es uns vorher erklärt,
worinn eigentlich die Metaphysik als Wissenschaft bestehe:
so würden wir den Begriff, welchen Sie mit ihr verbinden,
gehörig prüfen, und nachher untersuchen können, ob diese
Wissenschaft wirklich so enge Grenzen habe, als Sie ihr
setzen. Hätte sie es nicht mit den Obiecten der Vernunft,
deren Mannigfaltigkeit unendlich ist, sondern blos mit sich
selbst zu thun, wie Sie behaupten: so würden diese Fragen
nicht zu ihrem Gebiete gehören: Ist die Welt ewig
oder nicht? Hat sie im letzten Fall ihr Daseyn
von einem mächtigen verständigen Wesen, welches
wir Gott nennen, oder war etwa nach dem System des Epicurs ein blinder Zufall die Ursache
ihres Entstehens? Sie haben selbst Fragen von der Art,
welche unsre Vernunft, durch ein gewisses Bedürfniß getrieben, aufwirft, vorher als Beweise angesehen, daß es eine
gewisse Naturmetaphysik zu jeder Zeit gegeben hat. Untersuchungen von der Art müssen also nach Ihrem eignen
Geständnisse in das Gebiet der Metaphysik gehören. Allein
sind die Gegenstände solcher Untersuchung nicht Obiecte der
Vernunft, nicht Dinge, die von ihr unterschieden sind?
Die Aufgaben, welche aus ihrem Schooße entspringen, be-
treffen also nicht blos ihre eigne Natur, sondern auch die
Natur andrer Dinge, die eine von ihr ganz unter-
schiedene Beschaffenheit haben. Die Vernunft muß nicht

D 4 blos

blos ihre Grenzen, sondern auch die Hülfsmittel sich bekannt machen, welche sie hat, um in das Reich der Wahrheiten einzudringen. Von diesen letzten muß sie auch den
gehörigen Gebrauch machen, um Fragen, welche sie aufwirft, zu beantworten, welche nicht durch bloße Erfahrungen, sondern vielmehr durch allgemeine Principien entschieden werden können, und welche also eigentlich Gegenstände
der Metaphysik in sich fassen. Es wird ihr also nicht so
ganz leicht werden, wie Sie denken, den Umfang und die
Grenzen ihres über alle Erfahrungsgrenzen versuchten Gebrauchs vollständig und sicher zu bestimmen.

Sie sind auch sehr hart in ihren Foderungen. Unsre
Philosophen sollen alle ihre bisher gemachten Versuche, eine
Metaphysik zu Stande zu bringen, als ungeschehen ansehen;
weil sie diese durch einen bloßen dogmatischen Gebrauch der
Vernunft ohne Kritik ausgearbeitet haben. Dieß letzte werden sie leugnen, und zu dem ersten sich nicht verstehen wollen. Haben diese in ihren Metaphysiken blos analytische
Begriffe entwickelt, keine synthetische vorgetragen, nicht gezeigt, wie sie zu diesen Begriffen a priori gelanget sind?
Haben sie nicht analytische Sätze regelmäßig gebraucht, um
synthetische Sätze, Theoremen aus ihnen richtig herzuleiten
und zu beweisen? Das wohl — werden Sie erwiedern. Allein sie verstanden es nicht, ihre Erkenntniß a priori synthetisch zu erweitern, d. h. in Ihrer Sprache, sie wußten
nicht Begriffe, nicht Sätze zu bilden, welche nicht blos ihrem Innhalte, sondern auch ihrem Ursprunge nach von aller
Erfahrung unabhängig sind. Wissen Sie denn diese zu
bilden? Bisher hat Ihnen noch kein Versuch glücken wollen. Und warum ist dieß denn nothwendig, wenn eine
gründliche Metaphysik geschrieben werden soll? Diese Nothwendigkeit ist noch nirgend von Ihnen bewiesen worden.
Alle Metaphysiken, welche bisher geschrieben sind, sollen in
Ansehung der synthetischen Sätze mit sich selbst in Widerspruch

spruch seyn. Unsre Philosophen gleichen also dem Ixion in der Fabel, welcher eine Dunstwolke umarmte, als er glaubte, die Juno zu umfassen. Wenn Sie dieß erwiesen hätten: so könnten Sie mit Recht von diesen Betrogenen es fodern, daß sie zwar die Naturanlage zur Metaphysik, die Wurzel stehen lassen, aber jeden hervorgeschoßnen Stamm bis auf die Wurzel abhauen sollten. Da aber das erste nicht von Ihnen geleistet ist: so werden diese Philosophen sich zu dieser Operation nicht verpflichtet zu seyn glauben. Sie werden es noch für unausgemacht halten, ob die Natur denn Sie vorzüglich dazu gebildet hat, endlich nach so vielen vergeblichen täuschenden Versuchen die Naturanlage zur Metaphysik, diese Wurzel, welche bisher nichts als wilde Auswüchse liefern konnte, zu einem gedeylichen und fruchtbaren Wachsthum zu befördern, und nach Zerstöhrung aller vorigen Metaphysiken der Schöpfer einer neuen zu seyn, welche erst eine wahre Wissenschaft ist. Der Erfolg zeiget, daß Sie durch Ihre Theorie von synthetischen Urtheilen a priori endlich zu der Erkenntniß gekommen zu seyn glauben, es einzusehen, daß die meisten bisher in der Metaphysik bewiesenen Wahrheiten von keiner Menschenvernunft bewiesen werden können, und daß der Scepticismus das einzige wahre System unsrer reinen Vernunft sey. Dieser Gewinnst ist nun freylich für uns sehr klein. Hätten Sie die allgemeinen Aufgaben der Vernunft, wie sind synthetische Urtheile a priori, wie ist Metaphysik als Naturanlage, wie als Wissenschaft möglich, gehörig aufgelöset: so würde der Gewinnst wichtiger gewesen seyn für Ihren ergebensten ꝛc.

7. Brief.

7. Brief.

Mein Herr,

Sie wollen uns ißt die Idee und Eintheilung einer besondern Wissenschaft vorlegen, welche Sie Kritik der reinen
Vernunft nennen. Was ist denn Vernunft? Sie antworten, das Vermögen, welches die Principien der Erkenntniß a priori an die Hand giebt, und reine Vernunft
soll diejenige seyn, welche die Principien, etwas schlechthin
a priori zu erkennen, enthält. Ein Vermögen, welches
Principien an die Hand giebt, ließ sich noch wohl denken.
Was ist aber ein Vermögen, welches diese enthält? Principien der Erkenntniß können doch nichts anders seyn, als
1) die Fähigkeiten der Seele, wodurch diese in ihr möglich
wird. Diese sind vor jeder Vorstellung, und also in so
weit a priori in ihr. Allein die Vorstellung von ihnen
wird in der Seele zuerst durch Beobachtung auf die Wirksamkeit ihrer Denkkraft, und also a posteriori erzeuget.
Erkenntniß ohne Vorstellung ist ein Unding. Folglich wird
auch die Erkenntniß dieser Fähigkeiten, welche a priori da
sind, nicht von aller Beobachtung oder Erfahrung schlechterdings unabhängig seyn können. Sie können auch 2) Begriffe und Urtheile, woraus die Erkenntniß entspringt, Principien derselben nennen. Ein blosses Vermögen der Seele
kann diese nicht in sich enthalten, ob sie gleich durch dasselbe, wenn der Seele der Stoff dazu gegeben wird, zu
Vorstellungen werden können. Der Stoff kann ihr aber
nur entweder durch äussere Gegenstände, oder durch innre
Wirksamkeiten der Denkkraft gegeben werden. In beyden
Fällen entsteht die Vorstellung oder die Erkenntniß derselben 1) dadurch, daß dieß Vermögen afficirt wird, und
2) durch unsre Aufmerksamkeit auf das afficirte Vermögen
selbst. Es ist also diese in uns nicht von aller Beobachtung oder Erfahrung in Rücksicht ihres Ursprunges durchaus
unab-

unabhängig, oder nach Ihrer Erklärung a priori. Was soll man nun von der Vernunft oder reinen Vernunft, nach Ihrem Begriffe denken? Sie setzen dabey eine Erkenntniß a priori nach Ihrer Erklärung voraus, und haben doch weder die Möglichkeit noch Würklichkeit einer solchen bisher bewiesen. Wir können vielmehr im Gegentheil es zeigen, daß unsre Vernunft einer solchen Erkenntniß nicht fähig sey. In der gewöhnlichen Sprache unsrer Philosophen ist Verstand ein Vermögen, allgemeine Begriffe a priori oder posteriori zu bilden, und Vernunft ein Vermögen, den Zusammenhang der Wahrheiten aus bloßen Begriffen und allgemeinen Urtheilen, oder auch zugleich mit aus Erfahrungen zu erkennen. Im ersten Fall können wir sie reine, im letzten empirische Vernunft nennen, und die Erfahrung lehrt es uns, daß wir dieß Vermögen haben.

Sie nennen den Innbegriff der Principien, nach denen alle reine Erkenntnisse a priori können erworben, und wirklich zu Stande gebracht werden, ein Organon der reinen Vernunft. Ohne Zweifel reden Sie hier nicht von einem bloßen Vermögen, sondern von den Principien der Erkenntniß selbst, welche die Vernunft aufgesucht, und entweder ohne Verbindung oder in einer solchen zusammengestellet hat. Wir müssen also erwarten, was für ein Organon Sie uns bilden werden. Wie können Sie aber die ausführliche Anwendung eines solchen Organons ein System der reinen Vernunft nennen? Anwendung eines Organons kann unmöglich ein System seyn. Vielleicht haben Sie nicht Anwendung, sondern Ausführung schreiben wollen.

Sie lassen es hier dahin gestellet seyn, ob auch überhaupt eine Erweiterung unsrer Erkenntniß auf die Art möglich ist. Wäre dieß nun nicht, wozu sollte uns dann Ihre Eintheilung in analytische und synthetische Sätze a priori nützen, worauf Sie doch an mehrern Stellen einen so großen

sen Werth setzen? Sie wollen eine Wissenschaft der bloßen Beurtheilung der reinen Vernunft, ihrer Quellen und Grenzen, als die Propädevtik zum System der reinen Vernunft ansehen, und diese soll nicht Doctrin, sondern nur Kritik der reinen Vernunft heissen. Also giebt es in Ihrer Sprache eine Wissenschaft, die nicht Doctrin ist. Der Nutzen dieser Kritik soll nur in Ansehung der Speculation negativ seyn, nicht zur Erweiterung, sondern nur zur Läuterung unsrer Vernunft dienen. Allein Beurtheilung der reinen Vernunft, ihrer Quellen und ihrer Grenzen ist ja selbst Speculation. Was nennen Sie Erweiterung unsrer Vernunft? Ohne Zweifel Erweiterung ihrer Erkenntnisse von ihren Grenzen, von ihren Quellen. Wenn sie nun ihre Quellen kennen lernet: so erweitert sie ihre Erkenntniß offenbar nicht blos negativ, sondern auch positiv. Diese Kritik soll die Vernunft von Irrthümern frey halten. Allein sie könnte doch wohl selbst irren, wenn sie den Begriff der reinen Vernunft, die Quellen, Principien und Grenzen fest setzet, und also selbst Irrthum verbreitet. Ob dieß der Fall in Ansehung Ihrer Kritik sey, oder nicht, davon wird sich in der Folge erst etwas genaues bestimmen lassen. Zu einer Kritik über die Vernunft scheint zu gehören, 1) eine genaue Entwicklung der angebohrnen Grundprincipien, wornach sie sich in ihrer Wirksamkeit durchaus richtet, 2) der Gesetze, wornach sie als Vermögen in uns zur Wirksamkeit erhöhet wird, 3) der unsrer Denkkraft eingepflanzten Regeln, wodurch sie von Ideen zu Ideen, von Begriffen zu andern durch eine innre Einrichtung unsrer Natur fortgetrieben wird, welche Regeln leges associationis cogitationum genannt werden, 4) der Art, wie sie aus Erfahrungen, und aus Bemerkungen der innern Veränderung in uns sich überhaupt Vorstellungen und allgemeine Begriffe von Gegenständen macht, wie sie diese gegen einander hält, und daraus neue Folgerungen herleitet, 5) eine auf richtige Beobachtung gegründete Untersuchung, welche Quellen sie

zur

zur Erweiterung ihrer Erkenntniß hat, und welche Grenzen ihr von auſſen und innen geſetzt ſind. Wer kann es aber behaupten, daß bisher kein Philoſoph dieſe Kritik und dieß mit glücklichem Erfolg geliefert habe?

Transſcendentalerkenntniß ſoll nach Ihnen eine ſolche heiſſen, welche ſich nicht ſo wohl mit Gegenſtänden, ſondern mit unſrer Erkenntnißart von Gegenſtänden, ſo ferne dieſe a priori möglich ſeyn ſoll, überhaupt beſchäftiget. - Haben Sie alſo jede Erkenntniß von den Gegenſtänden ausgeſchloſſen, oder nicht? · Im letzten Fall würde Ihre Erklärung ſchwankend, im erſten würde z. B. an eine transſcendentale Kosmologie nicht zu denken ſeyn. Es iſt mir mehr als wahrſcheinlich, daß Sie ſich auf die erſte Art dieſe Erkenntnißart gedacht haben. Wie wenn nun aber eine Erkenntnißart von Gegenſtänden a priori nach Ihrer Erklärung in unſrer Seele nicht ſtatt hätte: ſo würde dieſe transſcendentale Erkenntniß nicht in uns, ſondern in andern Bewohnern der Welt vielleicht gefunden werden, und ich habe wichtige Urſachen, dieß letzte für mehr als wahrſcheinlich anzuſehen. Ich leugne aber nicht, daß unſre Erkenntnißart von Gegenſtänden ſehr verſchieden ſey, und daß wir durch Beobachtungen desjenigen, was bey uns vorgeht, wenn wir zur Erkenntniß der Dinge gelangen, uns auch von dieſen Arten richtige Begriffe machen können. Ein Syſtem von ſolchen Begriffen nennen Sie Transſcendentalphiloſophie. Vorher redten Sie von Erkenntnißart, nun von Begriffen. Wovon ſollen ſie denn Begriff ſeyn? Nicht von den Gegenſtänden, auch nicht von unſern Erkenntniſſen, ſondern von der Art, wie wir erkennen. Allein wie können Sie nun behaupten, daß ein Syſtem ſolcher Begriffe ſowohl die analytiſche als ſynthetiſche Erkenntniß a priori völlig enthalte, da doch in der Transſcendentalphiloſophie blos von der Erkenntnißart die Rede ſeyn ſoll; daß dieſe Wiſſenſchaft von zu weitem Umfange für Ihre Abſicht ſey, weil Sie nur die Analyſis ſo weit treiben dürfen, als ſie unentbehrlich nothwendig iſt,

um

um die Principien der Synthesis a priori, als warum Ihnen nur zu thun ist, in ihrem ganzen Umfange einzusehen. Wenn Sie uns nur zu dieser Einsicht verhelfen: so wollen wir Ihnen gern das ganze System solcher Begriffe, oder die Transscendentalphilosophie schenken.

Allein was ist denn nun Transscendentalkritik? Sie antworten, eine solche, welche nicht die Erweiterung der Erkenntniß selbst, sondern nur die Berichtigung derselben zur Absicht hat, und den Probierstein des Werthes und Unwerthes aller Erkenntniß a priori abgeben soll. Eine solche Kritik versprechen Sie uns zu liefern. Sie wird uns sehr willkommen seyn, nur müssen wir uns dieß vorher ausbitten, daß sie die Möglichkeit oder Wirklichkeit einer solchen Erkenntniß, welche nicht blos in Ansehung ihres allgemeinen Innhaltes, sondern auch ihres Ursprunges von aller Erfahrung schlechterdings unabhängig ist, in unsrer Seele beweisen. Denn wozu sollte uns eine Kritik über einen Gegenstand nützen, wenn er weder Möglichkeit noch Wirklichkeit hätte, sondern blos ein Hirngespinnst unsrer Phantasie wäre?

Eine solche Kritik, welche nicht die Erweiterung selbst, sondern nur die Berichtigung derselben zum Grunde hat, soll eine Vorbereitung zu einem Organon, oder wenigstens zu einem Canon dienen, nach welchem dereinst allenfalls das vollständige System der Transscendentalphilosophie der reinen Vernunft, es mag nun in Erweiterung, oder blosser Begrenzung (Berichtigung) ihrer Erkenntnisse bestehen, so wohl analytisch als synthetisch dargestellet werden könnte. Allein in diesem Fall würden Transscendentalkritik und Transscendentalphilosophie selbst nach Ihrer Erklärung zum Theil denselben Innhalt haben. Beyde würden die Berichtigung unsrer Erkenntnisse in sich fassen. Da nun die Berichtigung unsrer Vernunft ohne Erweiterung unsrer Erkenntnisse nicht

nicht statt haben kann: so würden auch beyde diese zum Zweck ihrer Entwicklung haben. Es würde also Transscendental-kritik der reinen Vernunft und Transscendentalphilosophie zu-sammenfliessen, und eine Grenzlinie für beyde nicht können gezogen werden. Soll ein wirklicher Unterschied da seyn: so muß die Kritik sich mit den Principien der reinen Ver-nunft beschä'tigen, und die Philosophie die regelmässige An-wendung dieser Principien auf die Gegenstände der Vernunft in sich schliessen. Jene wäre also das, was die Philoso-phen Logik genannt haben, diese ein System von Wahrhei-ten, welches nach Regeln der Logik richtig und zweckmässig errichtet wurde.

Das System solcher Begriffe, welches Sie Transscen-dentalphilosophie nennen, könnte freylich genau nach der Er-klärung, welche Sie davon geliefert haben, von keinem grossen Umfang seyn, weil es sich nicht mit den Erkenntnissen selbst, nicht mit der Natur der Dinge, die erkannt werden, sondern blos mit unsrer Erkenntnißart von Gegenständen, folglich mit der Art, wie wir überhaupt zu Vorstellungen gelangen, wie wir aus diesen Begriffe herleiten, wie wie sie mit einander verbinden, nach welchen Regeln wir es thun, um aus der Verbindung Urtheile und durch Hülfe dieser Schlüsse zu bilden, kurz mit den verschiedenen Fähig-keiten unsrer Denkkraft, und den Grundregeln beschäftiget, nach welchen unser Vorstellungsvermögen durch eine innre Einrichtung unsrer Natur unter so vielen verschiedenen Ver-anlassungen zur Wirksamkeit erhöhet wird. Alles dieses dürfen wir nicht ausser uns suchen, kann uns, wenn wir die gehörige Aufmerksamkeit anwenden, nicht leicht verbor-gen bleiben, und ist, wie Sie hinzusetzen, allem Vermu-then nach klein genug, um vollständig aufgenommen, nach seinem Werth oder Unwerth beurtheilet, und unter richtige Schätzung gebracht zu werden.

Eine

Eine Kritik der reinen Vernunft hat es blos mit dem
reinen Vernunftsvermögen zu thun. Wir können also in
der Ihrigen keine Kritik der Bücher und der Systeme der
reinen Vernunft erwarten. Wenn jene richtig ausgeführt
ist, und zum Grunde liegt: so hat man einen sichern Probierstein, den Gehalt alter und neuer Werke in diesem Fache richtig zu schätzen. Allein Sie können nicht behaupten,
daß noch keine Philosophen eine richtige und vollständige Kritik der Vernunft geliefert haben, daß Sie also erst durch eine
günstigere Natur gegen Sie dazu berufen sind, mit Ver-
werfung aller vorigen Arbeiten in diesem Fache dieß
große Werk auszuführen. Uebrigens ist es lange eine bekannte Wahrheit gewesen, daß ohne gründliche Vorerkennt-
niß der Vernunftlehre keiner weder ein festes Gebäude der
Philosophie aufzuführen, noch ein System derselben, welches von andern errichtet ist, gründlich zu prüfen und zu
beurtheilen fähig seyn kann.

Warum nennen Sie ißt die Transscendentalphilosophie
die Idee einer Wissenschaft, warum nicht selbst die Wissenschaft, wozu die Kritik der reinen Vernunft den ganzen
Plan architektonisch (wozu wieder diese neue Terminologie?)
d. i. aus Principien entwerfen soll, mit völliger Gewährlei-
stung und Sicherheit aller Stücke, welche dieß Gebäude
ausmachen? Sie haben sich nicht über die Ursache erklärt,
und also zwar unsre Neubegierde erregt, aber nicht befriediget. Diese Kritik nennen Sie ein System aller Principien der reinen Vernunft. Woferne sie dieß wirklich ist: so
hat sie nicht blos Berichtigung, sondern auch Erweiterung
unsrer Erkenntniß zum Zweck, und doch leugnen Sie dieses
vorher von Ihrer Kritik. Ich habe oben schon gezeiget,
daß Kritik und Transscendentalphilosophie, wie Sie beyde
erklären, zusammenfliessen, und nun scheinen Sie selbst
dieß zu fühlen. Sie behaupten, daß die Kritik ein System
aller Principien der reinen Vernunft sey. Muß aber denn
nicht

nicht dieß System ein vollständiges seyn? Nun soll sie aber nach Ihnen kein vollständiges System seyn, weil sie sonst auch eine ausführliche Analysis der ganzen Erkenntniß a priori enthalten müßte, und deswegen soll sie nicht die Transscendentalphilosophie selbst heissen können. Allein was nennen Sie ausführliche Aanalysis aller Erkenntnisse a priori? Heißt dieß eine genaue Entwicklung aller unsrer Erkenntnisse, welche nicht blos in Rücksicht ihres Innhaltes, sondern auch ihres Ursprunges von aller Erfahrung unabhängig sind: so müssen Sie uns erst beweisen, daß wir solcher Erkenntnisse fähig sind. Wollen Sie dadurch Erkenntnisse von allgemeinen Begriffen der Gegenstände, von daher gezognen Urtheilen und Schlüssen verstehen: so gehören diese nicht in Ihre Transscendentalphilosophie, weil diese, wie Sie lehren, sich nicht mit Gegenständen, sondern blos mit unsrer Erkenntnißart der Gegenstände beschäftiget.

Alles, was die Transscendentalphilosophie ausmachet, rechnen Sie zur Kritik der reinen Vernunft. Was kann aber dasjenige seyn, was jene ausmacht? Doch ohne Zweifel nichts anders, als der ganze Innhalt derselben? Gehöret dieser zur Kritik der reinen Vernunft: so muß diese die Transscendentalphilosophie in sich fassen, und das Gebiet von beyden muß sich gleich weit erstrecken. Dieß scheinet aber mit demjenigen im Widerspruch zu seyn, was Sie vorher behauptet haben. Gleich darauf nennen Sie die Kritik eine vollständige Idee der Transscendentalphilosophie. Würde sie dieß seyn können, wenn sie nicht alles das enthielte, was die Transscendentalphilosophie ausmacht? Da diese nun eine Wissenschaft ist: so muß die Kritik auch diese Wissenschaft in sich fassen. Sollten wir nicht so schliessen können: so müssen Sie Ihre erste Behauptung wieder zurück nehmen, und uns erklären, wie eine Sache eine vollständige Idee einer andern, und doch von ihr unterschieden seyn kan.

E

In

In Ihre Transscendentalphilosophie wollen Sie gar keine Begriffe aufnehmen, die irgend etwas Empirisches in sich enthalten: sondern die Erkenntniß a priori soll völlig rein seyn. Wir müssen also erwarten, was Sie leisten werden. Sie halten die obersten Grundsätze und Grundbegriffe für Erkenntnisse a priori. Allein wie erhält unsre Vernunft von beyden Erkenntnisse? Sind diese anders möglich, als durch Beobachtungen, die wir über die uns eingepflanzten Grundtriebe und ihre Wirksamkeit anstellen? Jene sind vor aller Erfahrung da, und diese müssen wir durch Beobachtung oder Erfahrung kennen lernen. Die Moralität unsrer Handlungen gründet sich auf diese. Wir würden aber uns keine Begriffe, und also keine Erkenntniß von ihnen erwerben können, wenn wir nicht aus diesem Gesichtspunct die Wirksamkeit unsrer Seele beobachteten. Die Erkenntniß ist also ihrem ersten Ursprunge nach nicht von aller Erfahrung unabhängig, nicht schlechterdings a priori. Auf eine ähnliche Art entstehen in uns Begriffe von Lust und Unlust, von Begierden und Neigungen, welche insgesammt empirischen Ursprunges sind, und als solche nicht in die Abfassung des Systems der reinen Sittlichkeit mit hineingezogen werden müssen. Alles praktische, so ferne es Triebfedern in sich fasset, bezieht sich auf Gefühle, welche zu empirischen Erkenntnißquellen gehören. Alles dieses wollen Sie aus der Transscendentalphilosophie ausschließen, welche deswegen eine Weltweisheit der reinen, blos speculativen, Vernunft seyn soll.

Wir erwarten also in dieser eine Erweiterung unsrer Erkenntnisse, nicht von Vorstellungsvermögen, nicht von blossen Fähigkeiten, nicht von angebohrnen Grundregeln des Denkens, welche vor aller Erfahrung in uns sind, sondern von Erkenntnissen selbst, in wie weit wir sie ohne alle Beobachtung, ohne alle innre Erfahrungen erhalten. Sie reden von einer Eintheilung dieser Wissenschaft aus dem allgemeinen

nen Gesichtspuncte eines Systems überhaupt, welche Sie ihr
vortragen wollen. Ist diese Wissenschaft nun Transscendentalphilosophie, oder Kritik der reinen Vernunft? Nach dem
Zusammenhang zu urtheilen, denken Sie sich jene, und
nachher machen Sie diese Eintheilung 1) Elementarlehre,
2) Methodenlehre der reinen Vernunft zu Theilen Ihrer
Kritik. Hier erklären Sie also entweder beyde für eine und
dieselbe Wissenschaft, oder Sie vermengen sie mit einander,
welche doch als verschieden gedacht werden sollen. Jeder
dieser Haupttheile hat seine Unterabtheilungen, deren Gründe, wie sie mit Recht bemerken, sich nicht wohl in der
Einleitung vortragen lassen.

Ihre Bemerkung ist richtig. Es giebt zwey Stämme
der menschlichen Erkenntniß, Sinnlichkeit und Verstand.
Vielleicht entspringen sie aus einer gemeinschaftlichen Wurzel. So ganz unbekannt scheint sie uns doch nicht zu seyn.
Ohne Zweifel ist sie das Vermögen zu denken in einer Seele,
die mit einem organischen Körper verbunden ist, und von
diesem Vermögen erhalten wir auf eben dem Wege, wie
von Sinnlichkeit und Verstand eine Erkenntniß. Nicht die
Sinnlichkeit, als blosses Vermögen von aussen und innen
afficirt zu werden, giebt uns Gegenstände, sondern durch dieses werden sie uns nur dann gegeben, wenn es wirklich afficiret ist, und der Verstand denket sich theils die Gegenstände, theils das afficirte Vermögen. Die Sinnlichkeit
kann also nicht als ein blosses Vermögen Vorstellungen a
priori in sich enthalten, wie Sie behaupten. Sie ist zwar
vor aller Erfahrung in uns und folglich so weit a priori da;
die Vorstellungen selbst werden aber durch die Gegenstände
erregt, welche ihm als Obiecte gegeben sind. Die sinnlichen
Vorstellungen selbst können nicht in der Seele a priori seyn,
sondern müssen alle einen empirischen Ursprung haben. Sie
können also als solche, nicht die Bedingung ausmachen, unter der uns Gegenstände gegeben werden. Mit welchem

E 2   Rechte

Rechte können Sie behaupten, daß die Sinnlichkeit zur Transscendentalphilosophie gehöre? Vielleicht als eine Erkenntnißart, als ein blosses Vermögen? In diesem Fall habe ich nichts dagegen. Allein als ein Vermögen, welches Vorstellungen a priori in sich enthält, kann sie nicht zu dieser Wissenschaft gehören, weil sie dieß weder thut, noch thun kann. Was ist transscendentale Sinnenlehre? Diese kann doch nichts anders als eine Lehre von den sinnlichen Vorstellungsarten seyn. Nennen Sie nicht die sinnlichen Vorstellungen selbst, sondern die sinnliche Erkenntnißart als Vermögen die Bedingung, worunter dem menschlichen Verstande Gegenstände zu denken und zu erkennen gegeben werden: so würde ich Ihnen mit eben der Bereitwilligkeit beypflichten, mit welcher ich die Ehre habe zu seyn ꝛc.

Kritik

Kritik

der

reinen Vernunft.

I.

Der

Transscendentalen

⸱ Elementarlehre,

Erster Theil.

Die Transscendentale Aesthetik.

8. Brief.

Mein Herr,

Unsre Erkenntniß bestehet in Vorstellungen. Bey jeder Vorstellung können wir 1) auf das Subiect, welches diese hat, 2) auf das Obiect, welches gedacht wird, 3) auf die Vorstellung selbst sehen. Diese, in wie weit sie auf das Obiect bezogen wird, scheinen Sie eine Anschauung zu nennen, es mag übrigens beschaffen seyn, wie es will. Worinn kann diese anders als in dem gedachten Stoff bestehen, welchen der Gegenstand dem Vorstellungsvermögen gleichsam darreichet? Alles unser Denken soll folglich die Anschauung zum Zwecke haben. Diese findet aber nur statt, in wie ferne der Gegenstand gegeben wird, und dieses ist wenigstens bey uns Menschen nur dadurch möglich, daß er das Gemüth auf eine gewisse Art afficiret. Soll der Gegenstand dieß können: so muß er entweder vor der Anschauung da seyn, oder mit ihr zugleich gegeben werden.

Sie nennen Sinnlichkeit das Vermögen, (Receptivität), Vorstellungen durch die Art, wie wir von Gegenständen afficirt werden, zu bekommen. Wir können aber auf eine doppelte Art afficiret werden, 1) durch äussre Gegenstände, 2) durch innre Veränderungen in uns, als in den vorstellenden Subiecten, weil wir uns so wohl der äussern Eindrücke, als der innern Wirksamkeiten bewußt werden können. In beyden Fällen verhält unser Vorstellungsvermögen in so weit sich leidend, als ihm der Stoff gegeben wird, und durch seine thätige Kraft, (Spontanität), erhebet es gleichsam diesen Stoff zur Vorstellung von dem Gegenstande. Wenn also ein Subiect, oder besser ein Geist gedacht wird, auf welchen weder äussre Gegenstände wirken können, noch welcher innre Veränderungen haben kann, so ist bey ihm Sinnlichkeit nicht denkbar. Ist es also nicht ein offenbarer Widerspruch, wenn einer Ihrer Anhänger so gar grade weg

C 4

be-

behauptet, daß auch bey Gott Sinnlichkeit in weiterer, d. h. in der obigen Bedeutung angetroffen wird?

Sinnlichkeit als blosses Vorstellungsvermögen kann uns keine Gegenstände geben, sondern sie ertheilen ihr den Stoff, und die thätige Kraft derselben erhebt diesen zur Vorstellung, welche in Beziehung auf jene Anschauung von Ihnen genannt werden. Wollen Sie nichts mehr sagen, wenn Sie behaupten, daß uns vermittelst der Sinnlichkeit Gegenstände gegeben werden: so bin ich mit Ihnen eins. Wenn der Verstand sich die Anschauungen denket: so sollen Begriffe entstehen. Hätten Sie hier erst erklärt, was Sie Begriffe nennen: so würden wir Ihre Folgerungen besser beurtheilen können. Begriffe sind nach der Sprache unserer Philosophen Vorstellungen von allgemeinen Gegenständen, in welchen die individuellen Bestimmungen weggelassen sind. Diese bildet der Verstand durch Hülfe der Ideen von einzelnen Dingen (indiuiduis). Auch diese Vorstellungen können auf die allgemeinen Gegenstände bezogen werden, und sind also auch Anschauungen nach der Erklärung, welche Sie uns von ihnen gegeben haben. Sie sind folglich eben so wenig in Ansehung ihres Ursprunges von aller Erfahrung unabhängig, als die eigentlich sinnlichen Vorstellungen, oder, wie Sie dieß ausdrücken, sie sind nicht a priori in uns. Wollen wir die Vorstellung eines Begriffes in Beziehung auf den allgemeinen Gegenstand eine Anschauung nennen: so ist diese doch von den sinnlichen Anschauungen sehr weit unterschieden, weil diese letzten sich nur auf einzelne vollständig bestimmte Gegenstände (indiuidua) beziehen können, und folglich nicht alles, was von diesen gilt, auch von jener gelten kann. Hätten wir nicht Verstand und Vernunft, welche sinnliche Ideen zu allgemeinen Begriffen erheben kann: so würde Sinnlichkeit eben so wenig uns, als einem Affen zur Anschauung allgemeiner Begriffe verhelfen können.

Diese Bemerkung ist deswegen höchst wichtig, weil Sie zwar die Anschauung so allgemein erkläret haben, daß wir

wir jede Vorstellung, welche auf einen Gegenstand, er sey,
welcher er wolle, bezogen wird, Anschauung nennen können,
aber doch nachher unter dieser nur eine Gattung, nämlich
die Anschauung solcher Gegenstände zu denken scheinen, welche eigentlich unsre Sinne afficiren können. Wäre dieß letzte
nicht wirklich hier der Fall : so würden Sie nicht berechtiget
seyn, zu behaupten, daß alles unser Denken, es sey geradezu,
oder im Umschweif, zuletzt auf Anschauung, mithin bey uns
auf Sinnlichkeit sich beziehe, weil uns auf andre Weise
kein Gegenstand gegeben werden kann. Nach dieser Ihrer
Behauptung ist also jedes Denken und folglich auch jede Erkenntniß in unsrer Seele nicht von aller Erfahrung ganz unabhängig. Sie gestehen es hier also selbst, daß sich bey
uns eine solche Erkenntniß a priori nicht finde, wie Sie
diese mehrmal erkläret haben. Tugend, Freyheit, Unsterblichkeit, Gott, sind Gegenstände, welche uns doch eigentlich nicht durch Sinnlichkeit gegeben werden. Wir können
uns von ihnen nicht durch Hülfe unsrer Sinnen, sondern
unsers Verstandes Vorstellungen machen, und diese auf
Gegenstände beziehn. Wir sind also fähig von ihnen eine
Anschauung zu erhalten, ohne daß diese das Werk unsrer
Sinnlichkeit ist, noch seyn kann.

Um Verwirrungen in der Folge besser zu vermeiden,
können wir, wenn doch einmal die Anschauung in so weiter
Bedeutung genommen werden soll, sie in eine Anschauung 1)
der Sinne, 2) des Verstandes, 3) der Vernunft eintheilen.
Die erste Gattung begreift unter sich, alle Vorstellungen von
Gegenständen, welche unsern äussern oder innern Sinn afficiren können. Gegenstände des äussern Sinnes sind alle
diejenigen, welche ausser uns sind, auf unser blosses Vermögen, von aussen afficirt zu werden, Eindrücke machen, und
es dadurch zur Wirksamkeit zu erheben fähig sind. Das
Gebiet unsers innern Sinnes erstrecket sich ohne Unterschied
auf alle Veränderungen, welche in uns selbst erfolgen, und
deren wir uns bewust werden können, folglich auf alle Grund-

E 5

gesetze,

gesetze, welche die Natur selbst uns vorgeschrieben hat, wornach unsre Begierden erregt, wornach unsre Einbildungskraft gelenket wird, wornach Verstand und Vernunft sich wirksam beweisen, folglich auf alle Fähigkeiten zu denken und zu wollen, auf alle Grundregeln, welchen der Mensch folget, ohne daß er sie kennet, aber doch durch Aufmerksamkeit auf die Beschaffenheit seiner innern Wirksamkeit sich bekannt machen kann. Die Vorstellungen des Verstandes haben allgemeine Ideen oder Begriffe zu Gegenständen, und heißen Anschauungen des Verstandes, in wie weit sie auf jene gezogen werden. Eben so haben die Vorstellungen der reinen Vernunft den Zusammenhang blos allgemeiner Wahrheiten, die Vorstellungen der empirischen Vernunft theils den Zusammenhang der allgemeinen, theils auch individueller Wahrheiten in Verbindung zum Gegenstand; und können, in Beziehung auf diesen, Anschauung der reinen oder der empirischen Vernunft genannt werden. Die Anschauungen des Verstandes oder der reinen Vernunft setzen freylich Beobachtungen sinnlicher Eindrücke oder Erfahrungen voraus, und sind also ihrem Ursprunge nach von diesen nicht ganz unabhängig. Sie selbst erheben sich aber durch die Wirksamkeit des Verstandes und der Vernunft über das Gebiet der Sinnlichkeit, und sind also von allen bloß sinnlichen Anschauungen unterschieden. Ich werde diese Classification von den Gattungen der Anschauung in der Folge als bekannt und ausgemacht zum Grunde legen, und stets die Begriffe mit ihnen verbinden, welche ich von ihnen gemacht habe.

Sie erklären die Empfindung durch die Wirkung eines Gegenstandes auf die Vorstellungsfähigkeit, so ferne wir von demselben afficirt werden. Was wollen Sie uns dadurch eigentlich lehren? Ist die Wirkung des Gegenstandes selbst die Empfindung? Dieß kann sie durchaus nicht seyn. Empfindung ist eine Folge dieser Wirkung auf unser Vorstellungsvermögen nach seiner Receptivität in uns. Der

Gegen-

Gegenstand selbst sowohl als seine Wirkung ist also von der Empfindung sehr unterschieden. Auch diese ist nicht immer blos eine Folge des afficirten Vorstellungsvermögens in uns. Einige äussere Gegenstände wirken so auf unser Gemüth, daß blos unser Vorstellungsvermögen afficirt wird, und dann ist die Folge blos Vorstellung. Alle Eindrücke, welche die Gegenstände durch Hülfe des Gesichtes oder Gehörs auf uns machen, sind von dieser Art. Sie haben, wenn sie blos diese sind, kein Gefühl in ihrem Gefolge. Wenn aber auf unsre Sinne des Geschmacks, des Geruchs, des Gefühls von äussern Gegenständen gewirkt wird: so haben wir nicht blos Vorstellungen, sondern es ist gewöhnlich bald ein angenehmes, bald ein widriges Gefühl, bald Schmerz, bald Wollust mit ihnen verbunden, und wir setzen den Ort, wo wir beydes fühlen, nicht willkührlich, sondern durch ein Naturgesetz gezwungen, in den Theil des Körpers, welcher unmittelbar afficiret wurde. Daher nennen wir auch beyde körperliche Schmerzen oder Wollüste. Auch von diesen Gefühlen erhalten wir Vorstellungen, deren Gegenstände also die Gefühle selbst sind, und folglich in so weit von ihnen sich unterscheiden. Nennen wir jede Folge der Wirkung eines Gegenstandes auf unsre Vorstellungsfähigkeit Empfindung: so würden auch die körperlichen Gefühle diesen Namen führen, und dann müßten wir doch in Rücksicht der Empfindungen den Unterschied machen, daß wir darunter entweder blos Vorstellungen als Folgen des afficirten Vorstellungsvermögens uns denken, so wie die Empfindungen des Gesichts und Gehörs zu seyn pflegen, oder daß wir auch zugleich die körperlichen darunter begriffen, welche eigentlich nicht Vorstellungen, sondern Gegenstände in uns von denselben sind; und so hätten wir denn einmal Vorstellungsempfindungen, zweytens Empfindungen des körperlichen Gefühles. Es giebt ausserdem noch in uns Gefühle der Freude und Traurigkeit, der Hoffnung und Freude, welche von allen körperlichen Gefühlen sehr weit unterschieden sind, welche

welche, wenn sie in uns entstehen, auf unsern innern Sinn wirken, und also Gegenstände von unsrer Vorstellung werden, ohne eigentlich selbst Vorstellungen zu seyn. Empfindungen können wir sie nennen, und diesen Namen haben sie auch längst bey den Weltweisen geführt. Wir können von allen diesen Empfindungen eine Anschauung haben, weil unsre Vorstellung in Beziehung auf den Gegenstand Anschauung, und in Rücksicht auf das Subject, welches sie hat, Empfindung heißt.

So wenig die Wirkung des Gegenstandes selbst auf die Vorstellungsfähigkeit Empfindung heissen kann: eben so wenig können Sie den unbestimmten Gegenstand einer empirischen Anschauung mit Grund eine Erscheinung nennen. Welchen Begriff verbinden Sie mit einem unbestimmten Gegenstand der Anschauung? Jede Anschauung muß einen bestimmten Gegenstand haben. Verliehrt sich dieser: so wird auch die Anschauung selbst sich verlohren haben. Sollte der unbestimmte Gegenstand etwa allgemeine Begriffe, allgemeine Urtheile bedeuten: so wären diese ihrem Innhalte nach nicht durchaus (omnimode) bestimmt. Allein in Ansehung der Anschauung, die wir von ihnen haben, würden sie die Gestalt bestimmter Gegenstände annehmen. Erscheinung kann nichts anders heissen, als entweder der Gegenstand, welcher uns erscheint, weil er auf unsre Sinne wirket, oder die Anschauung, die wir von ihm haben. Die letzte ist in uns, kann nach den verschiedenen Lagen, worinn der Gegenstand uns erscheinet, ihm entsprechen, und also ihrer Form oder ihrem bestimmten Innhalte nach mit ihm übereinstimmen, oder nicht. Im ersten Fall ist die Erscheinung wahr, im andern falsch. Das Ding als Gegenstand hat seine eigenthümliche Form, welche von der Form der Erscheinung oder der Anschauung wesentlich unterschieden ist, weil sonst der Gegenstand selbst und die Anschauung desselben eins und dasselbe Ding seyn müßten. Es muß aber freylich von der Art seyn, daß es durch die Form der Anschauung,

schauung, welche dem Gemüthe eigenthümlich zukömmt, vorgestellet werden kann, d. h. daß das Gemüth die Receptivität hat, davon afficirt werden zu können. Das Ding, welches erscheinet, kann also nicht von seiner Erscheinung in uns, sondern diese muß von ihm abhangen. Uebrigens mögen unsre Anschauungen von ihm beschaffen seyn, wie sie wollen, wahr oder falsch: so bleibt der Gegenstand an sich in beyden Fällen unverändert das, was er seiner Natur nach ist.

Sie wollen nun untersuchen, was Sie in der Erscheinung antreffen. Allein was ist Erscheinung. Etwa der Gegenstand einer empirischen Anschauung. Reden Sie also von diesem, oder von der Art, wie er Ihnen erscheinet, von der Anschauung desselben? Das erste kann wohl nicht gut statt haben, weil alles, was Sie von der Erscheinung sagen, sich nicht auf ihn anwenden läßt. Sie denken sich also die empirische Anschauung des Gegenstandes. Allein diese ist ja selbst Empfindung, in wie weit sie auf das denkende Subiect bezogen wird. Sie nennen die Materie dasjenige, was ihr correspondiret. Was kann ihr aber correspondiren? Entweder müßte dieß ausser der Anschauung oder auch in ihr selbst liegen. Ausser derselben kann es nichts anders als der Gegenstand der Anschauung seyn. Wann es in ihr selbst läge: so müßten es die Vorstellungen von den einzelnen Zügen der ganzen Anschauung seyn, oder diese müßte selbst dafür gehalten werden. Das erste denken Sie sich doch wohl nicht, und wie Sie die Vorstellungen der einzelnen Züge in der ganzen Anschauung dasjenige nennen können, was der Erscheinung correspondiret, das begreif ich nicht, weil sie doch zusammengenommen die Anschauung selbst ausmachen. Die Form der Erscheinung soll in dem Mannigfaltigen derselben bestehen, in wie weit dieß in gewisse Verhältnisse geordnet wird oder wie Sie sagen, werden kann. Dieß Mannigfaltige in der Erscheinung so geordnet, giebt der ganzen empirischen Anschauung eine Form, wodurch sie sich

von

von jeder andern in Ansehung ihres Innhaltes unterscheidet.
Ist nun die Frage, wodurch wird dieß Mannigfaltige so
geordnet: so wird davon nichts anders die Ursache seyn können, als 1) der Gegenstand, welcher sich durch seine Einwirkung dem Gemüthe mittheilet, 2) die Receptivität der Vorstellungsfähigkeit, wodurch eine solche Anschauung, oder
eine solche Form von ihr in ihm möglich wird. Dasjenige,
worinn sich die Empfindung allein ordnen, und in eine gewisse Form gestellt werden kann, ist nicht wieder Empfindung. Freylich nicht. Es ist die Vorstellungsfähigkeit selbst,
vermöge deren wir uns die Theile der Gegenstände in dem
Verhältniß denken, in welchem sie sich uns darstellen. Diese
Fähigkeit ist a priori vor aller Erscheinung in unserm Gemüthe, kann auch abgesondert von allen wirklichen Empfindungen durch unsern Verstand gedacht werden. Hieran hat
noch nie ein Weltweiser gezweifelt. Gedacht wird sie aber
von keinem anders, als durch Aufmerksamkeit auf die Wirkungen seiner Vorstellungsfähigkeit, und durch eine logische
Absonderung aller Vorstellungen von dem Vermögen selbst.
Unsre Erkenntniß von ihm wird also eben so wenig als die
Materie der Erscheinung a priori d. h. ohne alle Erfahrung
erworben.

Sie nennen alle Vorstellungen rein, in transscendenta-
lem Verstande, in welchen nichts, was zur Empfindung gehört, angetroffen wird. Geht hier das Transscendentale auf
die Vorstellung selbst, oder auf dieß, daß sie als rein gedacht wird? Das erste kann nicht statt haben, weil alsdann nicht von Vorstellungen, sondern von Vorstellungsarten die Rede seyn müßte. Sie möchten denn einen andern
Begriff mit dem Transscendentalen verbinden wollen, als
Sie ihn uns vorher davon gegeben haben. Giebt es aber
auch Vorstellungen, in welchen nichts, was zur Empfindung gehört, angetroffen wird? Welche könnten denn diese
seyn? Etwa solche, die in dem Gemüthe da sind, ob gleich
keine Wirkung eines äussern oder innern Gegenstandes auf
die

die Vorstellungsfähigkeit sie unmittelbar hervorgebracht hat.
Wer wird es leugnen, daß diese daseyn können? Wir
haben nicht blos Sinne, sondern auch Verstand und Vernunft, und diese können durch ihre thätige Kraft Vorstellungen erregen. So können wir aus den Eigenschaften
eines Zirkels, und aus andern entwickelten Gründen von
der Beschaffenheit der Triangel, es herleiten, daß der Halbmesser sich mehrmal in der Peripherie herum tragen lasse.
Alsdann haben wir eine Vorstellung, worinn eigentlich
nichts, was zur sinnlichen Empfindung gehört, angetroffen
wird. Allein werden wir diese Vorstellung haben können,
wenn gar keine sinnliche Empfindungen vorher gegangen
wären, woraus unsre Vernunft durch ihre thätige Kraft sich
zu dieser Vorstellung empor arbeitete? Diese ist also in Ansehung ihres Ursprunges nicht durchaus a priori d. h. nicht
von aller Erfahrung unabhängig.

Die reine Form der sinnlichen Anschauung überhaupt
soll im Gemüthe a priori angetroffen werden, worinn alles Mannigfaltige der Erscheinung in gewissen Verhältnissen
angeschauet wird. Was nennen Sie reine Form der sinnlichen Anschauung? Vielleicht die Beschaffenheit, welche
die Receptivität unsers Vorstellungsvermögens hat? Diese
ist von ihm eine eigenthümliche, wesentliche Bestimmung,
und ist so gut in einem Kinde, ehe es noch gebohren wurde,
als in den aufgeklärtesten Philosophen anzutreffen, folglich
in so weit vor aller Erfahrung in unserm Gemüthe. Gedacht wird sie aber erst von uns, wenn wir auf sie, oder
vielmehr auf ihre Wirksamkeit aufmerksam sind, und folglich haben wir von ihr keine andre Erkenntniß als a posteriori. Soll aber die reine Form der sinnlichen Anschauung
ihren Innhalt bedeuten, wodurch sie überhaupt nur als Anschauung von uns gedacht, oder wodurch sie eine Anschauung von einem bestimmten Gegenstand wird: so ist im ersten
Fall eigentlich keine Anschauung im Gemüthe, sondern wir
denken uns nur diese unter einem allgemeinen Begriff, und

die-

dieser wird dann die Form derselben. Im letzten Fall muß ein bestimmter Stoff unserm Vorstellungsvermögen gegeben seyn, welcher, wenn er durch die Thätigkeit desselben zur Vorstellung erhoben ist, die Form dieser bestimmten Anschauung ausmacht. Die Form dieser Anschauung ist also nicht a priori in uns, sondern wird durch die Einwirkung der Gegenstände auf unsre Sinnen, und durch die Thätigkeit unser Vorstellungsfähigkeit folglich a posteriori in uns erreget.

Vorher redten Sie von der reinen Form sinnlicher Anschauungen, und nun nennen Sie diese reine Form der Sinnlichkeit selbst reine Anschauung. Sollte hier wohl nicht einige Verwirrung der Ideen herrschen? Kann denn die reine Form der sinnlichen Anschauungen die reine Anschauung selbst seyn? Sie machen hier dasjenige, was Sie vorher unterschieden, zu einer und derselben Sache. Die Form der Sinnlichkeit ist entweder die Beschaffenheit von der Empfänglichkeit unsers Vorstellungsvermögens, oder nicht. Im ersten Fall ist sie durchaus keine Anschauung, kein Actus, sondern ein blosses Vermögen. Ist sie diese nicht: so ist sie nicht Form der Sinnlichkeit, sondern Form der Anschauung von einem Gegenstand, wodurch sie sich von jeder andern Anschauung unterscheidet. Dieß erhellet auch aus dem Beyspiel, welches Sie zur Erläuterung anführen. Wir erhalten eine sinnliche Anschauung von einem Körper z. E. einem Thurm; wir bemühen uns durch die Thätigkeit unsers Verstandes Substanz, Kraft, Theilbarkeit, Undurchbringlichkeit, Härte aus ihr wegzuschaffen, dann bleibt von dieser empirischen Anschauung noch Ausdehnung und Gestalt über. Allein auch diese lagen in der ganzen Vorstellung, waren also Theile von der empirischen Anschauung, und wie erhielten auf eben dem Wege, wie von allen übrigen Bestimmungen des Thurms eine Erkenntniß a posteriori, oder durch Hülfe der Erfahrung. Die Anschauung von beyden, von Gestalt und Ausdehnung, war ein Theil von der ganzen empirischen Vorstellung, log nicht als blosse Form der Sinnlichlichkeit, wenn jene blos die Beschaffenheit der Receptivität der letzten bezeichnet, noch als octuelle Anschauung a priori in dem Gemüthe, sondern der Stoff dazu wurde von auſſen gegeben; und unſre Vorstellungsfähigkeit war von der Beſchaffenheit, daß ſie dieſen zur Vorstellung oder Anschauung erheben konnte. Dieſe Beschaffenheit des Vorstellungsvermögens iſt a priori oder vor aller Erfahrung in unſerm Gemüthe, die Vorstellung ſelbſt oder die ſinnliche Anschauung wird erst durch Einwirkung des Körpers auf unſer Vorstellungsvermögen, und alſo a posteriori erregt. Nun erst können wir durch Hülfe unſers Verstandes Ausdehnung und Gestalt uns im allgemeinen denken, ohne auf einen wirklichen Gegenstand der Sinne oder der Empfindung zu ſehen, grade ſo, wie wir dazu fähig ſind, von jeder Anschauung eines beſtimmten Gegenstandes alle individuelle Beſtimmungen abzuſondern, und uns einen allgemeinen Begriff davon zu machen, ohne daß wir weiter auf wirkliche Gegenſtände der Sinnlichkeit Rückſicht nehmen. Wären dieß ſichre Merkmale von einer bloßen Form der Sinnlichkeit oder von reiner Anschauung a priori im Gemüthe, wie viele bloſſe Formen der Sinnlichkeit oder reine Anschauungen a priori würden wir alsdann haben?

Die Wiſſenschaft von allen Principien der Sinnlichkeit a priori nennen Sie eine transſcendentale Aeſthetik. Von welchen Principien iſt hier die Rede? Sollen es die Formen der Sinnlichkeit ſowohl nach ihrer Empfänglichkeit als Thätigkeit ſeyn: ſo ſind dieſe freylich vor aller Erfahrung und in ſo weit a priori in unſerm Gemüthe. Allein auch dieſe können Stoff zu Vorstellungen von ihnen werden. Gegeben wird er unſrer Vorstellungsfähigkeit, durch ihre eigne innre Wirkſamkeit, und durch die Aufmerkſamkeit, womit wir dieſe betrachten, wird er zur Vorstellung erhoben; ſo wie es bey jeder andern Fähigkeit unſrer Seele, ſie ſey übrigens, was ſie wolle, der Fall iſt. Die Vorstellungen von ihnen können alſo keine Vorstel-

F   lun-

lungen a priori oder solche heissen, welche von aller Erfahrung unabhängig sind. Sie sind solche, welche durch die Wirksamkeit unsers Vorstellungsvermögens den Stoff erhalten, und uns, wenn wir auf diese aufmerksam sind, eine Erkenntniß a posteriori von sich verschaffen, obgleich der Gegenstand selbst von diesem Stoffe vor aller Empfindung in uns angetroffen wird. Wollen Sie uns also eine Wissenschaft von diesen Principien der Sinnlichkeit vorlegen: so werden Sie auf die Formen oder Beschaffenheiten, welche die Empfänglichkeit oder Thätigkeit Ihres Vorstellungsvermögens hat, aufmerksam seyn, dadurch richtige Begriffe von ihnen bilden, sie mit einander vergleichen und daraus zweckmässig richtige Folgerungen herleiten müssen. Die Principien, welche Sie zum Grunde legen, liegen zwar als Formen oder Beschaffenheiten unsrer Sinnlichkeit a priori in unserm Gemüthe. Allein die Erkenntniß von ihnen selbst fliesset aus Beobachtungen, und nun wird es darauf ankommen, ob Sie diese richtig angestellet haben. Fodern wir, daß Sie die Resultate Ihrer Beobachtungen uns beweisen sollen: so bleibt Ihnen kein andres Mittel übrig, als daß Sie sich zuletzt auf Ihre Beobachtungen berufen, und nun voraus setzen, daß wir eben dieselbe über die Beschaffenheit unsers Vorstellungsvermögens anstellen, und dadurch die Richtigkeit Ihrer zum Grunde gelegten Beobachtung anerkennen. Können Sie diesen Zweck nicht bey uns erreichen: so wird die Wissenschaft, welche Sie uns von den Principien der Sinnlichkeit vorlegen, weder für uns Gehalt noch Festigkeit haben.

Sie nennen die Wissenschaft von den Principien der Sinnlichkeit a priori den einen Theil der transscendentalen Elementarlehre, und die von den Principien des reinen Denkens den zweyten Theil derselben, die transscendentale Logik. Wenn es blos auf Terminologien ankäme, um seine Gegner zurück zu scheuchen, und von andern den Beyfall

zu

zu erzwingen: so würden diese gewiß ein sehr fürchterliches Ansehen haben. Allein wir wollen der Bühne, welche Sie uns eröffnen, näher treten, um genauer beurtheilen zu können, ob die Gegenstände, welche Sie uns darstellen, auch wirklich das sind, wofür sie ausgegeben werden. Sie werden dieß jedem unbefangenem Forscher der Wahrheit um desto weniger übel nehmen können: je unverhohlner Sie es allen Philosophen sagen, daß ihre bisherigen metaphysischen Systeme nichts anders als morsche Gebäude sind, welche eine von Wahn verblendete Vernunft errichtete, und je freymüthiger Sie allen deutschen Aesthetikern den Vorwurf der Uebereilung machen, wenn sie etwa geglaubet haben, daß Baumgarten oder irgend ein andrer eine wissenschaftliche Aesthetik geliefert hat.

In der transscendentalen Aesthetik, welche Sie uns als eine wahre Wissenschaft zu errichten versprechen, wollen Sie zuerst die Sinnlichkeit isoliren. Nichts als empirische Anschauung soll übrig bleiben. So sehr wollen Sie alles von der Sinnlichkeit absondern, was der Verstand durch seine Begriffe dabey denket. Wenn wir nicht blos bey Ihren Worten stehen bleiben, sondern gerne den Kern, welcher unter dieser Schale verborgen liegt, genauer betrachten möchten: so wird jeder Denker hier Dunkelheit finden, welche Sie hätten aufhellen sollen. Blos empirische, isolirte Anschauung abgesondert von allen Begriffen, welche der Verstand hinzudenkt, — worinn könnte denn diese wohl bestehen? Empirische Anschauung ist nach Ihrer Erklärung nichts anders als eine empirische Vorstellung, welche auf den Gegenstand bezogen wird, von welchem unser Vorstellungsvermögen afficiret ist. Beyde, so allgemein gedacht, sind Geschöpfe unsers Verstandes, sind Begriffe, welche auf alle empirische Anschauungen von bestimmten Gegenständen angewandt werden können. Nur diese zu denken vermögen wir nicht durch isolirte Sinnlichkeit, sondern unser Verstand hat sie

F 2 schon

schon zu Begriffen erhoben. Wir wünschten ausserdem noch zu wissen, wie Sinnlichkeit selbst, so isolirt, empirische Anschauung heissen könne. Jene ist blos Vermögen der Seele, diese ist schon Vorstellung selbst. Von der isolirten Sinnlichkeit wollen Sie noch alles, was zur Empfindung gehöret, absondern, damit nichts als reine Anschauung übrig bleibe. Vorstellung in Beziehung auf den Gegenstand ist Anschauung, in Beziehung auf das vorstellende Subject ist sie Empfindung. Es ist also Anschauung und Empfindung eine und dieselbe Vorstellung, welche nur im ersten Fall auf das Object, im zweyten auf das Subject bezogen wird. Soll Empfindung von Anschauung abgesondert werden: so wird eine Vorstellung von sich selbst abgesondert, und was kann dann übrig bleiben? Etwa reine Anschauung? So wäre diese entweder nichts, oder Vorstellung blos auf das Object bezogen. Diese Vorstellung soll blos Form der Erscheinung d. h. nach Ihrer Erklärung, blos Form des unbestimmten Gegenstandes einer empirischen Anschauung seyn. Was sollen wir uns aber bey der reinen Anschauung als Form von einem Gegenstand der empirischen Anschauung denken? Ohne Zweifel haben Sie mit diesen Terminologien einen bestimmten Gedanken verbunden. Hätten Sie uns diesen nicht ohne eine solche Hülle sagen können, welche von mitternächtlicher Finsterniß umflossen zu seyn scheinet? Sie wollen beweisen, daß zwo reine Formen sinnlicher Anschauungen als Principien der Erkenntniß a priori nämlich Zeit und Raum in unserm Gemüthe gefunden werden, und wir werden nach unsern besten Einsichten die Gründe prüfen, wodurch Sie Ihre Behauptungen unterstützen werden. Die größte Achtung, welche man einem selbst denkenden Philosophen erweisen kann, ist unpartheyische und dabey freymüthige Prüfung seiner neuen Entwickelungen, und ich glaube mich durch diese Ihnen am besten empfehlen zu können. Leben Sie wohl,

Der

Der

Transscendentalen Aesthetik

erster Abschnitt

von

dem Raum.

9. Brief.

Mein Herr,

Wir sollen ißt eine metaphysische Erörterung des Raumes von Ihnen erwarten. Sie nennen ihn hier einen Begriff. Gewünscht hätte ich, daß Sie uns den Begriff vom Raum vorgelegt hätten. In diesem Fall würden wir es theils bestimmter wissen können, was Sie sich unter Raum denken, theils hätten Sie uns einen festen Gesichtspunkt angewiesen, aus welchem wir Ihre metaphysische Erörterung dieses Begriffes betrachten müßten, um sie richtig zu beurtheilen. Allein dieß hat Ihnen nicht gefallen. Nun müssen wir durch manche verschlungene labyrinthische Gänge uns durcharbeiten, und Sie scheinen uns, wiewohl ohne Zweifel nicht absichtlich, den Ariadnischen Faden aus den Händen gewunden zu haben.

Sie reden von einem innern und äussern Sinn, ohne uns beyde zu erklären. Wir sind also berechtiget, es vorauszusetzen, daß Sie mit diesen Ausdrücken die gewöhnlichen Gedanken verbinden. Aeussrer Sinn heißt die Fähigkeit unsers Vorstellungsvermögens von äussern Gegenständen, innerer, von innern Wirkungen afficirt zu werden. So verschieden unsre Organe sind, durch welche gleichsam, wie durch Kanäle die äussern Gegenstände in unser Vorstellungsvermögen überfliessen, und ihm den Stoff darbieten: so verschieden ist der Stoff selbst, und die Receptivität unsrer Sinnlichkeit ist, wie die Erfahrung es lehret, so bestimmt, daß sie jeden auf eine besondre Art aufnimmt, und daß ihre Spontanität ihn zur Vorstellung erhebt, die diesem verschiedenen Stoff entspricht. Auch jene innre Wirkung theils der Sinnlichkeit selbst, theils des Verstandes, theils der Vernunft, theils der ursprünglichen Grundtriebe in ihren verschiedenen Aeusserungen kann ein Gegenstand werden,

F 4 wel-

welcher unserm innern Sinn einen Stoff darreichet. Die Vorstellungen, welche dadurch erreget werden, sind eben so verschieden, als der dargereichte Stoff von diesen Wirkungen unsrer Fähigkeit. Nennen wir also die Form unsrer Sinnlichkeit überhaupt diejenige Beschaffenheit, welche so wohl die Empfänglichkeit als Thätigkeit unsers Vorstellungsvermögens hat: so wird diese nach den verschiedenen Organen des äussern Sinnes, und auch nach Mannigfaltigkeit unsrer innern Fähigkeiten und ihrer Wirkungen verschieden seyn müssen. Eine andre Receptivität hat unser Vorstellungsvermögen für Gegenstände des Gesichtes, eine andre für diejenigen, welche durchs Gehör, oder durch den Geschmack, oder durch den Geruch, oder durch das Gefühl ihm den Stoff zur Vorstellung darreichen, und dieß kann eben so wenig als die Vorstellungsfähigkeit selbst in Zweifel gezogen werden. Beydes wissen wir blos durch ihre Wirksamkeit, und durch die Aufmerksamkeit, womit wir diese beobachten. Wir gelangen folglich auf einem und demselben Wege der Erfahrung zur Erkenntniß von ihnen. Denken Sie sich einen Menschen, dessen Organ für Töne von seiner Geburt an unbrauchbar gewesen ist: so hat sein Gemüth wohl überhaupt eine Receptivität für Vorstellungen von Tönen; allein diese wird nie durch innre Thätigkeit unsers Vorstellungsvermögens einen Stoff erhalten, welchen sie zur Vorstellung von Tönen erheben kann. Derjenige, welcher taub gebohren wurde, ist ganz unfähig sich eine Vorstellung von diesen zu machen, wenn gleich alle übrige Organe seines äussern Sinnes noch so regelmässig gebaut sind. Eben dieß gilt von jeder Art der empirischen Anschauung, wozu die Einwirkung auf die verschiedenen Organe unserm Vorstellungsvermögen den Stoff darbietet. Nehmen Sie die Organe einem Menschen: so ist bey ihm auch keine Vorstellung, weder als Anschauung, noch als Empfindung möglich, obgleich sein Gemüth, an sich betrachtet, die Receptivität selbst besitzet, durch Gegenstände, welche

welche auf die verschiedenen Organe wirken, afficirt zu werden. Allein sie kann wegen der Unbrauchbarkeit, oder des völligen Mangels derselben von ihnen nicht afficiret werden, keinen Stoff zur empirischen Vorstellung und also diese selbst nicht erhalten.

Vielleicht wird der Idealist, vielleicht auch der Leibnitzianer dieses leugnen, jener, weil er in sich eine Fähigkeit annimmt, welche durch innre Kraft dem Vorstellungsvermögen den Stoff zu Vorstellungen darreichet, dieser, weil er sich die Denkkraft der Seele so vorstellt, daß in ihr selbst ein hinreichender Grund liegt, die Welt sich von einer bestimmten Seite zu denken, und folglich Vorstellungen so wohl von äussern als innern Gegenständen durch determinirende Gründe in einer festgesetzten Folge zu erregen. Entweder müssen wir beyde durch Beobachtungen der Arten, wie unser Vorstellungsvermögen zur Wirksamkeit gebracht wird, und folglich durch Erfahrungen widerlegen, oder wir werden auch keine gültige Gründe gegen sie aufsuchen können. Die Urdenkkraft unsrer Seele kennen wir viel zu wenig, als daß wir daher allgemeingeltende Beweise herleiten könnten. Behaupten wir gegen sie, daß uns der Stoff zu empirischen äusserlichen Anschauungen von aussen gegeben werden muß, und daß also die äussern Gegenstände eben so gewiß, als unsre Vorstellungen von ihnen ihr Daseyn haben: so werden sie uns die Wahrheit des Vordersatzes, und also auch die Richtigkeit des Nachsatzes leugnen, und wir können nirgends Gründe finden, ihre Meynung hinreichend zu bestreiten, wenn wir nicht richtige Erfahrungen und Folgerungen zu Hülfe nehmen, welche wir aus jenen regelmässig gezogen haben.

Der äussere Sinn wird von Ihnen für eine Eigenschaft des Gemüthes gehalten, durch welche wir uns 1) Gegenstände ausser uns, 2) diese insgesammt in einem Raum vor-

stel-

stellen. Das erste ist wahr, das letzte hat aber nicht seine
völlige Richtigkeit. Der äuſſre Sinn als Fähigkeit des
Gemüthes, durch Eindrücke äuſſrer Gegenstände afficirt zu
werden, hat nicht eine einfache, sondern fünffache Receptivität nach den fünffachen Organen unſrer Sinnlichkeit auf
fünf verſchiedene Arten modificirt zu werden. Durch Hülfe
der Organe des Geſichts und Gehörs ſetzen wir die Gegenstände nach Art eines Inſtinkts, worinn unſer Gemüth
nichts willkührlich ändern kann auſſer uns, und unſre Vorſtellungen von ihnen ſind Anſchauungen von Gegenſtänden,
die wir uns nicht anders als auſſer uns denken können, wir
mögen wollen oder nicht. Reden wir alſo von unſerm äuſſern Sinn in Beziehung auf Geſicht und Gehör: ſo iſt es
nach einer allgemeinen Erfahrung ausgemacht, daß wir,
ſo lange wir noch einen geſunden Verſtand haben, dieſe Gegenſtände auſſer uns ſetzen müſſen, und dadurch eine Ueberzeugung von ihrem Daſeyn auſſer uns erhalten, welche
ſtärker iſt, als alle Sophismen, die wir ihr entgegen ſtellen.
Allein die ſinnliche Vorſtellung von Tönen ſtiftet keine Anſchauung vom Raum, oder von Theilen in ſich, die auſſer
und neben einander ſind. Wer hat es ſich einfallen laſſen,
es zu behaupten, daß Töne nicht anders als in einem Raume
oder als Gegenſtände ihrer Natur nach vorgeſtellet werden
können, worinn Theile auſſer und neben einander zugleich
ſind? Die Vorſtellungen, die wir durchs Geſicht erhalten,
ſind Anſchauungen von Gegenſtänden, worinn Theile auſſer und neben einander angetroffen werden. Allein was iſt
die Urſache hievon? Nicht dieſe, weil die Beſchaffenheit
des Geſichtsſinnes dieß weſentlich ſo mit ſich bringet, ſondern weil in dieſen Gegenſtänden, welche durch das Organ
des Geſichtes unſrer Sinnlichkeit den Stoff darreichen, die
Theile neben und auſſer einander ſind, und alſo einen Raum
einſchlieſſen. Wäre dieß blos Folge der ſubiectiven Form,
oder der ſubiectiven Beſchaffenheit von dem Geſichtsſinn: ſo
würden durchaus alle daher entſpringende Anſchauungen in
dieſer

dieser Form erscheinen. Allein dieß ist doch der Fall nicht. Wir können durch Hülfe schicklicher Instrumente uns Punkte hinzeichnen, worinn wir sinnlich keine Theile mehr zu unterscheiden fähig sind, wenn wir nicht etwa ein Mikroskop zu Hülfe nehmen. Wir haben alsdann eine empirische Anschauung von einem Punkte, und in ihr als sinnlicher Vorstellung von diesem Gegenstande liegt nichts von Raum, sondern er wird vielmehr ausgeschlossen. Würde aber eine solche empirische Anschauung von Punkten möglich seyn, wenn die subjective Beschaffenheit dieses Sinnes keine andre Vorstellung zuließ, als worinn unmittelbar Raum enthalten wäre?

Durch die Organe des Geschmackes, des Geruchs, des körperlichen Gefühles wird unsre Sinnlichkeit so afficiret, daß wir die daher entstehenden Empfindungen in den Organen oder in den Theilen unsers Körpers, welche afficiret werden, zu bemerken glauben. Auch dieses hänget nicht von Willkühr ab, sondern es ist das Werk der Natur selbst. Wir erhalten dadurch Vorstellungen von unserm Körper und mit dieser zugleich eine solche Ueberzeugung von seinem wirklichen Daseyn, daß wir diese so lange nicht auslöschen können, als uns noch kein Wahnsinn anwandelt, oder wie nicht durch eine Kathederphilosophie diese wegzudemonstriren uns bestreben, bey welchem Versuche wir aber doch immer einen solchen innern Widerspruch fühlen, daß dadurch das errichtete Gebäude des Scepticismus stets wieder einstürzet. Durch diese drey verschiedenen Organe geben die äussern Gegenstände auf drey ganz verschiedene Arten Stoff unserm sinnlichen Vorstellungsvermögen, und die Anschauungen, welche wir von ihnen erhalten, sind eben so wesentlich unterschieden, als die Organe es selbst sind. In keiner von diesen drey Arten der empirischen Anschauung liegt aber unmittelbar eine Vorstellung vom Raum, ob wir gleich durch das Gefühl fähig werden, so wie jener blinde

Geo-

Geometer Saunderson uns Begriffe von Quadraten, Kugeln, und folglich geräumigen Gegenständen zu machen. Sie sehen also, wie wenig ich Ihnen beypflichten kann, wenn Sie ohne Einschränkung behaupten, daß wir vermittelst unsers äussern Sinnes alle Gegenstände insgesammt im Raum darstellen. Dieß gilt eigentlich nur von unserm Sinn, in wie weit er eine Receptivität hat, von Gegenständen durch das Organ des Gesichtes afficirt zu werden, und auch dann können so gar empirische Anschauungen von ihnen, wenn sie sich ohne alle Ausdehnung dem Auge darstellen, in uns erreget werden. Sind die Gegenstände unsrer Anschauung Körper: so erscheinen sie uns in gewissen Gestalten von bestimmter Grösse, und vergleichen wir diese gegen einander: so erhalten wir eine Vorstellung von den Verhältnissen, in welchen sie gegen einander stehen. Alles dieses würde nie bey uns zu einer Vorstellung kommen können, wenn unser Vorstellungsvermögen nicht die Receptivität hätte, den Stoff, welchen diese Gegenstände ihm darreichen, zu Vorstellungen zu erheben, die ihnen entsprechen, und worinn also der Raum zugleich mit vorgestellet wird, welchen diese Gegenstände einnehmen.

Nun wollen Sie von dem innern Sinn reden und die Form aufsuchen, unter welcher die Anschauung ihres innern Zustandes der Seele allein möglich seyn soll Durch Hülfe dieses schauet das Gemüth nach Ihrer Behauptung sich selbst an, und gleich darauf leugnen Sie, daß es eine Anschauung von der Seele als einem Object gebe. Allein was machen Sie denn zwischen unserm Gemüthe und unsrer Seele für einen Unterschied, und wie können Sie behaupten, daß wir zwar von jenem, nicht aber von dieser eine Anschauung haben? Entweder ist hier das Gemüth die Seele selbst, oder es bezeichnet ihre Bestimmungen und Fähigkeiten. Wäre der erste Fall wahr: so würden Sie sich widersprochen haben; und hätte der letzte seine Richtigkeit

tigkeit so wären diese Bestimmungen und Fähigkeiten Obiecte: der Anschauung. Wir können sie aber nicht anders als in einem Subiecte uns vorstellen, und folglich würde das Sub-iect selbst, oder die Seele ein Gegenstand unsrer Vorstel-lung seyn, und diese, auf sie bezogen, würde doch nach Ihren eignen Erklärungen, eine Anschauung von ihr genant wer-den müssen. Freylich erkennen wir diese nur aus ihren Fä-higkeiten und Wirkungen. Ihre substanzielle Grundkraft bleibt uns nun wohl in unserm itzigen Raupenstande verbor-gen. Sie ist aber die Grundkraft eines endlichen Geistes, und wer weis, durch welche Wege wir in einer höhern und vollkommnern Epoche jenseits des Grabes auch dazu fähig werden. Eine Unmöglichkeit kann es nicht seyn, daß wir dereinst zu dieser Erkenntniß empor bringen, und dann würden wir von der substanziellen Grundkraft der Seele als von einem Obiecte eine Anschauung erlangen.

Wir haben keine verschiedene Organe für den innern Sinn, wodurch die Gegenstände unser Vorstellungsvermö-gen auf ganz verschiedene Arten afficiren, und ihm den Stoff zur Vorstellung darreichen. Allein die Fähigkeit un-ser Seele zu denken, ihre ursprünglichen Grundtriebe, die Wirksamkeiten von beyden, Freude, Traurigkeit, Hoffnung, Freude und alle andre Begierden mit ihren so mannigfalti-gen Modificationen geben dem innern Sinn auf sehr ver-schiedene Art Stoff zu Vorstellungen, und setzen für jede be-sondre Wirkung eine besondre Receptivität unsrer innern Sinnlichkeit voraus, welche also eben so mannigfaltig seyn muß, als die Wirkungen unsers Verstandes, unsrer Ver-nunft und unsrer Grundtriebe verschieden sind. Der innre Sinn verhilft uns zum Bewußtseyn unsres innern Zustan-des; folglich zum Bewußtseyn der Vorstellungen von äus-sern und innern Gegenständen. Daburch unterscheiden wir theils die äussern theils die innern Gegenstände von unsern Vorstellungen derselben, und beyde von uns selbst. Der
innre

innre Sinn ist also eine Fähigkeit des Gemüthes, sich des innern Zustandes bewust zu werden. Die Form des innern Sinnes bestimmt die mannigfaltige Receptivität nach den Verschiedenheiten unsers innern Zustandes, von ihm Vorstellungen zu erhalten. Durch ihn gelangen wir unmittelbar zu Vorstellungen von dem innern Zustande des Gemüthes, wie er gegenwärtig ist. Die Folge unsrer innern Wirkungen kann er uns nicht unmittelbar lehren, sondern unsrer Fähigkeit, das Vergangene mit dem Gegenwärtigen und Zukünftigen in Verbindung zu denken, welche von dem innern Sinn weit unterschieden ist, haben wir es allein zu danken, daß wir von dieser und folglich von der Zeit eine Vorstellung erhalten: Fehlte uns diese Fähigkeit: so würde unser innrer Sinn, uns alles als gegenwärtig darstellen, wie es ohne Zweifel fast immer der Fall bey unvernünftigen Thieren ist.

Nicht der innre Sinn, sondern die Einschränkung unsrer Seele, nach welcher sie nicht mit einmal alles zu empfinden, nicht mit einmal alles zu denken fähig ist, was doch von ihr empfunden, was von ihr gedacht werden kann, ist die Grundursache, warum Empfindungen oder Anschauungen in uns nach einander erfolgen, und dadurch erhält unser innrer Sinn diese Bestimmung, daß wir nicht anders als nach und nach durch ihn Vorstellungen erhalten. Diese Einschränkung ist auch die eigentliche Ursache, daß wir vermöge unsrer Reminiscenz alles, was zu unserm innern Zustand gehöret, im Verhältniß der Zeit denken. Käme es hier blos auf die Beschaffenheit des innern Sinnes oder auf seine Form an, ohne daß unser Erinnerungsvermögen wirksam wäre: so würden wir nicht Folge des innern Zustandes, sondern blos den innern Zustand, wie er jedesmal ist, und folglich unter der Form der Gegenwart uns vorstellen. Vermöge unsers innern Sinnes werden wir uns auch unsrer Vorstellung von einer Fläche bewust, und in dieser liegen nicht Bestandtheile der

der Zeit, nicht Folge nach einander, sondern wir werden uns einer Anschauung bewust, deren Gegenstand Theile ausser und neben einander hat, welche zugleich sind. Nur alsdann wird jemand dieß leugnen können, wann er nicht auf seinen innern Zustand, nicht auf die Art der Wirksamkeit unsers innern Sinnes die gehörige Aufmerksamkeit gerichtet, und in ihr dasjenige unterschieden hat, was doch wirklich in ihr unterschieden ist.

Wenn Sie behaupten, daß die Zeit nicht äusserlich angeschauet werden kann: so scheinet dieß offenbar die Erfahrung gegen sich zu haben. Wir hören das Rauschen einer dahin stürzenden Wasserfluth; wir sehen die Schnelligkeit mit welcher das Wasser vor einem fest stehenden Baum am Rande des Ufers dahin brauset; wir bemerken am Strande eines Sees die Wogen, welche nach einander sich aufthürmen, und gleichsam, eine nach der andern, zum Ufer hingejaget werden; wir werden gewahr, wie die Sonne sich nach und nach vom Morgenhorizont erhebt, und durch einen grossen Bogen mit langsamem majestätischem Gange nach dem Abendhorizont sich hinbewegt. In allen diesen empirischen Anschauungen, welche wir durch unsern äussern Sinn erhalten, liegt offenbar Folge von Begebenheiten, die nach und nach wirklich werden, und folglich auch von der Zeit. Vielleicht war dieß grade der Weg, auf welchem unsre Seele zuerst eine Vorstellung von Zeit erhielte. Wenigstens wählen wir gewöhnlich diese Bahn, wann es uns daran gelegen ist, in der Seele unsers Zuhörers einen Begriff von der Zeit zu erregen.

Wir können freylich, wie Sie behaupten, nicht den Raum als etwas anschauen, welches in unsrer Seele selbst ist, wenn wir nicht etwa das System des Materialisten für das wahre erkennen. Würden wir aber, wie er, in dieser Sache denken: so sehe ich davon keinen Grund, warum wir diesen nicht in der Seele, welche dann geräumig seyn müßte, uns vorstellen, und folglich anschauen könnten, weil doch

doch dieß letzte nichts anders ist, als in wie weit die Vorstellung auf das Object bezogen wird. Es würde der Gegenstand selbst uns nicht den Stoff zu dieser Vorstellung darreichen; sondern die Zauberkraft der Phantasie hätte ihn gegeben. Diese Vorstellung würde nichts als eine falsche Anschauung, ein Traum seyn, woran die verführte Vernunft sich ergötzte, weil das System des Materialisten keinen andern Ursprung hat, welches zu erweisen hier der Ort nicht ist.

Was sind nun Raum und Zeit? Sind es wirkliche Wesen? fragen Sie. Wirkliche Wesen? Das sind sie nun wohl nicht, wenn Sie unter wirklichen Wesen Dinge sich denken, welche keine Bestimmungen von andern Dingen sind, ob sie gleich selbst Bestimmungen haben. Sie fragen weiter: sind sie zwar nur Bestimmungen oder auch Verhältnisse der Dinge, aber doch solche, welche ihnen auch an sich zukämen, wenn sie gleich nicht angeschauet würden, oder sind sie solche, die blos an der Form der Anschauung haften, und mithin an der subiectiven Beschaffenheit unsres Gemüthes, ohne welche diese Prädicate gar keinem Dinge beygeleget werden können? Hierauf möchte ich vorläufig dieses antworten. Raum und Zeit sind Bestimmungen der Dinge selbst, und würden es bleiben, wenn wir auch gar keine Anschauung von ihnen hätten. Daß wir aber Zeit und Raum als Prädicate den Subiecten beylegen können, dazu gehöret freylich die Receptivität unsers Vorstellungsvermögens, so von den Gegenständen, bey welchen wir Raum und Zeit als Bestimmungen antreffen, afficirt zu werden, daß sie uns den Stoff zur Vorstellung von Zeit und Raum geben können. Hätten wir keine Receptivität von solcher Beschaffenheit oder Form, daß ihr dieser Stoff zur Anschauung dargereicht werden könnte: so würden wir auch keine Vorstellung von Raum uud Zeit haben, folglich diese Prädicate keinem Dinge beyleger können. Allein deswegen blieben sie, was sie ihrem Wesen nach sind,

sind, Bestimmungen der Gegenstände, Bestimmungen der Dinge, in welchen sie liegen.

Sie wollen den Begriff des Raums erörtern, d. h. deutlich darstellen, was zu diesem Begriffe gehört. Sie versprechen uns auch noch eine metaphysische Erörterung, welche denn statt haben soll, wenn sie dasjenige erhält, was den Begriff als a priori gegeben darstellt. Allein den Begriff vom Raum selbst haben Sie doch nirgends eigentlich gegeben. Erlauben Sie mir es also, daß ich ihn auf dem Wege zu bilden suche, wie wir gewöhnliche Menschen zu ihm gelangen. Ich werfe meine Blicke auf einen Garten, welcher mit dem Schmuck des Frühlings gekleidet vor mir liegt. Hier sehe ich eine Menge von verschiedenen Blumen, grüne Hecken, Alleen von fruchtbaren Bäumen, künstliche Wassercascaden und tausend andre Werke der schönen Künste. Alles ist ausser und neben einander zugleich da. In den Gegenständen, z. B. in einer Tulipan, in einer Rose, kurz in jedem einzelnen Werke der Natur oder Kunst finde ich eben bloß wieder. Ich schliesse meine Augen, und zugleich ist alles aus meiner Vorstellung verschwunden. Kaum kann ich durch Hülfe meiner Einbildungskraft eine Anschauung von diesen Gegenständen wieder erzwingen, welche mir aber nur mit dem dunkeln Flor einer nächtlichen Dämmerung umhüllt erscheinen, da ich sie vorher im Lichte der Mittagssonne erblickte. Ich eröffne meine Augen aufs neue und ich sehe alles wieder in dem Glanz des Sonnenlichtes, aber eben wie vorher, ausser und neben einander zugleich vor mir. Ich versuche es, mich zu überreden, daß hier keine Gegenstände zugleich ausser und neben einander sind, daß blos die Zauberkraft der Phantasie sie mir so vormalt. Allein ich muß über diesen seltsamen Versuch lachen, und die Merkmale, wodurch ich bey gesundem Verstande die Wirkungen der blossen Einbildungskraft von den Vorstellungen, die Folgen einer wahren Sensation sind, von Kindheit an nach einem

G   In

Inſtinkt, dem ich nicht widerſtehen kann, unterſchieden habe,
zeigen ſich mir in einer ſolchen Klarheit, daß jede Vermu-
thung von Täuſchungen wegfällt. Sie ſind mir ſo ſehr
Bürge von dem Daſeyn dieſer Gegenſtände in der Form,
worinn ich ſie erblicke, daß ich keines andern Beweiſes zur
vollkommnen Ueberzeugung weiter bedarf, keinen ſuche,
auch nie einen finden könnte. Die mannigfaltigen Gegenſtände ſind mehr oder weniger von einander unterſchieden.
Durch Hülfe meiner Vernunft bringe ich ſie auf Claſſen,
denke mir Gattungen, denke mir Arten, und in jeder
Art, ſo ſehr ſie ſich auch von jeder andern unterſcheidet, finde ich doch überall Theile, welche auſſer und
neben einander zugleich ſind. Nun ſteige ich durch Hülfe meines Verſtandes höher empor, bleibe blos bey demjenigen ſtehen, worinn alle Gattungen und Arten mit einander übereinkommen. Ich denke mir alſo nichts weiters als
Theile auſſer und neben einander, und dieß ſind ſie, nicht
blos deswegen, weil ich ſie mir ſo vorſtelle, ſondern weil ſie
ſo ſind, und ich es auch ſo in meiner empiriſchen Anſchauung
angetroffen habe. Auf die Art erwächſt nicht a priori, ſondern a poſteriori in mir der Begriff des Raumes, welcher
in der Vorſtellung von den Dingen neben andern Beſtimmungen zugleich liegt. In wie weit ich den Raum blos
als einen Begriff denke: ſo kann er nur in einem denkenden
Subiecte ſein Daſeyn haben. Die Vorſtellung von ihm als
Begriff iſt eine Anſchauung, und dieſe mag reine Anſchauung
heiſſen, wenn in der Vorſtellung vom Raum nichts mehr
liegt, als das auſſer und neben einander zugleich ſeyn. Wollte ich behaupten, daß Raum, als bloſſer Begriff, folglich
als reine Anſchauung den Dingen auſſer mir ſelbſt zukäme,
und glaubte ich eine neue, wichtige Entdeckung dadurch
gemacht zu haben: ſo würde jeder Philoſoph mir das erſte
nicht ableugnen, weil ſeine Vernunft in einem ſeltſamen Paro-
rismus ſeyn müßte, wenn er ſich je das Gegentheil hätte
in Sinn kommen laſſen. Ueber meine Einbildung, ein Er-
fin-

finder neuer Wahrheiten geworden zu seyn, würde er die
Achsel zücken, und es sich sehr verbitten, wenn ich bis auf
den Zeitpunkt dieser meiner Entdeckung ihm die Erkenntniß
absprechen wollte. Würde ich aber behaupten, daß Raum
nicht als Begriff, sondern als Gegenstand desselben, nicht
in den Dingen selbst, sondern blos in der Form meiner
Anschauung enthalten wäre: so würde er es mir vorwerfen,
daß ich einen blossen Begriff, und die Sache, wovon jener
ein Begriff ist, mit einander verwechselt, und daß meine Vernunft sich verirret hätte, wenn ich dasjenige, was von einem
blossen Begriff des Raumes als Begriff gilt, auf die Sache
übertrüge.

Allein wenn dieß nicht wäre: so hätte ich eine Vorstellung von den Dingen selbst, da diese doch nicht vorstellbar sind. Hier würde er mich fragen, warum ich denn die
Dinge für sich betrachtet für unvorstellbar halte. Ich würde antworten: die Form der Dinge selbst ist von der Form
ihrer Vorstellung wesentlich unterschieden. Jene könnte also nie diese werden. Dieß würde er nun freylich zugeben
müssen. Allein, würde er sagen, davon war die Rede nicht,
wenn wir behaupten, daß die Dinge an sich vorgestellet
werden können. Wir verstehen dadurch nichts weiter
als dieses, die Vorstellung, welche wir von dem Dinge und
seinen Eigenschaften haben, ist nicht blos Erscheinung von
etwas, welches uns nur so vorkommt, aber nicht so ist,
sondern sie ist eine Vorstellung von dem Dinge selbst, und
von den Eigenschaften, welche es hat, und weil unsre Anschauung diesem entspricht; so nennen wir dieß Ding selbst
vorstellbar. Wer hat denn je nur dasjenige, was die innre
Beschaffenheit der Vorstellung ausmacht, vorstellbar genannt? Ich weis wenigstens diesem nichts mit allgemein gel-
tenden Gründen entgegen zu setzen. Der Raum soll kein empirischer Begriff seyn, welcher von Erfahrung abgezogen wäre.
So sehr ich auch glaube, das Gegentheil schon bewiesen zu ha-

G 2   ben:

ben: so will ich doch unpartheyisch die Gründe prüfen, womit Sie jenen Satz bestättigen wollen. Sie haben einen gedoppelten Grund angeführt. a) Wann ich mir den Raum denke: so muß ich gewisse Empfindungen auf etwas ausser mir oder auf etwas in einem andern Ort des Raumes, als worinn ich mich befinde, beziehen. Folglich muß die Vorstellung des Raumes schon zum Grunde liegen. Allein der Vordersatz ist nicht nothwendig wahr. Wenn ich äussere Dinge durch Hülfe meines Gesichtes mir vorstelle: so erblicke ich Theile neben und ausser einander zugleich. Wozu ist es nöthig, daß ich, um mir diese so zu denken, erst auf mich als das anschauende Subiect zurück sehe, welches von diesen Dingen auch dem Orte nach unterschieden ist? In tausend Fällen, wie die Erfahrung es lehret, geschieht dieß von uns nicht, ob wir uns gleich der Theile ausser und neben einander in einem äussern Gegenstande bewust werden, und folglich den Begriff vom Raum bilden. Gesetzt ich müßte auch zugleich auf mich zurücke sehen, und mich in einem andern Ort denken, als worinn der Gegenstand sich befindet: so würde ich diesen Ort, worinn ich mich dächte, zu Hülfe nehmen, um den Begriff vom Raum empirisch zu bilden. Er liegt also nicht in meiner Vorstellung vor der Abstraction: sondern wird erst durch meinen Verstand von der innern und äussern Erfahrung abgezogen.

b) Ihr zweyter Grund ist dieser. Soll ich mir die Theile als ausser und neben einander, mithin nicht blos verschieden, sondern als in verschiedenen Orten vorstellen können: so muß die Vorstellung des Raums schon zum Grunde liegen. Sie hätten hier die Richtigkeit der Folge beweisen müssen, wenn Sie auf unsern Beyfall rechnen wollten. Wenn ich mir die Dinge so vorstelle, als Sie es fodern: so entsteht auch zugleich die Vorstellung vom Raum, weil der Begriff desselben nichts als Theile ausser und neben einander und folglich in verschiedenen Oertern in sich fasset.

Die

Die Vorstellung des Raums liegt also nicht zum Grunde: sondern wird durch den Anblick des geräumigen Gegenstandes und durch Absonderungsfähigkeit des Verstandes erst aus der empirischen Anschauung gezogen. Vor dieser Wirkung des Verstandes, nachdem der Stoff zur empirischen Anschauung des Raums von äussern Gegenständen gegeben war, hatten wir gar keine Vorstellung von ihm, und also auch nicht von dem Raum, welchen sie einnehmen. Wir haben auch nicht einmal von der Möglichkeit, daß Dinge neben und ausser einander zugleich seyn können, oder von der Möglichkeit des Raums vor aller empirischen Anschauung desselben einen Begriff, sondern unsre Vernunft schließt erst aus der Wirklichkeit auf die Möglichkeit, und jene erkennet sie blos durch Hülfe der Erfahrung. Ich kann nicht einmal sagen, Raum setzet die Möglichkeit voraus, daß Dinge neben und ausser einander zugleich sind, oder dieß heißt auch nichts weiter, als wenn Dinge so neben einander ihr Daseyn haben sollen; so wird diese Möglichkeit vorausgesetzet. Hier aber ist nicht mehr reine Anschauung des Raums, sondern eine Folgerung, welche von der Vernunft gemacht wird, wenn ihr durch Erfahrung der Stoff zu diesem Schlusse gegeben ist.

Es ist also grade das Gegentheil von demjenigen wahr, was Sie behaupten. Die Vorstellung des Raums wird aus den Verhältnissen der äusseren Anschauungen durch Erfahrung zuerst in unsrer Seele erzeugt, oder wie Sie sich lieber ausdrücken, erborget. Die äussere Erfahrung wird nicht durch eine vorher zum Grunde gelegte Vorstellung des Raums möglich, sondern diese wird durch jene bey uns möglich und wirklich. Unterdessen gebe ich gerne zu, daß die Receptivität unsers Vorstellungsvermögens, welche a priori in unsrer Seele ist, so beschaffen seyn muß, daß geräumige Gegenstände von ihnen ihr den Stoff zur Anschauung des Raums geben können. Die Receptivität ist aber

G 3   blosses

bloßes Vermögen, nicht Anschauung des Raumes selbst, und diese hat einen empirischen Ursprung. Vielleicht könnte ich es Ihnen auch zugeben, daß der Begriff des Raumes bey jeder empirischen Anschauung von geräumigen Gegenständen zum Grunde liegt, aber nicht als wirkliche Vorstellung, sondern als eine höhere Gattung, (genus superius) welche der Verstand durch Abstraction gebildet hat, und worunter alle Arten der Körper (species) und auch alle Körper selbst als einzelne Dinge (indiuidua) begriffen sind. Allein hiedurch gewinnen Sie nichts, weil doch eigentlich davon hier nicht die Rede seyn kann.

II) Nach Ihrer zwoten Erörterung soll der Raum eine nothwendige Vorstellung a priori seyn, welche allen äussern Anschauungen zum Grunde liegt. Hier frage ich zuerst, in wie weit liegt diese Vorstellung, Raum, ihnen zum Grunde? Vielleicht als bloßer Begriff, welchen der Verstand aus jeder äussern Anschauung bilden, und folglich in ihr wieder finden kann? Auch dieß leidet in Ansehung der sinnlichen Organe, die vom Gesicht unterschieden sind, die größte Ausnahme. In den Anschauungen, welche daher erwachsen, findet der Verstand in Rücksicht des Gefühles nur selten, in Betracht der übrigen Organe keinen Stoff zur Bildung des Begriffes vom Raum, und folglich bey allen diesen liegt diese Vorstellung schlechterdings nicht zum Grunde. Die äussere Anschauung, welche wir durch Hülfe des Gesichtes von einem Punct erhalten, in welchem wir keine Theile weiter unterscheiden können, ist eben so wenig von der Art, daß Raum in ihr angetroffen wird. Was aber die geräumigen Gegenstände anbetrift, welche wir durch Hülfe des Gesichtsorganes uns vorstellen: so findet unser Verstand in allen diesen den Stoff wieder, welchen er zur Vorstellung des Begriffes vom Raum erheben kann. Allein diese Vorstellung ist nicht vor den äussern Anschauungen in unsrer Seele, sondern wird erst durch unsern Verstand aus ihnen gebildet.   Sie

Sie nennen den Raum eine nothwendige Vorstellung
a priori. Nothwendig ist ein Beziehungsbegriff. Worauf haben Sie also diesen bezogen? Etwa auf unser Gemüth selbst? Dieß ist der Erfahrung entgegen. Wie oft
sind wir nicht in einer Lage, worinn wir an nichts weniger als an Raum denken, und dieß würde nicht statt haben können, wenn die Vorstellung vom Raum in dieser
Rücksicht nothwendig wäre. Etwa auf jede äussere Anschauung? In diesem Falle wären keine solche ohne Vorstellung
des Raumes denkbar Allein das Gegentheil habe ich hinreichend bewiesen. Etwa auf die Anschauungen von geräumigen Gegenständen? Diese zschliessen die Vorstellung des
Raumes in sich. Allein woher kommt diese Nothwendigkeit der Vorstellung? Nicht daher, daß sie vor jenen Anschauungen in der Seele wirklich da ist, sondern daß diese
dasjenige, was zum Begriff des Raumes gehöret, in sich
schliessen, und der Verstand dieses von den übrigen Bestimmungen der Anschauung absondern kann. Allein dadurch
wird der Raum nicht eine Vorstellung a priori, d. h. eine
solche, welche in unsrer Seele da ist, ohne von irgend einer
Erfahrung auch in Rücksicht ihres Ursprunges abhängig
zu seyn.

Sehe ich auf die Gründe, wodurch Sie die Nothwendigkeit des Raums als eine Vorstellung a priori beweisen wollen: so sind diese meiner Einsicht nach nichts weniger als hinreichend. Wir können, sagen Sie, uns nie
eine Vorstellung davon machen, daß kein Raum sey, ob
wir gleichwohl im Stande sind, es zu denken, daß keine
Gegenstände darinn angetroffen werden. Allein hier ist nicht
mehr vom Raum als Vorstellung, sondern von ihm als
etwas die Rede, welches seyn würde, wenn auch keiner es
sich vorstellte. Dieser Raum wäre also der leere Raum,
das Geschöpf unsrer Imagination, dessen Daseyn ausser der
Vorstellung von der Vernunft so mancher Philosophen be-

G 4   strit-

stritten wurde, und wobey wir doch zuletzt nicht mehr ein
Ding, das eigenthümliche Bestimmungen hat, sondern
blos die Möglichkeit denken, daß Dinge ausser und neben
einander seyn können. Auch diese Möglichkeit liegt ausser
unsrer Vorstellung, und unser Verstand schliesset diese daher, weil wir wissen, daß Dinge ausser und neben einander
wirklich sind. Was hat aber diese mit dem Raum als einer Vorstellung unsrer Denkkraft zu thun, und warum muß
diese daher eine nothwendige Vorstellung a priori seyn?
Hier findet sich kein Mittelglied, welches die Ideen, Raum
als Vorstellung und Nothwendigkeit, a priori, verbinden
könnte.

Wäre keine Möglichkeit auch ausser allen unsern Vorstellungen, daß Dinge ausser und neben einander zugleich seyn könnten: so würden auch keine solche Gegenstände seyn, nicht uns den
Stoff zur Vorstellung von ihnen darreichen. Wir würden
uns also auch keinen Begriff vom Raum machen können. Diese Möglichkeit liegt also nothwendiger Weise äusseren Erscheinungen oder Anschauungen von geräumigen Gegenständen zum Grunde, sie darf aber nicht mit Raum als einer Vorstellung verwirret werden, weil sie von diesem weit
unterschieden ist. Wie können Sie also daher schliessen, da
jene Möglichkeit als Raum allen Erscheinungen von geräumigen Gegenständen zum Grunde liegt: so muß Vorstellung als Raum dieß auch thun? Jener gehöret zu den
Bestimmungen geräumiger Dinge, wenn sie da sind, und
dieser, wenn der Stoff uns dazu gereicht ist, wird dadurch
in der Seele als ein abstracter Begriff von unserm Verstande gebildet.

III) Der Raum ist kein discursiver Begriff. Dieß
denke ich auch. Bisher hat man diesen Ausdruck nicht in
der Vernunftlehre gebraucht, ob man zwar in ihr einen
Unterschied zwischen intuitiven und discursiven Urtheilen zu

ma-

machen sich berechtiget glaubte. Sie erklären Ihnen dis-
curfiven Begriff durch einen allgemeinen von Verhältnissen
der Dinge überhaupt, leugnen es, daß Raum ein solcher
Begriff sey. Er ist nach Ihnen blos eine reine Anschauung. Wenn wir uns Raum vorstellen: so denken wir uns
nicht überhaupt Verhältnisse der Dinge, sondern daß sie
ausser und neben einander zugleich sind. Der allgemeine
Begriff des Raumes wurde durch unsern Verstand gebildet, und wenn in unserer Vorstellung von Raum nichts
weiter liegt, als daß Dinge ausser und neben einander zugleich sind; so ist diese nicht der Raum selbst, sondern in
Beziehung auf ihn eine reine Anschauung des Raums.
Dieser ist eigentlich nicht der Begriff, sondern wir machen uns von ihm einen Begriff. Er selbst ist ausser meinem Verstande der Gegenstand, von welchem ich mir eine
Idee mache, und ich finde ihn in den Gegenständen ausser
mir wieder. Sie wollen es daher beweisen, daß der Raum
kein allgemeiner Begriff, sondern eine reine Anschauung sey,
weil wir uns nur einen einigen Raum vorstellen, und wie
dann, wann wir von vielen Räumen reden, nur darunter
Theile eines und desselbigen Raumes verstehen. Von welchem Raum reden Sie hier? Etwa von einem unbegrenzten? In diesem Falle wenn auch Raum und Vorstellung
einerley wäre; so hätten Sie keine reine Anschauung vom
Raum mehr, weil diese nichts mehr in sich faßt, als daß
Dinge ausser und neben einander sind. Sie würden den
höchsten Begriff von Raum schon durch den Charakter des
Grenzenlosen näher bestimmt haben. Wo kann sich aber
dieser unbegrenzte Raum finden? Etwa in den Wirkungen unsrer Denkkraft? Da wäre er aber blos Vorstellung
von Raum, nicht der unbegrenzte Raum selber. Etwa in
dem ganzen Umfange aller neben einander zugleich existiren-
den Dinge? Dann wäre er keine Anschauung mehr, sondern der Raum in dem ganzen Weltgebäude. Sollte er
in ihm als unbegrenzt gedacht werden: so müßte jenes selbst

G 5   kei-

keine Schranken der Ausdehnung haben. Von diesem Raum
ist aber nie die Rede, wenn wir ihn als eine Vorstellung
denken, und warum sollte diese, wenn auch der Raum der
Welt keine Schranken hätte, deswegen kein allgemeiner
Begriff vom Raum seyn können? Warum konnten wir nicht
einen solchen Begriff eine reine Anschauung vom Raum
nennen, wenn wir es nur unbestimmt gelassen hätten, ob
er begrenzt oder unbegrenzt wäre.   Ob das letzte möglich
und wirklich ist, oder nicht, dieß kann uns keine reine
Anschauung des Raumes lehren, sondern es ist eine Aufs
gabe, woran die Vernunft ihre Kräfte versuchen mag, ob
sie durch allgemeingültige Gründe eine richtige positive oder
negative Auflösung finden kann.   Der Raum, wovon alsdann die Rede ist, wird weder Begriff noch Anschauung,
sondern der Gegenstand von beyden selbst seyn.

Denke ich mir den Raum unbegrenzt: so sind alle
begrenzte Räume Theile desselben, und er geht weder vor
diesen, noch sie vor ihm vorher.   Er würde aber ohne sie
nicht möglich seyn, könnte also nicht anders als ein Ganzes
gedacht werden, welches nicht blos durch seine Theile möglich, sondern auch durch ihre Zusammensetzung wirklich
wäre, grade so, wie es bey einer jeden Summe in Ansehung der Theile statt hat, woraus sie zusammengesetzt
wird.

Der unumschränkte Raum soll wesentlich einig seyn,
und dieß kann nichts anders heissen, als daß nicht mehrere
unbegrenzte Räume denkbar sind.   Ist dieser Satz nicht eine Folgerung, welche unsre Vernunft aus dem Begriff
herleitet, welchen der Verstand von einem unbegrenzten
Raum gebildet hat.   Sie konnte es bey diesem Schlußsatz
noch dahin gestellet seyn lassen, ob es auch einen solchen
Raum geben könne, oder ob er blos ein Geschöpf der Vernunft sey, welches sie nach dem Satz des Widerspruchs her-
vor-

vorbrächte, da wir in allen einzelnen Anschauungen des Raums, zu welchen die äusseren Gegenstände durch Hülfe des Gesichtsorganes unserm Vorstellungsvermögen den Stoff darbieten, begrenzte Räume gewahr werden. Wäre wirklich ein unbegrenzter Raum: so würde freylich das Mannigfaltige in ihm lediglich auf Einschränkungen beruhen, und denn wären alle begrenzte Räume Theile von ihm. Sie ziehen hieraus die Folgerung, daß auch der allgemeine Begriff von Räumen lediglich auf Einschränkungen beruhe. Wie wenn nun dieser allgemeine Begriff von Räumen und auch vom Raum überhaupt einer und derselbe wäre. Versuchen Sie einmal von beyden den allgemeinen Begriff zu bilden: so denken Sie sich Theile ausser und neben einander zugleich; begrenzt oder unbegrenzt, gehöret zum reinen allgemeinen Begriff des Raums nicht. In jeder empirischen Anschauung eines geräumigen Gegenstandes findet unsre Vernunft Einschränkungen; und nun wirft sie die Frage auf: sind alle diese Räume, welche ich in den Gegenständen gewahr werde, Theile von einem schrankenlosen Raume oder nicht? Sie fühlet aber auch bald die Schwierigkeiten, welche sich ihr auf der Bahn dieser Untersuchung entgegen stellen.

Wie können Sie aber daraus schliessen, daß in Ansehung des Raums eine Anschauung a priori, welche nicht empirisch ist, allen Begriffen von demselben zum Grunde liege? Der Begriff vom Raum ist entweder der allgemeine oder ein Begriff von eingeschränkten Räumen. Im ersten Fall ist er ein Begriff von Raum, er mag eingeschränkt, oder grenzenlos seyn. Im zweyten Fall liegt nicht der Begriff eines unbegrenzten, sondern des Raums überhaupt zum Grunde, d. h. dieser ist der höhere Begriff, unter welchem die Begriffe von den verschiedenen bestimmten Räumen in den verschiedenen Arten der Körper liegen. Allein deswegen konnte doch der allgemeine Begriff von Raum aus den em-

empirischen Anschauungen von begrenzten Räumen durch
Hülfe des Verstandes und also a posteriori gebildet seyn,
wie er es auch wirklich ist. Sie berufen sich auf geometrische Grundsätze, zum Beyspiel, daß in einem Triangel
zwo Seiten zusammen größer seyn, als die dritte, und behaupten, daß diese nie aus allgemeinen Begriffen von Triangeln und Linien, sondern aus der Anschauung und zwar
a priori mit apodictischer Gewißheit abgeleitet werden.
Ihre Art in der Geometrie zu beweisen, hat für mich etwas sehr befremdendes. So oft ich bisher meinen Zuhörern geometrische Sätze bewiesen habe, mußte ich freylich
Zeichen, welche in die Augen fallen, zu Hülfe nehmen, um
ihnen erst die nöthigen Begriffe zum Beweise durch eine
empirische Anschauung klar und deutlich zu machen. Diese
Anschauung ist aber nie eine a priori, und macht den Beweis aus Begriffen nicht unnöthig, kann keine apodictische
Gewißheit von allgemeinen Wahrheiten erzeugen, sondern
bahnte der Vernunft nur den Weg, um das Gewicht der
Beweise aus allgemeinen Begriffen gleichsam zu fühlen,
und eine apodictische Gewißheit zu erzeugen. Was wollen
Sie hier mit Ihrer Anschauung a priori? Bedeutet diese Raum in der höchsten Abstraction: so ist dieß die Anschauung nicht, welche der Geometer gebraucht, um seinen
Zuhörern verständlich und deutlich zu werden, und auch
diese würde ihnen zu keiner Gewißheit von irgend einer
einzelnen allgemeinen geometrischen Wahrheit verhelfen
können.

IV) Der Raum, wie Sie behaupten, wird als eine
unendliche Größe vorgestellt. Von wem? Es ist mehr
als wahrscheinlich, daß der größte Theil der Menschen es
nicht gethan hat, noch thun wird. Die empirische Anschauung des Raums faßt vielmehr stets Grenze in sich,
und der Verstand achtet auf diese nicht, wenn er aus ihnen
den allgemeinen Begriff des Raumes bildet. Er läßt es
in

in ihm unbestimmt, ob er auſſer unſern Vorstellungen
grenzenlos ſeyn kann oder nicht. Denket er ſich ihn ſchran-
kenlos: ſo ſetzet er von zwo entgegengeſetzten Beſtimmungen
die eine zum Raum hinzu, und beſtimmt alſo den allgemeinen Begriff des Raums, wie er es bey jeder andern
Gattung macht, wenn er die Arten bilden will, welche am
nächſten unter ihr liegen. Dieß iſt das gewöhnliche Ge-
ſchäfte unſers Verſtandes bey Entwicklungen der Arten,
welche unter einer Gattung liegen. Hat er den allgemeinen Begriff des Raumes durch den Zuſatz des Grenzenloſen mehr beſtimmt: ſo macht die Vernunft die Folgerung
daraus, daß, wenn ein ſolcher Raum auſſer unſern Vorſtellungen wäre, alle eingeſchränkte Räume Theile von dieſem ſeyn würden. In allen dieſen Wirkungen des Verſtandes und der Vernunft liegt keine Anſchauung zum
Grunde, welche von aller Erfahrung in Rückſicht ihres
Urſprunges unabhängig iſt. Dieß iſt zu einleuchtend, als
daß es einer weitern Entwicklung bedarf.

Sie ſetzen hinzu, wir müſſen zwar jeden Begriff uns
als eine Vorstellung denken, welche in einer unendlichen
Menge von verſch-benen möglichen Vorstellungen als ihr
gemeinſchaftliches Merkmal enthalten iſt, welche mithin dieſe unter ſich enthält. Allein kein Begriff als ein ſolcher
kann ſo gedacht werden, als ob er eine unendliche Menge
von Vorſtellungen in ſich enthielte. Warum das nicht?
denken Sie ſich das ganze Weltgebäude, oder denken Sie ſich
überhaupt Gröſſe, unter deren Begriff der Begriff des Raumes
als eine Art begriffen iſt. Wenn Sie ſich dieſe unter der
Beſtimmung des Grenzenloſen vorſtellen: ſo ſind alle einzelne Gröſſen, und auch alle einzelne Räume Theile, ja ſelbſt
der grenzenloſe Raum iſt ein Theil von ihr. Können Sie
dieſes leugnen? Und woferne Sie es nicht können: müſſen Sie dann nicht die Ungültigkeit dieſes Ihres Satzes
anerkennen, daß auſſer dem Raum kein Begriff als ein

ſol-

solcher gedacht werden kann, als ob er eine unendliche
Menge von Vorstellungen in sich enthielte?

Vielleicht werden Sie dadurch meine Einwendung
schwächen wollen, daß Sie erwiedern: soll der Begriff,
Grösse, eine unendliche Menge von Vorstellungen in sich
fassen: so muß die Grösse als grenzenlos gedacht werden.
Ganz recht. Hat dieß aber auch nicht in Ansehung des
Raumes statt? Nehmen Sie diese Bestimmung weg: so
wird der reine Begriff vom Raum übrig bleiben, und in
der reinen Anschauung desselben liegt nichts mehr, als eine Vorstellung von Theilen, die ausser und neben einander
zugleich sind. Diese Anschauung als Begriff ist eben so
wie jeder allgemeine Begriff in einer unendlichen Menge
von verschiedenen Vorstellungen als ihr gemeinschaftliches
Merkmal enthalten, und folglich begreifet er, wie alle übrige Begriffe diese unter sich. Sie sehen also, wie wenig
Sie berechtiget sind, aus Ihrer Voraussetzung, deren Un-
grund ich bewiesen zu haben glaube, die Folgerung zu machen, daß also die ursprüngliche Vorstellung vom Raum
kein Begriff, sondern eine Anschauung a priori sey.

Wenn ich auch Ihnen alles zugeben wollte, was Sie
behauptet haben: so würde doch Ihre Folgerung nicht den
Beyfall der nachforschenden, unbefangenen Vernunft erhalten
können. Es sey der Raum grenzenlos! Wo wäre er es
dann? In unserer Vorstellung oder ausser derselben? Im
letzten Fall ist unbegrenzter Raum nicht Anschauung, sondern
Gegenstand derselben, und gehöret also durchaus nicht hieher.
Er sey es also in unsrer Vorstellung! Wie ward er es denn?
Den allgemeinen Begriff des Raums hatte unser Verstand
aus den empirischen Anschauungen von einzelnen geräumigen
Gegenständen a posteriori gezogen. Er entfernte aus ihm
die Vorstellung der bestimmten Gestalten, der Grössen,
und Grenzen von den Gegenständen. Nun warf unsere

Ver-

Vernunft die Frage auf: faßt der Begriff von einem gren-
zenlofen Raum einen Widerspruch in sich, grade fo, wie
fie frägt: ift der Begriff eines rechtwinklichen und dabey
gleichfeitigen Triangels ohne Widerspruch denkbar oder
nicht? Hier liegt keine Anschauung a priori, d. h. die
von aller Erfahrung durchaus unabhängig und doch in der
Seele da ift, zum Grunde. Die urfprüngliche Vorftellung
vom Raum ift doch wohl keine andre als diefe, welche die
Seele zuerft durch ihren Verftand bildet. Diefe ift gewiß
a pofteriori, und kann alfo keine Anschauung a priori nach
Ihrer Erklärung feyn. So wenig ich alfo Ihren Behauptungen beypflichten kann: fo groß wird doch die Hochachtung
feyn mit welcher ich ftets bin zc.

10. Brief.

Mein Herr,

Nun wollen Sie eine tranfcendentale Erörterung des Begriffes vom Raum anftellen. Dieß ift doch fehr fonderbar.
Haben Sie es denn fchon vergeffen, daß Sie kurz vorher
durch Gründe es beweifen wollten, die Vorftellung vom Raum
fey durchaus kein Begriff, fondern eine Anschauung a priori? Ich kann mir diefen Widerfpruch nicht erklären.
Vorftellung vom Raum, oder vorgeftellter Begriff des
Raumes ift doch wohl eine und diefelbe Sache?

Doch nun zu Ihrer tranfcendentalen Erörterung
felbft. Diefe foll die Erklärung eines Begriffes als Princip
feyn, woraus die Möglichkeit anderer fynthetischer Erkenntniffe
a priori eingefehen werden könne. Zu diefer Abficht erfodern Sie, 1) daß wirklich dergleichen Erkenntniffe aus dem
gegebenen Begriffe herfließen, 2) daß diefe Erkenntniffe nur
unter der Vorausfetzung einer gegebenen Erklärungsart

dies

dieſes Begriffes möglich ſind. Sie erregen alſo hier die Erwartung bey jedem nachdenkenden Leſer, daß Sie uns eine genaue Erklärung des Begriffes von Raum vorlegen, und dann aus dieſem Begriff als einem Princip uns zeigen werden, wie ſolche Erkenntniſſe aus ihm herflieſſen, und ſie nur unter der Vorausſetzung der gegebenen Erklärungsart von dieſem Begriffe möglich ſind. Wir müſſen alſo unterſuchen, was Sie geleiſtet haben.

Sie erklären die Geometrie durch eine Wiſſenſchaft, welche die Eigenſchaften des Raumes ſyntheriſch und doch a priori beſtimmt. Allein wozu ſoll der Geometer dieſe Ihre Erklärung gebrauchen? Er hat ſie ſich bisher als eine Wiſſenſchaft gedacht, die Gröſſen in den Ausdehnungen zu finden. Durch dieſen Begriff unterſcheidet er dieſe Wiſſenſchaft von jeder andern, beſtimmt das Ziel, wohin er bringen will, und die Bahn, die ihn dahin führen ſoll. Ihre Grundſätze ſuchet er nicht aus der Anſchauung eines alleinigen unbegrenzten Raums herzuleiten, ſondern ſeine Abſicht erfodert es, daß er mit geometriſchen Puncten als den erſten einfachſten Elementen der Linie den Anfang macht. Er zeigt ſeinen Zuhörern, wie man ſich durch das Fortflieſſen eines Puncts die Entſtehung einer Linie denken, und den allgemeinen Begriff von ihr bilden kann. Durch Zuſammenſetzung der Linien wird die Entſtehungsart der Figuren, und durch die Verbindung der letzten die Entſtehungsart der verſchiedenen Körper erklärt. Der Geometer bedienet ſich immer ſolcher Zeichen, welche in die Augen fallen, weil die Gegenſtände ſeiner Wiſſenſchaft ihm vorzüglich den Gebrauch ſolcher Zeichen möglich machen, welche eine empiriſche Anſchauung von ſich in der Seele erregen, worinn faſt nichts mehr noch weniger als in den Gegenſtänden enthalten iſt, welche ſich ſein Zuhörer denken ſoll. Er ſetzet bey ſeinen Entwicklungen nie den Raum als eine reine nicht empiriſche Anſchauung, und folglich nicht als eine bloſſe ſubiective Form der Vorſtellungsfähigkeit

keit voraus, sondern als etwas, das in den Dingen selbst
ist, welche er als Zeichen für seine Zuhörer brauchet, und
welche durch Hülfe der Augen sich eben so diesen als ihm
selbst darstellen. Mit unendlichem oder alles umfassendem
Raum beschäfftiget er sich nicht. Seine Linien, Figuren und
Körper haben alle ihre begrenzte Ausdehnung. Wäre Raum
nichts als Denkform, nichts als subiective Vorstellung: so würde
er seinen Unterricht für unnütz halten, und über sich selbst lachen
müssen, wenn er nun Linien, Figuren, Körper für seine
Zuhörer abbilden, und in ihnen durch diese Abbildung davon eine empirische Anschauung erregen wollte. Er nennt
seine Wissenschaft einen Theil der reinen Mathematik nicht
deswegen, als ob er sie ohne alle Rücksicht auf äussere
geräumigte Gegenstände zu Stande gebracht hätte, sondern
weil er allgemeine Begriffe aus Linien, aus Figuren, aus
Körpern, welche er sinnlich vorher seinen Zuhörern darstellt,
gezogen hat, diese mit einander vergleichet, und nur daraus
zweckmässig nach dem Grundsatz des Widerspruches, und
des Princips von zureichenden Gründen Folgerungen herleitet.
Linien, Figuren, Körper, womit er sich wissenschaftlich beschäftiget, werden nun bey ihm allgemeine Begriffe, die blos
als solche in den Vorstellungen ihr Daseyn haben können.
Allein deswegen leugnet er nicht, daß es Linien, Figuren,
Körper in der Natur geben könne, wovon jene nur die
allgemeinen Begriffe sind. Wollte er dieß leugnen: so würde
er die ganze Geometrie für eine Wissenschaft erklären, wovon
die menschliche Vernunft keinen weitern Gebrauch machen
könnte. Er hält vielmehr seine Wissenschaft für eine höchst
brauchbare Beschäftigung des Geistes, weil er durch sie
auf Regeln geführt wird, wornach er Linien, Figuren, und
Körper, die ausser seiner Vorstellung in dem Reich der
Natur angetroffen werden, genau auszumessen vermögend wird.

Wenn

Wenn Sie uns die Geometrie als eine Wissenschaft erklären, welche die Eigenschaft des Raums synthetisch und doch a
priori bestimmt: so würden wir fragen: wie? Nur blos
synthetisch? Die Erfahrung zeiget das Gegentheil. Wir
haben sehr viele geometrische Sätze, die analytisch sind, und
eben so wohl wie jene die Eigenschaften des Raumes bestimmen. Heißt a priori bestimmen, aus allgemeinen Begriffen dieß thun: so wird kein Geometer dagegen etwas einwenden. Heißt es aber durch Erkenntniß, welche auch in
Ansehung ihres Ursprungs von aller Erfahrung unabhängig ist:
so kennet der Geometer diese nicht, und Sie müßten noch
erst ihre Möglichkeit in der Seele eines Menschen beweisen.
Dieß wird er für keinen Beweis gelten lassen, wenn Sie
sich diese Frage, wie muß diese Vorstellung des Raums
beschaffen seyn, daß eine solche Erkenntniß von ihm möglich
sey, so beantworten: er muß ursprünglich Anschauung seyn.
Die ursprüngliche Anschauung von ihm ist, wie ich schon
bewiesen habe, eine empirische. Warum sollten aus den
Begriffen keine Sätze, welche über den Begriff hinaus
gehn, sich ziehen lassen? Sie berufen sich hier auf Ihre
Einleitung V. Allein ich habe auch da es gezeiget, daß
Sie dasjenige nicht bewiesen haben, was doch müßte
geschehen seyn, wenn Sie sich darauf mit Grund berufen
wollten. Wenn Sie anders die geometrischen Wahrheiten
gehörig untersuchet haben: so können Sie unmöglich behaupten, daß die geometrischen Sätze insgesammt apodictisch
d. i. mit dem Bewußtseyn ihrer Nothwendigkeit verbunden
sind. Ich mag hier nicht wiederhohlen, was ich schon an
einem andern Orte oben angeführet habe, um die Ungültigkeit dieses Ihres Satzes apodictisch zu widerlegen. Sie
berufen sich auf diese geometrische Wahrheit,— der Raum hat
eine dreyfache Ausmessung. So wird kein Geometer sich
leicht ausdrücken. In jeder Figur ist Raum. Wo ist aber
hier eine dreyfache Ausmessung? Könnte aber der Raum
diese haben, wenn er, so wie Sie ihn vorstellten, als un-
be-

begrenzt gedacht würde? Hier wäre keine Ausmessung mehr
denkbar. Denkbar ist sie, und findet auch wirklich statt, wenn
nicht von jedem Raum, sondern vom Körper die Rede ist, und
dann ist jener Satz ursprünglich ein Erfahrungssatz, welchen
der Geometer zuerst aus einer empirischen Anschauung seine
Zuhörer bilden läßt, und sie aufmuntert, durch ihre Vernunft ihn zu einem allgemeinen zu erheben. Dieß ist der
Gang, worauf sie zur Allgemeinheit dieses Satzes geführ-
ret wird.

Sie werfen die Frage auf: wie kann eine äußere Anschauung dem Gemüthe beywohnen, die vor den Objecten
selbst vorher geht, und in welcher der Begriff der letztern
a priori bestimmt werden kann? Ich möchte Ihnen hierauf folgendes antworten. Die äußere Anschauung, das
heist doch wohl, die Anschauung von äußern geräumigten
Gegenständen geht nicht vor den Objecten vorher, sondern
wird durch diese vermöge des Gesichtes in unsrer Seele
erregt. Aus dieser ziehet unser Verstand den Begriff vom
Raum, nicht a priori, sondern a posteriori. Haben wir
diesen erst im allgemeinen gebildet: so können wir theils
fragen, wie hat die Natur diesen in ihren verschiedenen geräumigten Producten näher bestimmt, die Bestimmung em
pirisch aufsuchen und nun unsrer Vernunft die Materiali-
en darreichen, wodurch sie fähig wird, im allgemeinen Gattungen, Arten und Unterarten in einer logischen Tabelle zu
entwickeln. So hat es immer der Geometer gemacht, und
es würde keinem glücken, wenn er auf einem andern Wege
die möglichen Bestimmungen des allgemeinen Begriffes vom
Raum aufzusuchen sich bemühte.

Sie denken sich die Sache ganz anders, als es bisher der Geometer gefunden hat. Sie wollen uns überreden, daß die äußre Anschauung blos im Subject als die
formale Beschaffenheit desselben, von Objecten afficirt zu

H 2   wer-

werden, und dadurch unmittelbar Vorstellungen derselben d. i. Anschauungen zu bekommen, ihren Sitz hat, also nur als Form des äussern Sinnes überhaupt. Was wollen Sie eigentlich hiemit sagen? Mancher möchte sich hier über eine Staubwolke beklagen, welche Sie durch ihre neuen Terminologien vor sein Gesicht aufgetrieben haben. Erlauben Sie, daß ich ihre Sätze so kurz ausdrücke als möglich ist. Die äussre Anschauung (ohne Zweifel vom Raum) hat blos im Subiect als formale Beschaffenheit, oder als Form des äussern Sinnes, von Obiecten aificirt zu werden, und dadurch Anschauung von ihnen zu bekommen, ihren Sitz. Also behaupten Sie, daß äussre Anschauung eine formale Beschaffenheit unsers Vorstellungsvermögens ist, Anschauungen von geräumigen Obiecten zu erlangen. Allein kann 1) äussere Anschauung blos eine Beschaffenheit oder Form des äussern Sinnes seyn. Ist sie nichts weiter als das letzte: so ist sie innre Bestimmung des Sinnes, aber keine Anschauung, weil jene blos Vermögen, diese aber schon Wirkung des Vermögens ist. Ist äussre Anschauung blos subiective formale Beschaffenheit des Subiects von Obiecten afficirt zu werden, und dadurch, gleich viel, unmittelbar oder mittelbar Anschauungen zu bekommen: so ist ja nicht selbst Anschauung, sondern blosses Vermögen der Seele, Anschauungen von solchen Obiecten zu erhalten. Meine formale Beschaffenheit von Obiecten afficirt zu werden, kann doch nichts anders als meine Fähigkeit seyn, mir die Dinge, die auf meine Sinne wirken, vorzustellen, oder sie sinnlich anzuschauen. Nennen Sie diese blosse Fähigkeit die Form meines äussern Sinnes: so ist diese freylich vor aller Erfahrung, vor aller eigentlichen Anschauung und also in so weit a priori in meiner Seele: so würde für mich keine solche Anschauung möglich seyn, wenn ich nicht diese Form meines äussern Sinnes hätte. Allein sie ist nicht die Anschauung selbst, sie bringt auch nicht ohne alle vorhergehende Einwirkung äusserer Gegenstände Anschauungen von ihnen her.

hervor. Soll ich eine Anschauung von einem Colibrit erhalten: so muß ich entweder ihn in der Natur oder in einer
Abbildung gesehen haben. Herr Prof. Reinhold, welcher
erst durch grossen Aufwand von Mühe und Zeit, seinem
eignen Geständnisse nach, den Geist Ihres neuen Systems
genau entdeckt zu haben glaubet, suchet diese Sache auf
eine etwas verschiedene Art anzugreifen. Es lehret uns,
daß die a priori bestimmte Form des äussern Sinnes in
der an der Receptivität bestimmten Möglichkeit des Auf-
sereinanderseyns des Mannigfaltigen in der Vorstellung
bestehe a). Wie dunkel wird auch nicht diese Reinholdi-
sche Erklärung wenigstens durch die gezwungene unnatür-
liche Verbindung der Worte! Doch über so etwas muß
man sich in dieser neuen philosophischen Schule wegsetzen.
Was heißt denn nun bey diesem Philosophen eine Möglichkeit des Aussereinanderseyns des Mannigfaltigen in
der Vorstellung? Was in der an der Receptivität bestimmten Möglichkeit? Doch wohl nichts anders als die Receptivität unserer Vorstellungsfähigkeit hat die Beschaffenheit
oder Form, daß dadurch Anschauungen möglich sind, in
welchen das Mannigfaltige ausser und neben einander vorgestellet wird. So viel ich weis, hat noch kein Philosoph
je an dieser Wahrheit gezweifelt. Allein diese Form ist a
priori bestimmt. Auch dieß kann nichts anders heissen,
als daß sie nicht erst durch äussere Eindrücke in uns hervorgebracht wird, sondern daß sie vor aller Einwirkung in
uns liege. Wer wird auch dieß leugnen? Allein wie ist
sie da? Doch nicht als Anschauung, sondern blos als wesentliche Beschaffenheit oder Form des äussern Sinnes?
Dieß scheint Hr. Reinhold zuzugeben. Wenn er aber
diese Form als die allgemeine einzige Form des äussern Sinnes ansieht: so hat die angestrengte Richtung seines Geistes

nach

a) S. seinen Versuch einer neuen Theorie des menschlichen
Vorstellungsvermögens. S. 378.

H 3

nach einem Ziele, welches er nach Ihnen erreichen wollte,
ihn zu schnell fortgetrieben, und ihm keine Zeit gelassen,
um sich an die Organe des Geschmackes, des Geruchs, des
Gehörs und an ihre Eindrücke auf unsern äussern Sinn zu
erinnern. Sonst würde er die Form desselben etwas anders bestimmt haben müssen.

Nicht diese Form selbst nennet er, so wie Sie, eine
Anschauung a priori, sondern die unmittelbare Vorstellung
der Form der äussern Anschauung, des Raums soll eine
Anschauung a priori seyn. Er mag nun freylich ein Ding
nennen, wie er will. Wenn es blos auf einen Namen an-
kommt: so kann uns dieß gleichgültig seyn. Allein auch die
unmittelbare Vorstellung von dieser Form kann doch nicht
anders als a posteriori in uns entstehen. Diese Form, welche
a priori in uns ist, wird uns zuerst durch ihre Wirksamkeit bekannt, und diese sind in einer nicht unbeträchtlichen Zeit von unserm Leben in jedem Menschen schon da, ehe er fähig wird, sich
eine Vorstellung von dieser Form zu machen. Dazu gehöret
schon erhöhte Stärke der Vernunft, genaue Aufmerksamkeit auf die Wirkungen unsers äussern Sinnes, und auch
selbst bey aller angewandten Aufmerksamkeit kann unsre Vorstellung von ihr dennoch nicht ganz wahr seyn. Alles dieses beweisen die Reinholdischen Bemühungen, uns zuerst eine
richtige Vorstellung von dieser Form zu verschaffen, und
so bestättiget er es selbst durch seine Geschäftigkeit auf diesem
Felde der Wissenschaft, daß wir von dieser Form unsers äu-
feren Sinnes erst durch genaue Beobachtungen, und folglich
nicht a priori sondern a posteriori eine Vorstellung erhalten. Diese Widerlegung ist doch wohl die einleuchtendste?
Sollten Sie also wohl berechtiget seyn, aus Ihren Entwicklungen den Schluß zu machen, daß also Ihre Erklärung
die Möglichkeit der Geometrie als einer synthetischen Erkenntniß a priori begreiflich mache? Warum zeigen Sie nicht
wenigstens in einem Beyspiel, wie sie dieß thun, wie aus

dem

dem Begriff des Raumes, wovon Sie uns eine Erklärung
geben, als aus einem Princip Erkenntnisse a priori herfliessen,
und sie unter Voraussetzung dieser gegebenen Erklärungsart
möglich sind? Ich habe stets hierauf meine Aufmerksamkeit gerichtet, weil Sie selbst zu Anfang dieses Abschnittes
mir eine solche Entwicklung hoffen liessen. Ich habe aber
immer umsonst nach dieser mich umgesehen, und ich müßte
mir von Ihrer philosophischen Denkungsart einen sehr dürf-
tigen oder gar vielleicht beleidigenden Begriff machen, wenn
ich Bedenken trüge, Ihnen dieß offenherzig und freymüthig
zu gestehen. Leben Sie wohl.

---

11. Brief.

Mein Herr,

Erlauben Sie mir, daß ich auch itzt die Schlüsse prüfe,
welche Sie aus Ihrem gegebenen Begriff vom Raum gezogen haben. Der erste ist dieser: a) Der Raum stellt
gar keine Eigenschaft irgend einiger Dinge an sich, oder
sie in ihrem Verhältniß auf einander vor b. i. keine Bestimmung derselben, die an Gegenständen selbst haftete, und
welche bliebe, wenn man auch von allen subiectiven Bedingungen der Anschauung abstrahirte. Diese Folgerung
ist wahr und falsch. Es wird darauf ankommen, wie wir
uns den Raum denken. Wird er blos als ein abstracter
Begriff als eine Anschauung gedacht: so ist er freylich
nichts weiter als eine Vorstellung des denkenden Subiects.
Wird er aber als der Gegenstand angesehen, wovon ich
mir einen allgemeinen Begriff gemacht habe: so ist er als
Raum, nicht als Begriff vom Raum in jedem einzelnen Dinge, welches zusammengesetzt ist, auch außer
meiner Vorstellung anzutreffen. Dann ist er nicht mehr
subiective Bedingung meiner Anschauung, nicht mehr
blos äußere Anschauung, sondern obiectiv in den äußern

H 4   Din-

Dingen selbst, eine Bestimmung, die an Gegenständen selbst haftet, und er würde objectiv bleiben, wie er ist, wenn auch keiner ihn anschaute, wenn ich gleich keine Receptivät der Vorstellungsfähigkeit hätte, von solchen Gegenständen afficirt zu werden, und eine Anschauung von ihnen zu bekommen. Wenn ich also auch von allen subjectiven Bedingungen abstrahirte: so würde er eine Eigenschaft der Dinge an sich bleiben, worinn Theile ausser und neben einander zugleich sind.

Sie wollen Ihre Behauptung daher beweisen, daß weder absolute noch relative Bestimmungen vor dem Daseyn der Dinge, welchen sie zukommen, mithin nicht a priori angeschauet werden können. Allein wer hat denn behauptet, daß Raum als absolute und relative Bestimmung eines Objectes vor dem Daseyn desselben vorhergehe? Sie entstehet mit ihm, und verlieret zugleich mit ihm ihr Daseyn. Reden Sie etwa blos von Vorstellungen, welche ich mir von Dingen mache: so können diese nicht blos von wirklichen, sondern auch von blos noch möglichen Dingen Vorstellungen seyn, und sind sie dieses wirklich: so denke ich mir zugleich nicht vorher noch später ihre absolute und relative Bestimmung, und so bald in meiner Vorstellung diese erlöschet sind: so habe ich auch keine Vorstellung von den Dingen mehr. Ich kann mir auch geräumige Dinge als möglich vorstellen, welche also noch keinen bestimmten Raum haben, und mir folglich in so weit eine Anschauung a priori von ihnen verschaffen. In tausend Fällen verfährt so der Künstler. Er denket sich eine Absicht, welche er durch sein Kunstwerk erreichen will, überlegt die Mittel, welche zu dieser führen, bestimmt die relative Grösse, welche die Theile seiner Maschine haben müssen, die Räume, welche in jedem derselben seyn sollen, und bearbeitet nun die Materialien nach der Idee, welche er sich von seiner Arbeit gemacht hat. Hier ist die absolute und relative Bestim-

mung

-mung vor dem Daseyn des Dinges, welchem sie zukommen; mithin a priori in seiner Anschauung. Auch der Verstand Gottes hat sich die Dinge, in welchen Raum ist, und die ohne ihn nicht wirklich seyn können, gedacht, oder in höherm Verstande (sensu eminentiori) angeschauet, als sie noch nicht waren. Ist dieß unmöglich?

b) Der Raum soll nach Ihrer Behauptung nichts anders als nur die Form aller Erscheinungen äußerer Sinnen, d. i. subjective Bedingung der Sinnlichkeit seyn, unter welcher allein uns äußere Anschauungen möglich sind. Allein was nennen Sie hier Form aller Erscheinungen der äußeren Sinnen? Ist hier von der Form der Erscheinungen, oder von der Form der äußeren Sinnen die Rede? Denken Sie sich die Erscheinungen, und die Form derselben: so sind die Erscheinungen entweder die äußeren Dinge selbst, oder die Vorstellungen, welche wir von ihnen haben. Sind sie das erste: so haben sie, wenn sie zusammengesetzt sind, eine Form, welche dem Raum eine objective Gültigkeit ertheilet. Sollen Erscheinungen aber die Vorstellungen von diesen Gegenständen seyn: so muß Raum in den Vorstellungen ausgedrückt liegen, wenn sie anders Anschauungen von diesen Gegenständen seyn sollen. Denken Sie sich aber Raum als die Form der äußeren Sinne: so würde es so viel heissen, unsre äußeren Sinne haben keine andre Receptivität als zu Vorstellungen vom Raum. Hier wäre nun ein Satz, welchem die Erfahrung widerspricht. Wir haben auch eine Receptivität unsrer äuß'ren Sinne für Empfindung durch die Organe des Geruchs, des Geschmacks, des Gehörs, und aus allen diesen Vorstellungen, welche daher entstehen, wird die Anschauung vom Raum ausgeschlossen. Die Form unsrer äußeren Sinnen ist also nicht blos eine Beschaffenheit unsrer Receptivität, nach welcher wir keine andre äußere Anschauung als vom Raum erhalten können; und gesetzt sie wäre die einzige Form unsrer Sinnlichkeit: so würde sie doch

H 5   nicht

nicht der Raum selbst, sondern eine wesentliche Beschaffenheit unsrer sinnlichen Vorstellungsfähigkeit seyn, welche
vom Raum himmelweit unterschieden wäre. Raum als
Object, nicht als vorgestellter Begriff vom ihm hat Theile,
die ausser und neben einander zugleich sind. Finden denn
diese sich auch in einer wesentlichen Beschaffenheit unsrer Sinnlichkeit? Dieß werden Sie doch nicht behaupten wollen?

Weil wir durch Hülfe des Gesichtes entweder einzelne
Puncte oder zusammengesetzte Gegenstände uns vorstellen,
jene neben einander, in diesen Mannigfaltigkeit der Theile
ausser und neben einander erblicken; so erhalten wir dadurch
empirische Anschauungen von ihnen, und wir sind unfähig, sie uns so zu denken, daß sie keinen Raum in der Verbindung einnehmen. Dieß ist die Form von dieser Art der
Sinnlichkeit, wovon der hinreichende Grund in der Bildung
unsrer Augen, in den Gegenständen selbst, und in unsrer
Fähigkeit liegt, uns durch Hülfe des Gesichtsorganes von
äussern geräumigten Gegenständen Vorstellungen zu machen.
Nehmen wir diese subjective Bedingung weg: so würden
wir von diesen Gegenständen und also auch vom Raum keine äussere Anschauung haben können. Eine andre Frage
ist es: ob nicht Geister von einer andern höhern Classe auf
einem andern uns unbekannten Wege zur Anschauung vom
Raum gelangen können. Der unendliche Geist, welcher
alles und also auch geräumigte Dinge mit einem göttlichen
Blicke überschaut, bedarf zu dieser Vorstellung keiner Augen. Bey uns sind blos durch diese Fähigkeit, oder wie
Sie sagen, durch diese Form der Sinnlichkeit äussere Anschauungen von dieser Art möglich. Allein die Gegenstände dieser Anschauungen bleiben demohngeachtet, was sie
sind, entweder Puncte, in welchen wir keinen Raum unterscheiden, oder zusammengesetzte Dinge, in welchen wir
diesen erblicken.

Sie

Sie haben hierinn Recht, die Receptivität des Subjects, von Gegenständen afficirt zu werden, gehet in uns
nothwendiger Weise vor allen Anschauungen dieser Objecte
vorher. Sie ist aber nicht Anschauung selbst, sondern blos
in uns eine Möglichkeit, diese Anschauungen von Gegenständen zu erhalten, welche lange vor unsrer Anschauung
ihr Daseyn als Objecte haben können. Es würde sehr über-
flüssig seyn, dieß durch Beyspiele zu erläutern.

Hätten Sie uns doch gezeiget, auf welche Art es sich
aus Ihren Prämissen, in wie weit sie wahr sind, verstehen
lasse, wie die Form aller Erscheinungen vor allen wirklichen Wahrnehmungen, mithin a priori im Gemüthe gegeben seyn könne! Diese Form kann doch nicht die Form
der Gegenstände selbst seyn, welche erscheinen, sondern ist
ohne Zweifel die Form der Erscheinungen, in wie weit diese Vorstellungen sind. Denken Sie sich nun die Vorstellungen selbst: so sind diese nicht vor den Wahrnehmungen im
Gemüthe gegeben, und folglich die Form, die jeder Vorstellung eigen ist, kann es eben so wenig seyn. Soll aber doch
die Form vor aller Wahrnehmung im Gemüthe seyn: so
kann unter dieser nichts anders als die Beschaffenheit unsrer
Receptivität gedacht werden, wodurch es möglich wird, daß
wir uns Vorstellungen von ausgedehnten Gegenständen
machen können. Diese ist nun freylich vor aller Wahrnehmung in unserm Gemüthe, und in so weit können wir sie
eine Form a priori nennen. Hiegegen wird kein Philosoph was einzuwenden haben. Vermöge dieser Form können wir noch vieles wahrnehmen, wovon wir noch nie eine
Vorstellung gehabt haben. Folget aber daraus, daß diese Form der Receptivität selbst eine reine Anschauung seyn
muß, und daß diese, in welcher alle Gegenstände bestimmt
werden, Principien der Verhältnisse derselben vor aller Erfahrung enthalten könne? Die Form der Receptivität ist
ihre wesentliche Beschaffenheit, aber nicht Anschauung, sondern

dern Vermögen zu derselben. Was heißt es: in der reinen
Anschauung werden alle Gegenstände bestimmt? Wie denn?
als Gegenstände, für sich betrachtet, oder als Vorstellungen, die ich von ihnen habe? In ersten Fall läßt sich dieß
durchaus nicht behaupten. Die Objecte haben ihre Bestimmung nicht durch unsre Anschauung, sondern durch Gründe,
die außer dem Gebiete unsrer Vorstellungen liegen. Sollen
hier aber die Vorstellungen gedacht werden, welche wir von
den Gegenständen haben: so sind diese selbst die Anschauungen, und unser Verstand findet in allen, wenn sie von
geräumigten Gegenständen erregt sind, das Mannigfaltige
der Theile, die außer und neben einander zugleich sich darstellen, folglich die allgemeine Form des Raumes wieder,
weil die Receptivität unsrer Sinnlichkeit von der Beschaffenheit ist, daß sie uns diese darstellen kann. Der Raum,
er sey Begriff oder Anschauung, bestimmet aber nicht die
Gegenstände außer uns, sondern durch diese wird der allgemeine Begriff von ihm mehr bestimmt, und erhält die Formen, welche den Gegenständen entsprechen. Wie kann
also Raum als Form der Erscheinung, oder als Anschauung die Principien von den Verhältnissen der Gegenstände
vor aller Erfahrung in sich enthalten? Was sind diese Principien der Verhältnisse? Diese Fragen hätten Sie uns
doch beantworten sollen. Ich kann es mir nicht erklären,
warum Sie daran gar nicht gedacht zu haben scheinen, da
doch hierauf alles ankömmt. Sollen sie etwa die allgemeinen Begriffe vom Raum und seinen verschiedenen Bestimmungen in Linien, Figuren und Körpern bedeuten? Alle
diese sind aber eigentlich nicht Geschöpfe der Sinnlichkeit,
sondern des Verstandes, und woferne sie nicht als Phanto-
men der Einbildungskraft, als leere Hirngespinnste in ihr
Nichts wieder verschwinden sollen: so muß unser Verstand
sie aus der Gegeneinanderhaltung der Objecte, wovon wir
äußere empirische Anschauungen hatten, mit der erfoderlichen Behutsamkeit herleiten.

Wie

Wir können freylich nur aus dem Standpunkt eines Menschen vom Raum, von ausgedehnten Wesen, reden, weil uns nur dieser in der Reyhe der Geister angewiesen ist, und außer unserer Receptivität für unsre Vernunft keine Gebiete von Gegenständen seyn können. Sie behaupten, daß, wenn wir von der subjectiven Bedingung abgehn, unter welcher wir allein äussere Anschauungen bekommen können, die Vorstellung vom Raum nichts bedeute. Worinn besteht aber diese subjective Bedingung anders, als in der Receptivität, von äussern Einwirkungen der Gegenstände afficirt zu werden? Hätten wir diese nicht: so bedeutet die Vorstellung von Raum — nichts? Nein so hätten wir gar keine Vorstellung von ihm, aber deswegen blieb er doch in den Gegenständen, was er ist, wenn wir ihn gleich gar nicht dächten. Sie meynen, daß dieß Prädicat Raum den Dingen nur in so weit beygeleget wird, als sie uns erscheinen, d. i. Gegenstände der Sinnlichkeit sind. Freylich würden wir ihnen dieß Prädicat nicht beylegen können, wenn sie keine Gegenstände unsrer Sinnlichkeit wären. Denn in diesem Fall hätten wir gar keine Vorstellungen von ihnen, könnten ihnen also auch keine Prädicate beylegen. Allein itzt, da sie Gegenstände unsrer Vorstellungen werden können, und es sind, wenn sie unser sinnliches Vorstellungsvermögen afficiren: so legen wir ihnen dieß Prädicat nicht blos deswegen bey, weil sie sich unsrer empirischen Anschauung so darstellen, sondern weil Raum von ihnen eine Bestimmung ist, und sie grade dadurch Gegenstände unserer Vorstellungsfähigkeit werden können, weil die Form ihrer Receptivität von der Art ist, daß Obiecte durch das Organ des Sehens ihr Stoff zu Anschauungen von ihnen darreichen können. Ich begreife es immer nicht, wie ein Mann von solchem Scharfsinn, wie Sie sind, es so oft behaupten kann, daß die beständige Form der Receptivität, welche wir Sinnlichkeit nennen, Raum, und daß dieser eine nothwendige Bedingung aller Verhältnisse sey, darinn Gegen-

stände

ſtände als auſſer uns angeſchauet werden. Haben Sie denn
nie auf die Form unſrer Sinnlichkeit geachtet, vermöge welcher wir Empfindungen und alſo auch Vorſtellungen durch
Hülfe der Organs des Geruchs, des Geſchmeckes, und des
Gehörs erhalten? Wird aber nicht in der unmittelbaren
Vorſtellung dieſer Empfindung Raum ausgeſchloſſen? Unſre Sinnlichkeit hat alſo auch Receptivität für Vorſtellungen, von welchen die Idee des Raums ganz abgeſondert
iſt, und folglich iſt nicht Raum die einzige Bedingung unſrer äuſſern Sinnlichkeit. Ich will hier nicht anmerken,
daß es ſehr zweydeutig iſt, wenn Sie ſagen, daß die beſtändige Form der Receptivität, welche wir Sinnlichkeit
nennen, eine nothwendige Bedingung aller Verhältniſſe ſey,
worinn Gegenſtände als auſſer uns angeſchauet werden. Wir
könnten fragen 1) nennen Sie die Form der Receptivität,
oder dieſe letzte — Sinnlichkeit? doch wohl das letzte 2)
Iſt dieſe Form eine nothwendige Bedingung aller Verhältniſſe, worinn die Gegenſtände ſelbſt gegen einander ſtehen, oder
der Verhältniſſe, worinn ſie ſelbſt nicht ſtehen, worinn wir
ſie uns aber als auſſer uns vorſtellen? Das erſte kann
nun wohl nicht ſeyn. Denn wie kann eine beſtändige Form
unſrer Receptivität davon Urſache ſeyn, daß die Gegenſtände auſſer uns dieſe und keine andre Verhältniſſe gegen einander haben? Soll ſie eine nothwendige Bedingung der
Verhältniſſe ſeyn, worinn wir die Gegenſtände als auſſer
uns vorſtellen: ſo kann dieß doch nichts anders bedeuten,
als daß durch dieſe Form der Receptivität es uns nur möglich wird, die Dinge auſſer uns in Verhältniſſen anzuſchau-
en. Dieſe Verhältniſſe würden nun wirklich bey den Dingen ſtatt haben, oder nicht. Im erſten Fall wären ſie es,
welche unſrer Receptivität den Stoff zur Anſchauung von ihnen
dargereicht hätten, im andern wäre es eine nothwendige Form
unſrer Sinnlichkeit, daß dieſe durch ihre Wirkſamkeit oder
Anſchauung uns täuſchte. Wir wären alſo durch eine Naturnothwendigkeit zu Irrthümern verdammt. Vielleicht,

wenn

wenn Manes durch seinen bösen Gott eine Welt erbauen
ließ, würden in ihr solche bedaurenswürdige einen Platz
finden. In der unsrigen, wo Wahrheit, Ordnung, Sym-
metrie in allen Werken mit so schönem Glanze sich zeiget,
werden wir diesen schrecklichen Naturzwang nicht zu be-
fürchten haben.

Sie denken sich den Fall, daß die Vernunft von allen
Gegenständen, wovon wir eine sinnliche Vorstellung durch
Hülfe des Gesichtes erlangen, abstrahirt, und dann soll
eine reine Anschauung übrig bleiben, welche den Namen
Raum führet. Freylich wenn wir das Allgemeine uns
denken, worinn alle Dinge, die ausser und neben einander
sind, in Ansehung dieser Bestimmung übereinkommen:
so bilden wir uns einen allgemeinen Begriff vom Raum,
und nennen ihn auch wohl selbst Raum in der höchsten
Abstraction. Dieser ist in so weit blos in dem denkenden
Subiect, nicht in den Obiecten. Denn in diesen ist der
Raum nicht eine abstracte Vorstellung des Verstandes, oder
wie Sie sagen, nicht eine reine Anschauung, sondern der
Gegenstand selbst von dieser abstracten Vorstellung, oder
von der reinen Anschauung, welcher auch zwar den Namen Raum führen kann, aber doch nicht eigentlich Raum ist.

Wir können nicht die besondern Bedingungen unsrer
Sinnlichkeit, zur Bedingung der Sachen, sondern nur ihrer Erscheinungen machen. Das erste können wir freylich
ohne Irrthum nicht, weil jene unsrer Sinnlichkeit, diese
den Gegenständen eigenthümlich zukömm'. Allein wir thun
dieß auch nicht, wenn wir den obiectiven Raum als eine
Bestimmung der ausgedehnten Gegenstände, und folglich
als eine Form oder Bedingung ansehen, unter welcher
sie nur möglich sind. Die Bedingung der Sinnlichkeit,
wovon Sie hier reden, ist nichts anders als die Form unsrer Receptioität, von äussern Dingen durch das Gesicht,
und

und also durch ein körperliches Organon, vermöge der ein-
wirkenden Gegenstände afficirt zu werden. Diese Receptivität wäre für uns ohne allen Nutzen, bliebe stets unwirk-
sames Vorstellungsvermögen, wie bey einem Blindgebohr-
nen, wenn unser Gesichtsorgan nicht so gebauet wäre, daß
äussre Gegenstände durch dieses unsrer Sinnlichkeit den
Stoff zu Vorstellungen von ihnen darreichen könnten. Afficirt zu werden, setzet nicht blos Receptivität, sondern auch
äussere Gegenstände voraus, die afficiren, die also sind,
verschieden, so wie die Afficirung ihnen entspricht, folglich neben und ausser einander sind, und also einen Raum
einschliessen, welcher uns nicht erscheinen würde, wenn er
nicht da wäre, nicht erscheinen, nicht von uns bemerkt
werden könnte, wenn wir die Receptivität nicht hätten.
Wirklichkeit kann ohne Möglichkeit nicht gedacht werden.
Er wird also hier diese Möglichkeit, daß Dinge neben und
ausser einander sind, zugleich gesetzt, und dieß gehöret mit
zu der Möglichkeit, daß uns die Dinge so erscheinen können. Wir behaupten nicht, daß der Raum alle äusser-
liche Dinge umfasse. Denn sonst würden wir uns durch
die Zauberkraft unsrer Phantasie den Raum als ein leeres
Behältniß, worein alles zusammengebracht wäre, schaffen.
Allein dieß sagen wir, daß alle Dinge, welche Theile neben und ausser einander zugleich haben, einen Raum einschliessen. Wo aber solche Theile nicht neben und ausser
einander zugleich sind, da findet sich auch kein reeller Raum,
und so denken wir uns Gott, ohne daß er einen Raum
einschliesset.

Wir können von den Anschauungen andrer denkenden
Wesen nicht urtheilen. Denn wir wissen es nicht, ob sie
an dieselben Bedingungen gebunden sind, welche unsre Anschauung einschränken, und für uns allgemein gültig sind.
Allein Raum werden sie sich alle vielleicht auf unendlich verschiedene Arten vorstellen. Denn sie denken sich entwe-

der

der die Dinge so, wie sie in der Welt sind, oder nicht.
Dieß letzte kann nicht mit irgend einem Grunde von
Wahrscheinlichkeit angenommen werden, und wenn man
auch ihn setzen wollte: so würden sie entweder einige Vorstellung von der Welt haben, oder nicht. Hätten sie gar
keine davon: so würden sie auch unmöglich unter denkenden Wesen einen Platz einnehmen. Hätten sie aber einige Begriffe von der Welt: so würden sie sich es nicht
anders vorstellen können, als daß ausser ihnen noch andre
Dinge neben einander zugleich wären. Folglich würden
sie, wenn sie anders Verstand genug dazu hätten, sich
überhaupt Dinge ausser und neben einander vorstellen.
Wie viel mehr würden diese es thun, welche sich die
Dinge so denken, wie sie in der Welt sind? Folglich
dächten sie sich Raum. Nennen mögen sie ihn, wie sie
wollen. Er bleibt seiner Natur nach, was er obiective
ist, nicht Form unsrer Sinnlichkeit, sondern Bestimmung
der Dinge selbst, welche ausser uns ihr Daseyn haben.

Sie führen uns itzt auf einen Gegenstand, welcher
in das Gebiet der Vernunftlehre gehöret. Auch hier reden Sie ganz anders, als man sonst gewohnt ist, sich
auszudrücken. Sie sagen uns, daß ein Urtheil unbedingt
gilt, wenn wir zum Begriff des Subiects die Einschränkung eines Urtheiles hinzufügen. Was heißt Einschränkung des Urtheils? Vielleicht haben Sie die Einschränkung dadurch bezeichnen wollen, welche zum Subiect hinzugefügt werden muß, damit das Prädicat nothwendig
mit ihm verbunden werden kann. So können wir aber
jeden Particularsatz zu einem allgemeinen machen. Wir
dürfen nur den Grund hinzusetzen, wodurch das, was
blos nach dem Begriff des Subiects bey ihm möglich
war, wirklich wird. Solche Sätze nennet man sonst in der
Logik bedingte Sätze, z. B. alle Menschen werden, unter

J

der

der Bedingung, daß sie tugendhaft sind, glückselig. Un-
bedingte Sätze nennet man diese, worinn das Prädicat
vom Subiect ohne alle vorhergehende nähere Bestimmung
im Allgemeinen entweder bejahet, oder verneinet wird,
z. E. alle Pyramiden sind dem dritten Theil von einem
Prisma gleich, welches mit ihnen eine gleich grosse Grundfläche und Höhe hat.   Der Grund dieser Benennung
liegt in der Natur dieser Sätze zu klar vor uns, als daß
ich ihn erst heraus heben dürfte.

Diesen Sprachgebrauch verlassen Sie ganz in der
Erklärung, welche Sie uns von einem unbedingten Satz
geben.   Sie behaupten, daß dieser Satz, alle Dinge sind
neben einander im Raum, nur unter der Einschränkung
gilt, wenn diese Dinge als Gegenstände unsrer sinnlichen
Anschauung genommen werden.   Auch selbst dieser Satz
ist nicht allgemein wahr, wenn nicht vorher noch zum
Subiect eine andre Einschränkung hinzugesetzt wird.   Es
kann hier nicht von allen Dingen, sondern nur von solchen die Rede seyn, worinn Theile ausser und neben einander zugleich sind, und folglich dadurch Gegenstände unsrer äufferlichen Anschauung werden können.   Gott, Geister und alle andre einfache Substanzen können solche Gegenstände für uns nicht werden.   Wenn denn nun auch,
die Einschränkung, welche daher erwächst, zum Subiecte
hinzugesetzt wird: so würde das Prädicat nicht blos unter der Einschränkung ihnen zukommen,   wenn sie als
Gegenstände unsrer sinnlichen Anschauung genommen werden.   Die Dinge würden in einem Raum seyn, wenn
wir auch gleich keine sinnliche Anschauung von ihnen haben könnten, weil wir gar keine Receptivität zu dieser
hätten.

Alle

Alle Dinge als äuſſere Erſcheinungen ſollen unter Hinzufügung dieſer Bedingung zum Subiect neben einander im Raum ſeyn. Nur dieß ſoll ein allgemeiner Satz, oder wie Sie hier ſagen, eine Regel ſeyn, welche allgemein und ohne Einſchränkung gilt. Allein dieſer Satz, wenn er auch ſo ausgedrücket wird, iſt noch ſehr ſchwankend. Nicht alle Dinge können ſich unſern äuſſern Sinnen darſtellen, können alſo auch für uns keine äuſſere Erſcheinungen werden. Wahr iſt alſo dieſer Satz: alle Dinge, in wie weit ſie äuſſere Erſcheinungen durch Hülfe des Geſichtes werden können, ſind neben einander zugleich in einem Raum. In wie weit ſind ſie aber äuſſre Erſcheinungen? Die Antwort würde dieſe ſeyn müſſen: Sie ſind es entweder, in wie weit ſie eine obiective Realität haben, folglich Gegenſtände unſrer Vorſtellung werden können, es werden, wenn ſie Eindrücke auf das Organ des Geſichtes machen, und der Receptivität unſrer Vorſtellungsfähigkeit den Stoff zur Anſchauung von ſich darreichen, oder in wie weit die Vorſtellung von ihnen, als ihre Erſcheinung in dem denkenden Subiect gedacht wird. Im erſten Fall erſcheinen ſie uns als Dinge auſſer und neben einander, und alſo in einem Raum, weil ſie es wirklich ſind. Wahr iſt folglich dieſer Satz: Alle Dinge, die Gegenſtände unſers Geſichtes werden können, ſind auſſer und neben einander zugleich, ſind in einem Raum, oder ſchlieſſen ihn vielmehr als eine eigenthümliche Beſtimmung in ſich. Werden die Dinge aber als Erſcheinungen in uns gedacht: ſo iſt nicht mehr von den Dingen ſelbſt, ſondern von ihren Erſcheinungen in dem Subiect oder von den Vorſtellungen die Rede, die wir uns von ihnen machen, und von dieſen kann nicht geſagt werden, daß ſie neben einander im Raum ſind, weil das Subiect nicht als geräumigt gedacht wird. Wenn ich auf einem Schiffe um mich her ſehe, und es erblicke, daß ſich die

J 2　　　　　　Wellen

Wellen des Meeres erheben, daß viele Kriegsschiffe diese
durchschneiden: so werde ich diese Dinge selbst, so werde
ich in ihnen Raum gewahr, welcher nicht erst durch
meine äuffere Anschauung entstand; sondern schon da seyn
mußte, um mir den Stoff zur Anschauung von sich dar-
zureichen. Richte ich aber meine Aufmerksamkeit auf die
sinnliche Vorstellung, welche ich von ihm und seiner
Form in diesen Gegenständen habe: so ist diese in meiner Seele, nicht in einem Raum, weil wir uns diese doch
als ein einfaches Wesen denken, wenigstens denken können,
welche dann allen Raum ausschliesset.

Nun wollen Sie uns endlich einmal die Realität oder
objective Gültigkeit des Raumes zugestehen, und zwar in
Ansehung alles dessen, was äusserlich als Gegenstand uns
vorkommen kann. Wir glauben also aus diesem Ihrem Geständnisse berechtiget zu seyn, die Folgerung zu ziehen, daß
alles, wovon wir (durch Hülfe des Gesichts) Vorstellungen
erhalten, ausser unsrer Anschauung im Raum sey; daß also
der Raum selbst ausser ihr in den Dingen ohne Rücksicht
unsrer Sinnlichkeit seine objective Gültigkeit habe, und so
scheinet sich also die Wahrheit gegen Ihre Angriffe, wie
gegen den Sextus Empiricus zu rächen, welcher alle
Kräfte seiner Vernunft aufbot, um zu beweisen, daß nichts
bewiesen werden könne. "Nein, werden Sie sagen, eine
solche objective Gültigkeit folget aus meiner Erörterung nicht.
Ich rede nur von solcher, welche aus dieser hergeleitet werden kann". Welche ist denn diese? Sie müssen hierauf
antworten, woferne Sie sich selbst nicht widersprechen wollen, diese Gültigkeit ist nichts anders, als eine Idealität
des Raums in Ansehung der Dinge selbst, wenn sie durch
Vernunft ohne Rücksicht auf die Beschaffenheit unsrer Sinnlichkeit erwogen wird. Also müssen Sie die objective Gültigkeit des Raums in Ansehung der Dinge selbst wieder
auf-

aufheben, welche Sie uns vorher zuzugeben schienen. Hätten wir Ihre Erörterung des Raums nicht vorher geprüft, nicht für ungegründet befunden: so möchten diese,
Ihre, Folgerungen richtig seyn. Itzt können wir sie nicht
dafür erkennen. Freylich werde ich die Idealität des
Raums in Ansehung der Dinge nicht durchaus leugnen,
in wie weit nämlich nicht die Dinge, sondern der Raum
durch die Vernunft ohne Rücksicht auf unsre äussere Sinne
erwogen wird. Alsdann ist Raum blos ein Begriff,
welchen der Verstand aus den Gegenständen gezogen hat,
und welchen wir in unsern Vorstellungen von ihnen er-
blickten. Dieser Begriff hat nun blos Idealität, keine
obiective Gültigkeit ausser den Vorstellungen des denkenden Subiects. Wollen Sie nichts weiter behaupten:
so werden alle Philosophen Ihnen beypflichten. Allein
dieß ist Ihre Meynung nicht. Der Raum soll seine
empirische Gültigkeit blos durch die Form unsrer Vorstellungsfähigkeit, nicht durch die Natur der Dinge haben, welche wir uns vorstellen. Dieß erhellet daraus,
weil Sie eine transscendentale Idealität des Raumes annehmen, d. i. wie Sie sich erklären, der Raum ist Nichts,
so bald wir die Bedingung der Möglichkeit aller Erfahrungen weglassen, und ihn als etwas annehmen, was den
Dingen an sich selbst zum Grunde liegt. Wenn ich die
Hülle aufdecke, worein Sie durch Ihre ungewöhnliche Terminologie Ihre Gedanken eingekleidet haben: so können
Sie uns nichts anders als dieses lehren wollen: der Raum
als Begriff oder reine Anschauung hat blos Idealität, und
diese ist eine transscendentale, in wie weit wir auf die Vorstellungsart sehen, welche wir von ihm haben. Diese macht
die Bedingung der Möglichkeit aus, daß wir Erfahrungen,
nämlich von solchen Gegenständen durch Hülfe des Gesichtes
haben können. Wollen wir also diese weglassen, oder deutlicher, sie uns als eine solche denken, welche dem Subiect

J 3

nicht

nicht zukommt: so ist auch bey ihm Raum als Anschauung,
oder seine Idealität nicht denkbar. Diese hat als Anschauung
eine Form, welche nicht die eigenthümliche Form der Objecte
selbst seyn kann, weil beyde wesentlich unterschieden sind.
Der Raum, als reine Anschauung, ist folglich Nichts d. i.
kann nicht bey einem Subjecte statt haben, wenn es nicht
die Bedingung der Möglichkeit aller Erfahrungen d. i. nicht
die gehörige Receptivität der Vorstellungsfähigkeit dazu
hätte. Wir können diesen Raum also nicht als etwas annehmen, was den Dingen an sich selbst zum Grunde liegt,
oder bestimmter, nicht als so etwas, ohne welches die geräumigten Dinge ausser unsrer Vorstellung nicht seyn könnten. Alle diese Schlüsse haben ihre völlige Richtigkeit.
Es ist in ihnen stets vom Raum als einem Begriff, oder
von reiner Anschauung die Rede. Welcher Philosoph wird
aber von diesem Raum es behaupten können, daß er ausser
dem denkenden Subject den Dingen an sich zum Grunde
liege? Allein folgt hieraus, daß Raum als Object der
Vorstellung nicht eine Bestimmung von ihnen selbst seyn
kann? Nur dagegen werden Weltweise streiten, welche
nicht zu Ihrer Schule gehören.

Bisher war Raum bey ihnen bald reine Anschauung,
bald die Form aller Erscheinungen, bald subjective Form,
bald subjective Bedingung der Sinnlichkeit. Nun muß
dieser Proteus in einer noch andern Gestalt auftreten. Er
ist subjective Vorstellung. Er wird so gar eine objective
Vorstellung a priori. Wenn Sie uns doch erkläret hätten,
was Sie subjective Vorstellung nennen! Nur dann erst
würden wir untersuchen können, ob denn ausser dem Raum
keine andre subjective und auf etwas äussers bezogene Vorstellung seyn könne. Wir müssen also Ihrem Proteus
näher treten, um die Wolke zu zerstreuen, in welcher er
sich unsern Blicken zu entziehen suchet. Sie reden vom
Raum

Raum als von einer Vorstellung. Allein warum nennen Sie diese eine subiective? Vielleicht weil Sie den Raum oben zu einer subiectiven Bedingung unsrer Sinnlichkeit gemacht haben, unter welcher allein uns äussere Anschauung möglich seyn soll. In dieser Bedeutung ist Raum keine Vorstellung mehr, weil diese subiective Bedingung die Form unsers äussern Sinnes, folglich Beschaffenheit unsers Vorstellungsvermögens, aber nicht Wirkung desselben oder Vorstellung selbst seyn kann. In der Vorstellung können wir nichts weiter unterscheiden, als 1) den Stoff, 2) diesen zur Vorstellung erhoben, 3) die Beziehung derselben entweder auf das Obiect, welches den Stoff darreicht, oder auf das Subiect. Woher soll nun Raum als Vorstellung den Namen einer subiectiven erhalten? Nehmen Sie einen Grund der Benennung an, welchen Sie wollen: so werden Sie eben diesen in Rücksicht jeder andern Vorstellung wieder finden. Was haben Sie also für eine Ursache, den Raum als die einzige subiective Vorstellung sich zu denken? Was heißt obiective Vorstellung? Ich kann mir keinen andern Grund vorstellen, als in wie weit die Vorstellung ein Obiect von einer andern wird, und dieß kann sie nur werden, in wie weit unsre Vernunft durch unsre Reflectionskraft sich der Vorstellung bewußt wird, sie von sich und dem Gegenstand, der gedacht wird, unterscheidet. Nun wird sie das Obiect von der Vorstellung, welche sich unser Gemüth von ihr durch das Bewußtseyn macht. Auf eine ähnliche Art kann aber unsre Vernunft jede andre Vorstellung von bestimmten Obiecten zum Obiect sich machen, und dann würde mit eben dem Rechte jede andre, so wie der Raum eine obiective Vorstellung genannt werden können. Wie kann denn Raum als Vorstellung die einzige mögliche Vorstellung von äussern Dingen heissen, welche nicht blos eine subiective, sondern auch obiective ist?

J 4   Man

Man denke sich den Raum als eine Vorstellung: so wird
diese durch empirische Anschauung, und folglich nicht a priori,
sondern a posteriori in der Seele zuerst erzeuget. Sie
wollen Ihren obigen Satz dadurch beweisen, daß Sie behaupten, man könne von keiner andern Vorstellung synthetische Sätze a priori herleiten, als von der Anschauung im
Raum. Dieß kann doch wohl nicht ohne alle Einschränkung selbst in Ihrem System wahr seyn, weil sie nachher
eben dieses von der Zeit behaupten werden. Allein es sey
darum, daß Sie dieß ohne einen solchen Widerspruch in
Ihrem Lehrgebäude annehmen können! Welche synthetische
Sätze a priori haben Sie denn aus dieser Vorstellung vom
Raum hergeleitet? Ich habe noch keinen einzigen auf die Art
hergeleiteten synthetischen Satz a priori gefunden, so sehr ich
mich auch darnach umgesehen habe. Es soll keiner andern
Vorstellung, welche sich auf etwas äusseres bezieht, eine
Idealität zukommen, ob jene gleich mit der Vorstellung des
Raums darinn übereinkömmt, daß sie blos zur subiectiven
Beschaffenheit der Sinnesart gehöre. Also kennen Sie
Vorstellungen ohne Idealität. Allein ist nicht jede Vorstellung, in wie weit wir uns ihrer bewußt werden, eine
Idee, wenn wir auch nach Herrn Reinhold die Idee eine
Vorstellung nennen, welche durch das Verbinden des Man-
nigfaltigen entsteht. Wie kann also den übrigen Vorstellungen ausser der reinen Anschauung vom Raum die Idealität
abgesprochen werden? Sie müssen entweder einen ganz eignen uns unbekannten Begriff mit Idealität verbunden haben, oder Sie können dieß auch nicht in Abrede seyn.

Es sollen die übrigen Vorstellungen, welche sich auf
etwas äusseres beziehn, blos zur subiectiven Beschaffenheit
unsrer Sinnesart gehören. Dieß kann doch wohl nichts anders heissen, als sie sind Theile von dieser subiectiven Beschaffenheit. Wahr ist es, daß diese Vorstellungen grade
so

so beschaffen sind, wie die äussern Gegenstände auf die verschiedenen Organe unsrer äusseren Sinne wirken, und der
Receptivität unsrer Vorstellungsfähigkeit den Stoff darbieten, welchen seine Spontanität, um Ihre Terminologie zu
gebrauchen, zur Vorstellung erhebt. Von Farben erhalten
wir durchs Gesicht, von Wärme durchs Gefühl, von Tönen durchs Gehör Vorstellungen. Diese sollen aber, wie
Sie sagen, keine Gegenstände haben. Allein dann würden
sie aufhören, Vorstellungen zu seyn. Sie wollen, daß wir
diese blos für Empfindungen, nicht für Anschauungen halten. Nach Ihrer Sprache sind aber Vorstellungen Empfindungen, wenn jene auf das Subiect, Anschauungen, wenn
sie auf die Obiecte bezogen werden. Warum wollen Sie
die Körper, welche doch auf irgend eine Art den Grund in
sich fassen, warum sie in dieser und keiner andern Farbe
uns erscheinen, warum diejenigen, welche durch ihre Einwirkung bey uns die Vorstellung von Wärme, oder durch
ihre zitternde Bewegung, welche sie der Luft mittheilen, und
uns dadurch Stoff zur Vorstellung von diesen und keinen
andern Tönen darreichen, nicht als Gegenstände von diesen
ansehen?

Sie wollen durch jene Bemerkung nur verhüten, daß
man die behauptete Idealität des Raumes nicht durch bey
weitem unzulängliche Beyspiele zu erläutern sich einfallen
lasse, da nämlich etwa Farben, Geschmack u. s. w. mit
Recht nicht als Beschaffenheiten der Dinge, sondern blos
als Veränderungen unsers Subiects, welche so gar bey verschiedenen Menschen verschieden seyn können, betrachtet werden. Farben, Geschmack u. s. w. sind als Vorstellungen
nichts anders, als Folgen von Einwirkungen der äusseren
Gegenstände, welche unserm Gemüth den Stoff zu diesen
darreichen. Hiezu werden erfodert 1) solche oder ähnliche
Organe, als die unsrigen sind, 2) eine Seele, welche eine

J 5   Recepti-

Receptivität hat, um von solchen afficirt zu werden, 3) Einwirkungen äusserer Gegenstände, 4) Empfindungen im Gemüthe, als Folgen dieser Einwirkungen. Diese Folgen, welche wir Vorstellungen von Farben, Wärme, Geschmack, Geruch, Gehör nennen, haben erst in allen diesen vier Bestimmungen einen zureichenden Grund, und können in verschiedenen Subiecten bey gleicher Form der Receptivität verschieden seyn, wenn etwa die Organe, wodurch unser Gemüth die Einwirkung empfängt, verschieden sind. Allein man setze, daß alle diese einzelne Ursachen in verschiedenen Menschen oder in einem zu verschiedenen Zeiten vollkommen dieselben sind: so werden auch die Folgen oder die Vorstellungen von Farben, Wärme, u. s. w. dieselben seyn. Dieß, lehret Erfahrung und Vernunft, und alle Menschen sind davon so sehr überzeugt, daß sie grade bey andern dieselbe Receptivität, dieselben Organe voraussetzen, und nun auf diesem Wege bey andern von diesen Gegenständen dieselbe Vorstellung zu erregen suchen, welche sie von ihnen haben. Ich leugne es nicht, daß eine und dieselbe Rose in Ansehung der Farbe verschiedenen Augen verschieden erscheinen kann. Allein dann müssen die Augen entweder als Organe in ihrem innern Bau, in wie weit sie die Lichtstralen aufnehmen und modificiren, eine Verschiedenheit haben, oder die Rose muß in ungleichen Entfernungen, in ungleicher Richtung gegen das Auge, in ungleicher Helligkeit der Luft, oder durch ungleiche durchsichtige Körper erblicket werden. Sie bleibt, auch als ursprüngliche Erscheinung in allen diesen Fällen dasjenige, was sie ist, sie muß ihr obiectives Daseyn haben, um auf unsre Augen wirken zu können, oder wir müßten in die traurige Lage des Wahnsinnes versunken seyn, daß wir die Vorstellungen der Sensation von den blossen Wirkungen der Einbildungskraft nicht unterscheiden könnten. Im Irrhause sehen freylich unglückliche Menschen Gegenstände, welche nicht da sind, hören Töne, welche

che nicht erschallen, fühlen heisse Körper, welche nur in ihrem Gehirne, nicht ausser ihren Träumereyen angetroffen
werden, und richten sich nach diesen Geburten ihrer Phantasie nicht anders, als wenn sie Folgen einer wahren Sensation wären.

Der transscendentale Begriff der Erscheinung im Raum
soll eine kritische Erinnerung seyn, daß überhaupt nichts,
was im Raum angeschauet wird, eine Sache an sich, und
daß der Raum keine Form der Dinge sey, welche ihnen
etwa an sich selbst eigen wäre. Eine neue Terminologie,
welche Sie so hinwerfen, ohne uns zu erklären, was Sie
eigentlich damit wollen. Wir müssen uns also selbst zu
helfen suchen, um, so weit es möglich ist, diese mitternächt-
liche Dunkelheit wenigstens in eine Morgendämmerung um-
zuschaffen.

Transscendentaler Begriff der Erscheinungen im Raum
— was sollen wir uns hiebey denken? Doch wohl nicht
eine blosse Vorstellungsart, sondern die Erscheinungen geräumiger Gegenstände in dem allgemeinen Begriff des
Raums? Wir finden in allen Vorstellungen von der Art
diesen Begriff wieder. Wie kann aber dieser transscendentale Begriff eine kritische Erinnerung seyn, daß überhaupt
nichts, was in einem Raum angeschauet wird, eine Sache
an sich sey? Ist hier von der Anschauung des Raumes
als einer Wirkung unserer Vorstellungskraft in uns die
Rede: so haben Sie ganz Recht, und wer konnte sich jemals, wenn er anders ein wahrer Denker war, das Gegentheil in Gedanken kommen lassen? Allein folgt daraus,
daß die Dinge selbst, welche den Stoff zu ihrer Vorstellung
unserm Gemüthe darreichen, in welcher sich der allgemeine
Begriff vom Raum unserm Verstande aufdringt, an sich
nicht sind; daß der Raum nicht als Begriff, sondern als

Gegen-

Gegenstand desselben, von ihnen selbst keine Form oder obiective Bestimmung ist? Wäre dieses: so könnten wir Häuser, Städte, Länder, Meere, Mond und Sonne mit dem unzähligen Heere der Sterne für keine Sachen an sich halten, so wären sie nicht neben und ausser einander zugleich, nicht in einem Raum und also nirgends, als in unsern Erscheinungen oder in unsern Vorstellungen von ihnen, deren subiective Form, deren reine Anschauung, deren — der Raum wäre. Erkennen Sie diese Folgerungen für richtig: nun so hätten wir den Idealismus in dem weitesten Umfange, welcher ganz nahe an den Egoismus grenzte, oder wovon der Uebergang zu diesem sehr leicht seyn würde. Leugnen Sie aber diese Folgerung: so müssen Sie auch die Gültigkeit dieser Ihrer Sätze: nichts, was im Raum angeschauet wird, ist ein Ding an sich, Raum ist keine Form der Dinge selbst, wieder aufheben. Sie scheinen auch den Zwang wider Ihren Willen gefühlt zu haben, welchen Ihnen die Vernunft auflegte, dieses zu thun. Sie behaupten zwar, daß äussere Gegenstände nichts anders als blosse Vorstellungen unsrer Sinnlichkeit sind, deren Form der Raum, und deren wahres Correlatum das Ding an sich ist. Aeussere Gegenstände, welche also nach Ihrer eigenen Erklärung den Stoff zu Vorstellungen von sich unsrer Sinnlichkeit darreichen, sollen nichts als Vorstellungen seyn. Wie widersprechend? Sie sollen doch zum wahren Correlatum die Dinge an sich haben. Nun so sind diese ausser den Vorstellungen, haben ihre wesentliche, eigenthümliche Form. Diese ist, wenn Theile ausser und neben einander zugleich sind, Raum, und folglich auch er ist als Object ein Correlatum von den blossen Vorstellungen der Sinnlichkeit, nicht die Vorstellung selbst. Ich dächte, daß Sie die Richtigkeit dieser Folgen aus Ihrer eignen Behauptung nicht mit Grunde bestreiten könnten?

Allein

Allein diese Dinge an sich, als *correlata* unsrer blossen Vorstellung der Sinnlichkeit, werden dadurch gar nicht erkannt, können es auch dadurch nicht werden. Etwa nicht durch den blossen Begriff des Raumes, als der Form dieser unsrer Sinnlichkeit? Dagegen hätten wir nichts, weil wir blos aus ihm es nicht wissen können, welche besondre Formen der Ausdehnung sich bey äussern Gegenständen finden, und durch welche andre Eigenschaften sie von einander unterschieden sind. Ist dieß aber Ihre Meynung, daß durch Vorstellungen unsrer Sinnlichkeit oder durch Hülfe unsrer gesunden Sinne uns die Dinge ausser uns als Dinge an sich gar nicht bekannt werden können: so würde ein Schäfer bey seiner natürlichen Einfalt dagegen einwenden: ich kann meinen Hylax von einem Wolfe durch Hülfe meiner Augen sehr gut unterscheiden; durch jenen bewache ich meine Heerde, und gegen diesen muß ich auf meiner Hut seyn, wenn er mir kein Schaaf rauben soll. Könnten Sie hier die Sprache des gesunden Menschenverstandes verkennen?

Wollen Sie uns etwa dieß sagen, daß wir durch blosse Vorstellungen unsrer Sinnlichkeit unfähig sind, die wahre Natur einfacher Substanzen, ihre darauf sich gründende Art der gegenseitigen Einwirkungen, die innre Beschaffenheit der Dinge zu erblicken: so ist dieß keine neue Blume, welche erst durch Ihre Hand auf das Feld der Philosophie verpflanzt wird, sondern alle Weltweise haben dieß längst für eine ausgemachte Wahrheit gehalten. Ist unsre Vernunft unfähig, uns einen Eingang in diese innre Werkstätte der Natur zu eröffnen: so sind hier ihre Grenzen, und unsre Sinnlichkeit kann uns nicht anders als durch die Schwingen der Phantasie über sie weg in ein Gebiet treiben, wo unsre Vernunft nirgends einen festen Fuß setzen kann. Was sie noch diesseits der Grenze leisten könne —

dieß

dieß gehört zu den Unterſuchungen, welche nie zu behutſam
angeſtellt werden. Ob hier etwas zu viel, oder zu wenig
das beſſre ſey, ob eine ſolche Linie gezogen werden könne,
wodurch die Mittelſtraſſe zwiſchen beyden genau beſtimmt
wird, darüber werden nun ſowohl die Weltweiſen der Nach-
welt als der Vorwelt in der Lage der Vernunft, wie wir
ſie in unſerm Erdenleben haben, ſich nie vollkommen vergleichen. Leben Sie wohl.

Der

Transscendentalen Aesthetik

Zweyter Abschnitt

von

der Zeit.

12. Brief.

Mein Herr,

Nach eben der Methode, welche Sie in Ihren Betrachtungen über den Raum gebraucht haben, ordnen Sie hier Ihre Gedanken von der Zeit, und ich werde in meiner Prüfung derselben eben die Ordnung beybehalten. Mit einer metaphysischen Erörterung des Begriffes von der Zeit machen Sie den Anfang, und folglich behaupten Sie selbst in der Ueberschrift dieses Abschnittes, daß wir einen Begriff von der Zeit haben. Es soll aber die Zeit 1) kein empirischer Begriff seyn, der irgend von einer Erfahrung abgezogen wäre. Was nennen Sie denn Zeit? In wie weit ist Zeit ein Begriff? Was heißt bey Ihnen ein Begriff, der von der Erfahrung abgezogen ist? In wie weit behaupten Sie, daß die Zeit kein solcher Begriff sey? Alle diese Fragen hätten Sie gehörig bestimmt beantworten müssen, ehe Sie einen Beweis führen können, dessen Gültigkeit wir mit Ihrer Absicht vergleichen und prüfen können. An alles dieses haben Sie aber nicht gedacht, sondern wollen gleich zum Beweis dieses Satzes fortschreiten, daß die Zeit kein empirischer, kein von irgend einer Erfahrung abgezogener Begriff sey. Wir müssen also Ihren Beweis hören. Er ist dieser: das Zugleichseyn oder Aufeinanderfolgen würde selbst nicht in die Wahrnehmung kommen, wenn die Vorstellung der Zeit nicht a priori zum Grunde läge. Heißt dieß so viel, wir denken uns schon vorher im Allgemeinen die Zeit, ehe wir durch Beobachtungen auf unsre innre und äussere Veränderungen und die Folgen derselben aufmerksam werden, ehe wir das Allgemeine dieser Folgen, und also den Begriff der Zeit uns vorzustellen anfangen: so ist dies nicht blos schon für sich ein Widerspruch, sondern es hat alle unsre Erfahrungen gegen sich: so müßten wir angebohrne

K   Begriffe

Begriffe haben, und diese scheinen Sie so gut wie Lock
zu leugnen. Wollen Sie diese in Ihrem Beweise voraus,
setzen: so würden Sie jene Folgerung daraus herleiten können. Wollen Sie aber etwas anders dadurch bezeichnen:
so würden Ihre Folgerungen nicht daher fließen. Denn
nur im ersten Fall wäre vor aller Wahrnehmung der Begriff von Zeit schon a priori in unserm Gemüthe.

Wir können die Zeit auf eine gedoppelte Art betrachten, 1) als Folge in den Veränderungen selbst, 2) als
Vorstellung von ihr. Im ersten Fall wird sie das Object
der Vorstellung, und also nicht selbst Vorstellung. Auf
die Art kann die Zeit lange vorher in uns seyn, ehe wir
uns dieser Folge besonders bewußt werden, und dann ist
ihre eigenthümliche Form von der Form der Vorstellung unterschieden. Jene kann also so wohl in uns als ausser uns
lange ihre objective Realität gehabt haben, wann wir zuerst
anfangen, uns von ihr überhaupt eine Vorstellung zu machen. Sie ist auch eigentlich als Folge unsrer innern Veränderung kein Gegenstand unsrer innern Sinnlichkeit, weil
diese uns nur jedesmal etwas als gegenwärtig darstellen
kann. Sie ist blos ein Object unsers Verstandes, wenn
dieser Stärke genug erhalten hat, durch Hülfe unsrer Erinnerungskraft die Reyhen der Veränderungen als Folgen
mit einmal zu denken, und nun den Begriff der Zeit zu
bilden. Heißt also nach dem zweyten Fall Zeit eine Vorstellung von ihr, ein Begriff: so ist er nicht vor aller Wahrnehmung in unsrer Seele a priori: sondern wird erst durch
unsern Verstand hervorgebracht.

Nur unter der Voraussetzung, daß die Vorstellung der
Zeit a priori zum Grunde liegt, soll man sich es vorstellen
können, daß einiges zu einer und derselben Zeit zugleich,
oder in verschiedenen Zeiten nach einander seyn könne. Dieß
ist blos Voraussetzung, für deren Gültigkeit Sie keine Gründe
ange-

angeführet haben. Wenn wir die Erfahrung darüber befragen: so lehret uns diese das Gegentheil, und diese kann
doch so wie in tausend andern Fällen auch hier nur zuletzt
unsre Lehrerinn werden. Lassen Sie uns einmal dem Ursprung
dieser relativen Vorstellungen von gegenwärtiger, vergange-
ner, und zukünftiger Zeit nachforschen! Alsdann finden wir,
daß unser Verstand durch Hülfe einer innern und äussern
Erfahrung theils in uns, theils in äusseren Gegenständen
eine fortgehende Folge von Veränderungen gewahr, und
sich derselben bewußt wird. Hier erzeuget er eine allgemeine
Vorstellung von dieser Folge, abstrahirt von den individuellen Veränderungen, in welchen die Folge ist, und nennet
sie gleich viel — Zeit. Unsre Vernunft vergleicht die Veränderungen unter einander, und bemerkt, daß vor Einer derselben schon andre vorher gegangen sind, andre folgen. Die
Folge der ersten in dieser Reyhe nennet sie vergangene, die
Folge der letzten zukünftige Zeit, und die Veränderung,
womit sie beyde vergleicht, wodurch wir durch innern oder
äusseren Sinn eine unmittelbare Vorstellung erhalten, ist
ihr gegenwärtig, und sie nennet diese gegenwärtige Zeit,
aber nur blos, in wie weit sie gleichsam ein Punct in der
Reyhe der Folgen ist, woran von der einen Seite sich die
vergangene, von der andern die zukünftige Zeit anschließt.
Sie bemerket, daß nicht blos in ihrem Subiect die Reyhe
innrer Veränderungen, welche eine nach der andern unsrem
innern Sinn den Stoff zur Vorstellung von sich darreichen,
eine solche Bestimmung haben, sondern daß auch ausser
diesen unendlich viele Gegenstände sind, in welchen sie durch
Hülfe der äusseren Sinnen eben diese Folgen von Veränderungen gewahr wird, welche unter einander, und auch mit
der Reyhe der Folgen in ihrem Subiect verglichen werden
können, in welchen das gegenwärtige zugleich ist, und so
wohl die schon vergangnen als zukünftigen Folgen gleichsam in graden Linien parallel neben einander hinlaufen, und
in Ansehung des Gegenwärtigen ein gleiches Verhältniß

K 2
haben.

haben. Nun erzeuget sich in uns als in denkenden Subiecten durch unsern Verstand der allgemeine Begriff von vergangner, gegenwärtiger und zukünftiger Zeit. Dieser Begriff lag also nicht als Vorstellung a priori vor aller Wahrnehmung zum Grunde: sondern er ist das Werk nicht unsrer Sinnlichkeit, sondern unsers Verstandes, worauf er durch Vergleich unsrer innern und äussern Erfahrung und folglich a posteriori gebracht wurde. Wenn wir uns nun einmal auf die Art den allgemeinen Begriff der Zeit gebildet haben: so können wir aus ihr als aus einem allgemeinen Begriff, d. h. in unsrer Sprache nicht aber in der Ihrigen a priori Folgerungen ziehen. So hat es meine, so die Seele andrer Philosophen, wie es aus ihren hieher gehörigen Entwicklungen erhellet, immer gemacht, und ich kann es mich nicht überreden, daß Ihre Seele in Ansehung dieser Sache eine Ausnahme machen sollte.

2) Die Zeit soll eine nothwendige Vorstellung seyn, die allen Anschauungen zum Grunde liegt. Warum, und in wie weit ist sie diese nothwendige Vorstellung? Ist sie es in Ansehung unsers denkenden Ichs? Dieß kann Ihre Meynung nicht seyn. Wäre sie diese: so müßte diese Vorstellung uns stets vorschweben, stets gegenwärtig; so müßte sie uns angebohren seyn. Beydes ist der Erfahrung und auch unsrer Vernunft entgegen. Soll sie nur deswegen eine nothwendige Vorstellung heissen, weil sie allen unsern Anschauungen zum Grunde liegt: so ist dieß letzte eben so wenig wahr, wenn wir auf tausend Anschauungen, d. h. auf Vorstellungen des Verstandes und der Vernunft sehen, welche, wenn sie auf die Obiecte bezogen werden, nach Ihrer eignen Erklärung Anschauungen heissen. Vielleicht reden Sie von blossen sinnlichen Anschauungen. Diese können als Anschauungen der Sinnlichkeit nie Folgen der Veränderungen, sondern nur jedesmal eine von diesen als gegenwärtig uns darstellen. Zeit als Begriff oder allgemeine

Vor-

Vorstellung kann eigentlich niemals ein Object der Sinnlichkeit werden. Vielleicht soll dieser Satz: die Zeit liege
als nothwendige Vorstellung allen Anschauungen zum Grunde: anzeigen, daß sie entweder in jeder sinnlichen Anschauung mit begriffen ist, oder daß jede derselben in der Zeit
erfolge. Das erste würde die Erfahrung gegen sich haben.
Die Vorstellungen von dem Raum in Objecten z. B. in
einem Saatenfelde, in einem stillstehenden See, in einem
Quadrat schließt gar keine Folge von Veränderungen und
folglich auch keine Anschauungen von Zeit in sich. Soll
es aber so viel heissen, daß jede unsrer Anschauungen bey
uns in einer Folge von Veränderungen statt habe, und
daß sie selbst eine Veränderung in dieser Reyhe sey: so ist
dieß freylich wahr. Allein denn ist nicht mehr von der Zeit
als einer Vorstellung, sondern von ihr als einem Objecte
derselben die Rede, welche als Zeit seyn könnte, wenn wir
uns auch diese nicht vorstellten. Wie können Sie aber
hieraus die Folgerung machen, daß die Zeit als eine nothwendige Vorstellung allen unsern Anschauungen zum Grunde liege?

Man soll in Ansehung der Erscheinungen überhaupt
die Zeit selbst nicht aufheben können, ob man zwar ganz
wohl die Erscheinungen aus der Zeit wegnehmen kann. Ich
möchte doch gerne wissen, wie Sie dieß letzte thun können,
ohne daß die Zeit zugleich weggenommen wird. Die Erscheinungen können hier doch nichts anders bedeuten, als
entweder die Folgen der bestimmten Veränderungen in uns
und in andern äussern Dingen, oder die Vorstellungen,
welche wir von ihnen als von Objecten haben, die von den
Vorstellungen selbst wesentlich unterschieden sind. Nehmen
Sie im ersten Fall aus ihrer Vorstellung diese Objecte weg:
so haben Sie auch von dieser Zeit als einem Objecte keine
Vorstellung mehr.

K 3   Es

Es kann demohngeachtet die Vorstellung von Folgen der Veränderungen, oder der allgemeine Begriff von Zeit in unsern Gedanken übrig bleiben. Nun sind diese Folgen Erscheinungen in unsrer Vorstellung. Nehmen Sie diese aus der Vorstellung weg: so ist auch die Vorstellung der Zeit, oder der Begriff von ihr in unsrer Seele erloschen, oder weggefallen. Es ist also in jedem Falle nicht denkbar, daß die Zeit unaufgehoben bleibt, wenn gleich die Erscheinungen aus der Zeit wegfallen. Außer unsrer Vorstellung ist keine reelle Zeit, wenn keine Reyhen von wirklichen Veränderungen in den Substanzen oder in den Dingen selbst statt findet, und in unsrer Vorstellung verschwindet die Zeit, wenn wir uns gar keine Folgen von Veränderungen denken. Sie können also aus einem Satze, dessen Ungültigkeit ich bewiesen habe, nicht den Schluß machen, daß die Zeit a priori in uns gegeben sey. Dieß ist sie als Vorstellung nicht, sondern sie wird erst als ein Begriff von Zeit durch die Erfahrung von unserm Verstande und folglich a posteriori gebildet. In der Zeit allein soll alle Wirklichkeit der Erscheinungen möglich seyn. Dieß leugne ich nicht, weil die Erscheinungen als Vorstellungen der Gegenstände wegen unsrer Endlichkeit in uns nicht anders als in einer Folge von Veränderungen, oder in der Zeit, nicht als in einer Vorstellung, sondern als in einem Oblecte derselben geschehen kann. Nur in diesem Verstande ist es wahr, was Sie behaupten. Sie sind aber nicht berechtiget, hieraus zu schliessen, daß alle Erscheinungen wegfallen können, obgleich die Zeit als allgemeine Bedingung ihrer Möglichkeit nicht aufgehoben werden kann. Denn fallen die Erscheinungen als Gegenstände außer uns, in welchen sich eine Folge der Veränderungen, oder Zeit findet, weg: so muß auch die reelle oblective Zeit wegfallen, und stellen die Erscheinungen sich unsrer Seele nicht in ihren Folgen durch einen innern Sinn dar: so ist die allgemeine Vorstellung von Zeit, und folglich die Zeit in ihr als Anschauung verschwunden. Sie behaup-

ten,

ten, daß die Zeit eine allgemeine Bedingung der Möglichkeit von den Erscheinungen sey. Hier reden Sie entweder
von der Zeit als einem allgemeinen Begriffe, oder von ihr
als einer Folge von Veränderungen in den Dingen. Im
ersten Fall kann die Zeit nicht die allgemeine Bedingung der
Möglichkeit von Erscheinungen seyn, weil diese Bedingung
der Möglichkeit doch nichts anders als unsre Fähigkeit bedeuten kann, Vorstellungen durch Hülfe der Sinne von Gegenständen zu erhalten, welche uns erscheinen. Diese Fähigkeit ist die Bedingung der Möglichkeit von Erscheinungen in uns, aber nicht die Zeit als allgemeiner Begriff.
Im letzten Fall ist die Zeit nicht ein Begriff, nicht eine
Vorstellung, sondern das Object von dieser. Diese nicht
subjective, sondern objective Zeit kann in einem gewissen Verstande die Bedingung von der Möglichkeit der Erscheinungen in uns genannt werden, weil wir keine Erscheinung
anders als in einer Folge von innern Veränderungen haben
können. Allein dieß gilt nur von uns, weil wir endliche
Geister sind, und also Veränderlichkeit von uns eine wesentliche Bestimmung ist. Sind Erscheinungen nichts anders
als Vorstellungen von Dingen, die auf unsre Sinne nach
dem Lauf der Natur wirken: so werden auch diese Dinge
selbst endlich seyn, bey welchen Zeit objective statt haben
kann. Allein unser Geist kann sich mit seinen Gedanken
über das Gebiet der Endlichkeit bis zu dem Unendlichen erheben, und sich von ihm Vorstellungen durch seine Vernunft
machen. Hier hört das Gebiet der eigentlichen Erscheinungen
auf. Hier finden sich keine innre Veränderungen mehr.
Wir denken uns zwar in der Zeit diesen unendlich erhabnen
Gegenstand unsrer Anbetung. Unsre Vernunft würde sich
aber von dem Wege der Wahrheit verirret haben, wenn
sie in dieses göttliche Wesen selbst Veränderungen, und folglich Zeit übertragen wollte.

2) Soll-

3) Sollte die Möglichkeit apodictischer Grundsätze von den Verhältnissen der Zeit, oder Axiomen von der Zeit überhaupt sich auf die Nothwendigkeit der Vorstellung der Zeit gründen; so müßte die Zeit als Vorstellung in uns eine Nothwendigkeit a priori haben. Ob Sie gleich dieß behaupten: so habe ich doch schon oben bewiesen, daß diese Nothwendigkeit nicht da ist. Uebrigens kann wohl eine Nothwendigkeit gedacht werden, sich die Zeit vorzustellen. Diese würde sich entweder auf das Wesen der Dinge, welche sich die Zeit vorstellen, oder auf die wesentliche Beschaffenheit der Dinge gründen, welche vorgestellet werden.

Nothwendig ist es für einen Geist, welcher vermöge seiner Endlichkeit nicht anders als in einer Reyhe von innern Veränderungen Vorstellungen von Gegenständen und also auch von der Folge dieser seiner Veränderungen machen kann. Bey dem Unendlichen wird grade das Gegentheil statt haben müssen. Er ist selbst von allen innern Veränderungen frey, und kann also wegen seiner unbegrenzten Vollkommenheit keine Vorstellung von einer Reyhe seiner innern Veränderungen haben, weil diese seinem Wesen widersprechen. Es kann sich aber auch eine solche Nothwendigkeit in Ansehung der Dinge finden, welche vorgestellt werden. Sind diese, vermöge ihres Wesens, so bestimmt, daß sie nicht ohne Folge von innern Veränderungen seyn können: so würden wir eine unrichtige falsche Vorstellung von ihnen haben, wenn wir sie als Dinge dächten, worinn keine Zeit angetroffen würde. In so weit hat die Vorstellung der Zeit auch hier eine Nothwendigkeit. So denket sich Gott die Welt mit allen Reyhen ihrer Veränderungen, ohne selbst veränderlich zu seyn. So denken endliche Geister endliche Dinge neben und ausser sich. Allein der Gedanke von Gott muß alle Zeit in ihnen ausschliessen, wenn wir uns nicht von ihm eine unrichtige Vorstellung machen wollen.

Nicht

Nicht die Nothwendigkeit der Zeit als eine Vorstellung liegt a priori zum Grunde, um apodictische Grundsätze oder Axiomen der Zeit daraus herzuleiten. Aus der
Nothwendigkeit dieser Vorstellung, wenn sie auch wirklich
statt hätte, folget auch kein einziges Axiom, ob wir gleich
manche von der Art aus dem allgemeinen Begriff der Zeit
herleiten können. Sie haben uns einige Sätze als solche Axiomen vorgelegt, und diese sind folgende: 1) die Zeit hat nur
Eine Dimension, 2) verschiedene Zeiten sind nicht
zugleich, sondern nach einander. Der erste Satz ist
dunkel, der letzte ist wahr und falsch, es wird darauf ankommen, wie wir ihn erklären. Ehe ich beydes zeige,
möchte ich Sie fragen, wie denn diese Grundsätze aus der
Nothwendigkeit der Vorstellung der Zeit herfließen? Sie
werden doch bleß nicht als einen Beweis ansehen wollen,
wenn Sie hinzusetzen, daß diese Axiomen nicht aus der
Erfahrung gezogen werden können, weil diese weder strenge
Allgemeinheit noch apodictische Gewißheit geben kann. Davon war aber nicht die Rede, sondern Sie sollten es uns
beweisen, daß diese apodictische Gewißheit sich auf die
Nothwendigkeit der Vorstellung der Zeit a priori gründe.
Sie werden es bey einiger Aufmerksamkeit selbst leicht einsehen, daß Sie uns dadurch keinen eigentlichen Beweis
von Ihrer Behauptung vorgelegt haben. Ich getraue es
mir aber zu, das Gegentheil zu beweisen. Die Zeit hat
nur Eine Dimension. Dieß ist in Ihrer Sprache ein synthetischer Satz, weil das Prädicat über den Begriff des
Subiects hinausgeht, d. h. weil es nicht in diesem Begriff
analytisch liegt, oder seinen hinreichenden Grund hat. Nun
frage ich Sie: woher wissen Sie es mit apodictischer Gewißheit, daß dieß Prädicat dem Subiect allgemein und
nothwendig zukomme? Sie antworten, weil die Zeit eine
nothwendige Vorstellung ist, welche allen Anschauungen zum
Grunde liegt. Allein wie liegt sie hier zum Grunde, daß
ich daher eine apodictische Gewißheit von diesem Grundsatz

erhal-

erhalte? Dieß sollten Sie uns nun zeigen, wenn Sie uns Ihren Beweis als einen vollendeten aufdringen wollten. Da Sie dieß aber nicht gethan haben: so entsteht die Frage: liegt diese Vorstellung, Zeit, als eine nothwendige Vorstellung a priori oder blos als allgemeiner Begriff zum Grunde? Wäre das erste; wie bestimmt denn die Nothwendigkeit dieser Vorstellung es in Absicht der Zeit als eines Subjects, daß dieß Prädicat, Eine Dimension, ihm nothwendig zukomme? Es kann kein Grund gedacht werden, wodurch wir berechtiget wären, aus dieser Nothwendigkeit auf das Prädicat der Zeit zu schließen. Liegt aber Zeit als ein allgemeiner Begriff zum Grunde: so kann es uns gleich viel seyn, ob dieser Begriff als Vorstellung eine Nothwendigkeit habe, oder nicht, oder ob er aus Erfahrungen richtig gezogen ist. Als ein allgemeiner Begriff kann die Zeit bey Einer Dimension auf eine doppelte Art zum Grunde liegen, 1) als ein Begriff, worinn dieß Prädicat seinen hinreichenden Grund hat, 2) als höherer Begriff (notio superior), wovon das Prädicat eine specivische Bestimmung ist. Im ersten Fall liegt das Prädicat nicht außer dem Begriff des Subjects, und das Subject wird auch nicht eigentlich erweitert, ob gleich unsre Erkenntniß von ihm dadurch erweitert werden kann, wenn wir den hinreichenden Grund aufsuchen, welcher in dem Subject lieget, und uns, weil wir ihn nun erkennen, eine apodictische Gewißheit von der Allgemeinheit und Nothwendigkeit dieses Satzes verschaffet. Wird aber durch den Zusatz dieses Prädicats zum Subject dieß Urtheil im eigentlichen Verstande ein Erweiterungssatz: so kann zwar die Zeit als höherer Begriff zum Grunde liegen, aber nicht davon der Grund werden, daß das Prädicat allgemein mit dem Subject verbunden werden muß, und daß wir davon eine apodictische Gewißheit erlangen. In der Anschauung von einem Quadrate liegt Figur auch als Vorstellung nothwendig zum Grunde. Wer kann aber behaupten, daß deswegen

gen dieser Satz: eine Figur ist ein Quadrat mit apodictischer Gewißheit erkannt werde? In allen Begriffen der Arten liegt der Begriff ihrer Gattung nothwendig zum Grunde.
Allein deswegen können wir nicht schliessen, wo die Gattung
ist, muß auch eine bestimmte Art seyn.

Doch Sie sagen nur, die Möglichkeit dieser Axiomen
gründet sich auf die Zeit, als nothwendige Vorstellung a
priori. Also blos die Möglichkeit, daß sie apodictische
Grundsätze werden können. Allein wie gründet sich denn
diese darauf? Wodurch werden sie solche Sätze? Dieß
wollten wir von Ihnen wissen. Sie antworten: diese
Grundsätze können nicht aus der Erfahrung gezogen werden,
weil diese keine strenge Allgemeinheit noch apodictische Gewißheit geben kann. Diese Antwort ist blos negativ, wenn
sie auch ganz ihre Richtigkeit hätte. Sie bezieht sich zugleich nicht auf die Möglichkeit solcher Axiomen, sondern
auf sie als apodictische Grundsätze. Sie kann aber durchaus nicht für einen Beweis Ihrer Behauptung gelten.
Wenn gleich blos hier von der Möglichkeit solcher Grundsätze die Rede ist: so sehe ich keine Ursache, wodurch Sie
berechtiget sind, zu behaupten, daß sie sich auf diese Nothwendigkeit a priori gründe. Diese Möglichkeit ist entweder eine innre, oder äussere. Ist sie eine innre: so kann
sie nirgends als in diesen Grundsätzen selbst gesucht werden.
Soll sie als eine äussere gedacht werden: so können wir sie
nirgends anders finden, als 1) in dem Vermögen unsers
Verstandes, sich durch Hülfe sinnlicher Erfahrungen den
allgemeinen Begriff von Zeit zu bilden, und 2) in der Fähigkeit unsrer Vernunft, es zu bestimmen, was aus diesem
Begriff nothwendig folget, dieß mit ihm als einem Subiect
zu verbinden, und auf die Art nicht mehr aus blossen Erfahrungen, sondern aus dem allgemeinen Begriff der Zeit
die apodictischen Sätze herzuleiten. Die Nothwendigkeit der
Vorstellung von Zeit kömmt bey diesem Geschäfte gar nicht
in Betracht. Ihren

Ihren so genannten Grundsaß: verschiedene Zeiten
sind nicht zugleich, sondern nach einander: habe ich für
wahr und falsch nach der verschiedenen Art erklärt, wie man
sich ihn denket. Ich muß mich also gegen Sie rechtfertigen.
Die Zeit ist ihrem allgemeinen Begriffe nach eine Reyhe
von auf einander folgenden Veränderungen. In dieser können also verschiedene Veränderungen nicht zugleich seyn.
Nur eine von ihnen ist gegenwärtig. Die andern müssen
also in der Reyhe voran gehn, oder erst folgen. Die ersten
machen die vergangne, die letzten die zukünftige Zeit aus.
Diese Zeiten sind also in der Reyhe nie zugleich, sondern nach
einander. In diesem Verstande ist der Satz wahr, folget aus dem allgemeinen Begriff der Zeit, kann nicht geleugnet werden, wenn wir nicht jenen Begriff wieder aufheben wollen. Der Satz ist also ein Axiom, dessen Allgemeinheit und Nothwendigkeit wir aus dem Begriff der Zeit
mit apodictischer Gewißheit erkennen. Wir haben bisher von
der Zeit als von einem allgemeinen Begriff geredet. Wir
können aber auch auf die Reyhen der Veränderungen in
den Dingen selbst ausser unsrer Vorstellung unsre Aufmerksamkeit richten. Alsdann denken wir die Zeiten objectiv
in den Dingen selbst. Eine jede individuelle Reyhe von
auf einander folgenden Veränderungen ist objective oder reelle
Zeit. Weil jene in unendlich vielen Dingen verschieden seyn
kann: so giebt es auch objectiv unendlich viele Zeiten. Der
Merkur, die Venus, die Erde, der Mars, Jupiter, Saturnus und der von Herschel entdeckte Uranus bewegen sich
als besondre Planeten in verschiedenen Zeiten um die Sonne.
In jedem derselben ist eine besondre Folge von Veränderungen, welche nur ihm allein zukömmt, und also bey jedem
eine individuelle Zeit ist. Wir können uns also diese verschiedenen Zeiten als verschiedene Linien vorstellen, die parallel
neben einander fortlaufen, und aus diesem Gesichtspuncte
läßt es sich doch behaupten, daß Zeiten, die in verschiedenen
Dingen verschieden sind, zugleich sind, nicht nach einander,
son-

sondern neben einander fortlaufen, obgleich in jeder einzelnen
Zeit oder in jeder Reyhe von Veränderungen, die nach einander erfolgen, nicht mehrere Zeiten, als vergangne, gegenwärtige, zukünftige zugleich, sondern nur nach einander
seyn können. Diese beyden Sätze: verschiedene Zeiten sind 1)
in einer und derselben Reyhe der auf einander folgenden Veränderungen nicht zugleich, 2) sie sind in mehrern verschiedenen
Reyhen zugleich und neben einander: ziehen wir nicht aus
blossen Erfahrungen, sondern aus den Begriffen der Zeit.
Unsre Vernunft erkennet ihre Richtigkeit aus diesen Begriffen,
und weil sie unfähig ist, sich es als denkbar oder möglich
vorzustellen, daß etwas zugleich seyn und nicht seyn kann:
so erhält sie daher von der Wahrheit dieser Sätze eine
apodictische Gewißheit. Sie läßt also diese Grundsätze als
Regeln gelten, womit alle Erfahrungen in Ansehung der
Zeit überein stimmen. Wir können uns auch durch diese
belehren, wie die Erfahrungen von der Art möglich sind,
und erfolgen werden. Diese Sätze selbst setzen aber Begriffe
von der Zeit voraus, und diese bildete unser Verstand zuerst durch Beobachtung innrer und äußrer Veränderungen,
folglich nicht a priori, sondern a posteriori. 4) Die
Zeit soll kein discursiver, oder wie man ihn nennet, kein
allgemeiner Begriff, sondern eine reine Form der sinnlichen
Anschauung seyn. Ich habe es aber schon bewiesen, daß sie,
nicht objective, sondern subjective gedacht, das erste ist. Als
eine reine Form der blos sinnlichen Anschauung kann sie
durchaus nicht angesehen werden. Denn es ist unmöglich,
daß wir von ihr blos durch Hülfe der Sinnen eine Anschauung haben. Eine Anschauung des Verstandes kann sie heissen, wenn wir uns blos eine Reyhe der auf einander folgenden Veränderungen denken. Vielleicht auch eine reine Form
der Anschauung, weil in jeder Vorstellung von Zeit, wie
wir sie bey Gegenständen wirklich als Folge der Veränderungen antreffen, sie wieder von unserm Verstande erblickt
wird. Sie behaupten, daß verschiedene Zeiten nur Theile

eben

eben derselben Zeit sind. Von welchen Zeiten ist hier die
Rede? Etwa von den Reyhen der auf einander folgenden
Veränderungen in den Dingen selbst, oder von ihnen als blossen Vorstellungen? Denken Sie sich die ersten: so sind sie
weder Formen der Anschauungen, noch Anschauungen selbst,
und dann können wir nicht annehmen, daß verschiedene Zeiten
nur Theile von einer und derselben Zeit sind, weil die Folgen
der Veränderungen in dem einen Dinge nicht dieselben
Folgen der Veränderungen in einem andern seyn können.
Die Zeiten sind individuell, also ganz unterschieden, und
folglich können wir nicht die verschiedenen Zeiten als Theile
eben derselben Zeit ansehen. Reden Sie von der Folge der
Veränderungen in Einem bestimmten Dinge: so können
wir uns freylich die ganze Folge als die ganze Zeit denken.
Wir können uns auch Theile von dieser ganzen Folge als
Zeiten vorstellen, und sie nun Theile von einer und derselben Zeit nennen. Allein diese ist eine reelle Zeit, hat ihre
eigenthümliche Form, die von der individuellen Form andrer Reyhen und auch von der Form unsrer Anschauung wesentlich unterschieden ist, und also diese nicht seyn kann. Reden Sie aber von der Zeit, als einer allgemeinen Vorstellung unsers Verstandes: so folgt nur daraus, daß alle verschiedene Zeiten Theile eben derselben Zeit sind, wenn Sie
sich die Zeit als eine grenzenlose Linie vorstellen. Auf
ähnliche Art kann ich mit eben dem Rechte sagen, alle bestimmte Zahlen sind Theile einer einzigen unendlich grossen
Zahl; alle Grössen sind Theile von einer grenzenlosen Grösse.
Allein die reine Anschauung der Zeit läßt es unbestimmt, ob
sie grenzenlos, oder nicht, ob von einer blos vergangnen, oder
blos zukünftigen, oder von beyden in Beziehung der gegenwärtigen Zeit die Rede sey. Wir finden also in jeder Anschauung der Zeit eine Folge von Veränderungen wieder, und folglich bleibt sie auch als reine Anschauung immer dieselbe,
wird nicht Theile von einer andern Anschauung der Zeit, es
sey denn, daß wir uns die Zeit als eine ganze Reyhe von
Fol-

Folgen, und aus dieser Theile denken. Von grenzenloser Zeit ist eben so wenig bey uns eine Anschauung möglich, als sie wirklich ausser uns wenigstens von der Seite des Gegenwärtigen, wo die vergangne Zeit sich an dieses schliesset, in Dingen ausser unsrer Vorstellung statt haben kann. Wir können uns, wenn einmal Veränderungen und folglich eine Reyhe derselben in Dingen da ist, sie so denken, daß immer neue folgen, und daß also die Reyhe ohne Ende fort geht. Allein in unsrer Vorstellung der Vernunft liegt auch immer ein Punct, wo sie angeht, ein andrer, wie weit sie gekommen ist, und in so weit finden wir von beyden Seiten Grenzen. Das Gegenwärtige kann zwar immer wieder ein Vergangenes werden. Die Reyhe selbst bleibt aber stets von beyden Seiten begrenzt, wir mögen mit unsern Gedanken in die Zukunft so weit fortgehen, als wir wollen. Denken wir uns die Zeit so: so wird sie nicht mehr als bloße Vorstellung, sondern als Folge der Veränderungen in den Dingen selbst und also obiectiv von uns gedacht. Subiectiv ist sie nichts anders als die Vorstellung von einer Reyhe auf einander folgender Veränderungen, d. h. ein allgemeiner Begriff von ihr.

Sie behaupten, daß die Vorstellung von Zeit eine Anschauung sey, weil sie nur durch einen einzigen Gegenstand gegeben werden kann. Welcher ist aber dieser einzige Gegenstand? Ist er ein einzelnes Ding, worinn eine solche Folge von Veränderungen angetroffen wird: so giebt es unendlich viele Gegenstände, welche unserm Verstand den Stoff durch Hülfe der Sinne darbieten können. Soll aber die Zeit selbst als Vorstellung dieser einzige Gegenstand seyn: so ist sie nicht mehr Gegenstand der Vorstellung, sondern diese selbst, und folglich Anschauung, weil sie Anschauung ist. Wie sonderbar?

War-

Warum foll man den Satz, daß verschiedene Zeiten nicht zugleich seyn können, nicht aus einem allgemeinen Begriff der Zeit herzuleiten im Stande seyn? Ich habe ihn oben, wie ich glaube, schon mit hinreichendem Grunde aus diesem Begriff hergeleitet, und also ist die Möglichkeit einer solchen Herleitung bewiesen. Der Satz ist also nicht synthetisch, kann aus Begriffen entspringen, ob Sie gleich hier das Gegentheil ohne allen weitern Beweis behaupten. Er ist also in der allgemeinen Vorstellung der Zeit, welche Sie hier Anschauung nennen, gegründet. Ich behaupte also eben dasjenige, was Sie hier als wahr annehmen, aber aus einem ganz andern Grunde wie Sie. Ich kann mir unter der Zeit als reiner Anschauung nichts anders als eine allgemeine Vorstellung, oder den vorgestellten Begriff derselben denken. Fällt diese Vorstellung in meiner Seele weg: so ist auch die Zeit als reine Anschauung nicht mehr da, sondern sie ist in meinem Gemüthe verschwunden.

5) Durch die Unendlichkeit der Zeit wollen Sie nichts weiter anzeigen, als daß alle bestimmten Grössen der Zeit nur durch Einschränkung einer einzigen zum Grunde liegenden Zeit möglich sind. Sie halten also die Unendlichkeit der Zeit für nichts anders als für die Möglichkeit alle bestimmte Grössen der Zeit durch eine einzige einzuschränken. Ehe Sie diesen synthetischen Satz behaupten können, müßten Sie beweisen, daß eine unendliche Zeit nicht etwa, so wie jedes andre leere Hirngespinst, überhaupt durch Ausdrücke angezeiget werden kann, sondern daß sie auch ausser unsrer Vorstellung eine Möglichkeit habe. In dem allgemeinen Begriff, oder in der reinen Anschauung der Zeit ist nichts von Unendlichkeit enthalten. Sie müssen also diesen Begriff vorher willkührlich weiter durch den Charakter der Endlichkeit, oder Unendlichkeit bestimmen, und nun beweisen, daß Unendlichkeit eine wahre Bestimmung der objectiven Zeit werden kann. Sagen Sie, ich kann mir doch die

Zeit

Zeit so denken: so antworte ich, vielleicht eben so als eine
hölzerne Statüe aus parischem Marmor. In unsrer Anschauung der Zeit kann keine Unendlichkeit liegen. Denn
welcher Sterbliche ist vermögend, das Unendliche anzuschau-
en? In der reinen Anschauung der Zeit sind Vorstellungen von Veränderungen, und zwar von einer ununterbrochnen Folge derselben. Gegenwart ist in dieser Reyhe die
Veränderung, welche eben itzt erfolget. Hier ist das Ende
der verfloßnen Zeit. Wäre diese Reyhe der Veränderungen nicht vorher gewesen: so würde auch die verfloßne Zeit
in unsrer Vorstellung wegfallen müssen, wenn anders diese
nicht in einem Widerspruch mit der Sache stehen soll, welche vorgestellet wird. In meinem Verstande ist es ein gleicher Widerspruch, die verfloßne Zeit, d. h. die verfloßne
Reyhe von auf einander folgenden Veränderungen sich ohne
Anfang oder in der Bestimmung der Unendlichkeit zu denken. Wenigstens gehöret diese Unendlichkeit zu den Anti-
nomien der reinen Vernunft. Gesetzt aber, daß die Unendlichkeit der Zeit von dieser Seite gedacht werden könnte: so würden zwar alle bestimmten Größen dieser Zeit nur
als Einschränkungen derselben angesehen werden, so wie
alle bestimmten Größen nur Einschränkungen einer unbegrenzten Größe, alle bestimmte Zahlen nur Einschränkungen einer
unendlich grossen Zahl sind. Daher folget aber nicht, daß die
ursprüngliche Vorstellung der Zeit als uneingeschränkt gegeben wird. Ursprünglich erhalten wir diese Vorstellung blos
durch Aufmerksamkeit, welche wir auf die ununterbrochne
Folge in den Veränderungen richten, und folglich sind wir
uns des Anfanges und des Endes in ihr bewust, ob wir
gleich einsehen, daß diese Reyhe sich vor unsrer Beobachtung so wohl als nach derselben, folglich von beyden Seiten
der Gegenwart weiter erstrecken kann. Hörte diese Reyhe
auf: so würde auch die Zeit in dem Dinge aufhören, und
wenn wir sie doch in unsern Gedanken verlängerten: so würden wir uns etwas denken, was blos eine leere Vorstel-

lung wäre. Wir sind also nicht bestimmt, die Zeit als eine Reyhe von Veränderungen uns vorzustellen, welche ohne Anfang und Ende ist. Unsre ursprüngliche Vorstellung schließt auf eine gewisse Art beydes in sich. Die abgeleitete, oder die reine Anschauung der Zeit begreift nichts mehr als ununterbrochne Folge von Veränderungen, und es bleibt in ihr unbestimmt, ob sie endlich ist, oder unendlich seyn kann.

Sie behaupten, daß Begriffe nur Theilvorstellungen enthalten. So wenig ich auch diesem Ihrem Satze ohne alle Einschränkung Beyfall geben kann: so leugne ich doch die Folgerung, daß die Zeit keine Theilvorstellung sey, und daß sie also nicht durch Begriffe gegeben seyn könne, sondern daß ihr eine unmittelbare Anschauung zum Grunde liegen müsse. Die Zeit, als reine Anschauung, ist eine Vorstellung von einer ununterbrochnen Reyhe der Veränderungen. Denken Sie sich die Zeit ohne diese: so können Sie auch keine Vorstellung mehr von ihr haben. In dieser liegen die einzelnen Veränderungen als Theile, und das Gegenwärtige ist in dieser Reyhe gleichsam das, was der Punct in der Linie ist. Jede Veränderung war oder wird einmal in ihr gegenwärtig, und folglich ein Theil in dieser Reyhe. Die Zeit ist also eine Größe, so wie eine Linie und jede einzelne Veränderung ist ein einfacher Theil, so wie ein Punct in der Linie. Es kann also die Zeit, als Vorstellung keine andre als Vorstellung der Theile seyn, welche die Zeit ausmachen. So wie wir uns zusammengesetzte Theile der Linie wieder als Linien denken können: eben so können wir uns die Zeit als ein Ganzes vorstellen, welches in zusammengesetzte Theile zerlegt werden kann, wovon jede noch eine Reyhe von Veränderungen in sich faßt, und also wieder Zeit ist, weil die reine Anschauung, oder der vorgestellte Begriff der Zeit nichts mehr in sich faßt, als was in jener angetroffen wird. Sie haben also keinen Grund, es zu behaupten, daß die ganze Vorstellung der Zeit keine

Theil-

Theilvorstellung sey, und daß sie nicht durch einen Begriff, sondern nur durch eine unmittelbare Anschauung gegeben werden könne, nämlich eine solche, welche von dem vorgestellten allgemeinen Begriff der Zeit unterschieden ist. Setzen Sie zu diesem Unendlichkeit: so haben Sie keine reine Anschauung der Zeit mehr, sondern Ihre Vernunft hat es gewagt, diesen Begriff durch einen Charakter, welcher nicht in der reinen Anschauung der Zeit liege, zu erweitern, grade so wie unsre Vernunft es bey andern höhern Begriffen zu machen pflegt. Ob aber diese Bestimmung in Ansehung des allgemeinen Begriffes von der Zeit nicht von eben der Art sey, als wenn ich zum Begriff eines rechtwinkligten Triangels den Charakter der Gleichseitigkeit hinzugefüget hätte, dieß würde die Vernunft vorher untersuchen müssen, ehe sie die Richtigkeit dieses zusammengesetzten Begriffes, unendliche Zeit annehmen kann. Leben Sie wohl.

13. Brief.

Mein Herr,

In dieser Ihrer Transscendentalerörterung berufen Sie sich auf Nr. 3., wo Sie dasjenige, was eigentlich transscendental ist, unter die Artikel der metaphysischen Erörterung gesetzt haben wollen, und ich berufe mich auf die Prüfungen, welche ich darüber in meinem letzten Briefe angestellet habe. In Ihren metaphysischen Erörterungen wollen Sie es zu Grundsätzen machen, daß die Zeit 1) kein empirischer, 2) kein allgemeiner Begriff sey, und nun reden Sie wieder von Zeit, als einem Begriff, und von Zeitbegriff. Allein ist Zeit ein Begriff: so muß sie einer von beyden seyn. Ist sie hingegen keiner von beyden: so kann sie auch überhaupt nicht Begriff genannt werden. Wie läßt sich in Ihrem System dieser Widerspruch heben?

L 2

Es-

Es ist eine Regel der Vernunftlehre, in jeder philosophischen Untersuchung das Object, wovon gehandelt wird,
zuerst so gut als möglich ist, zu erklären. Diese Regel
kann Ihnen als einem Philosophen, welcher uns in dieser
neue Aussichten eröffnen will, unmöglich unbekannt geblieben seyn, und doch haben Sie diese weder in Ihren metaphysischen, noch transscendentalen Erörterungen der Zeit
befolget, worauf Sie doch nachher Ihr ganzes neues System der Philosophie erbauen wollen. War vielleicht dieß
die Ursache dieser Vernachlässigung, damit Sie nicht durch irgend eine Erklärung von Zeit gezwungen würden, die reine
Anschauung von ihr für einen Begriff zu erkennen, in
welchem die Zeit allgemein angeschauet würde? Hätten
Sie demohngeachtet einen andern Grund: so würden Sie
den Weltweisen, welche Ihr System prüfen wollen, eine
grosse Erleichterung bey ihrer Arbeit verschaffen, wenn Sie
ihnen diesen bekannt machten.

Ich will nun meine Aufmerksamkeit auf dasjenige richten, was Sie hier noch zu jener metaphysischen Erörterung
hinzufügen. Der Begriff von Veränderung und mit ihm
der Begriff der Bewegung als Veränderung des Ortes soll
nur durch und in der Zeitvorstellung möglich seyn. Dieß
kann doch nichts anders heissen, als dieses: wir können uns
keinen Begriff von Veränderung oder Bewegung als Veränderung des Ortes machen, ohne den Begriff der Zeit
zum Grunde zu legen, oder ohne eine Zeitvorstellung voraus-
zusehen. Allein jede Veränderung ist noch nicht Zeit. Sie
wird es erst, wenn sie ein ganzes ist, welches eine Folge
von mehrern auf einander folgenden Veränderungen in sich
faßt. Es ist also ausgemacht, daß nicht der Begriff jeder
einzelnen Veränderung, wenn sie für sich betrachtet wird,
nur durch und in der Zeitvorstellung möglich ist. Wir können
die Veränderung auch gleichsam als einen Punct in einer
Reyhe uns denken, worinn vor ihr andre Veränderungen
her-

hergingen, und nach ihr andre folgen werden. Alsdann denken wir uns die Veränderung in Verhältnissen, welche eine entgegengesetzte Richtung gegen sie haben. Dann erzeuget sich in unsrer Vorstellung des Verstandes der allgemeine Begriff der Zeit, weil diese überhaupt nichts anders als eine Reyhe mehrerer auf einander folgenden Veränderungen ist. Eben diese Reyhe finden wir in der Bewegung oder in der Veränderung der Oerter. Allein alle diese Veränderungen selbst in einer ununterbrochnen Reyhe sind nicht mehr Zeit als eine Anschauung, sondern als Gegenstand derselben ausser unsern Vorstellungen, werden als Gegenstand nicht erst in und durch die Zeitvorstellung möglich, sondern ihre Möglichkeit hat einen ganz andern Grund. Wenn wir sie uns denken: so können wir sie uns nicht anders, woferne unsre Vorstellung der Sache entsprechen soll, als eine Reyhe von Veränderungen ausser uns vorstellen. Warum muß aber diese Vorstellung, wie Sie es behaupten, durchaus eine Anschauung a priori seyn? Soll dieß so viel heissen, diese Anschauung ist ein vorgestellter allgemeiner Begriff der Zeit: so können wir ihn entweder aus einer individuellen Reyhe von Veränderungen zuerst ziehen, oder, wenn dieß schon geschehen ist, ihn wieder auf diese Reyhe anwenden, und in diesem Falle hätte ich nichts dagegen. Allein dieß ist Ihre Meynung nicht. Die Zeit soll eine blose Anschauung a priori d. i. auch in Ansehung ihres Ursprunges von aller Erfahrung unabhängig in unsrer Seele seyn. Dieß ist sie aber nicht, und ich habe es schon mehrmal bewiesen, daß sie es in unserm Geiste nie werden kann; Sie hingegen sind uns den Beweis von dieser Ihrer Behauptung noch schuldig, und werden ihn auch wohl immer schuldig bleiben.

Mit welchem Rechte können Sie behaupten, daß kein Begriff der Zeit, welcher er auch sey, die Möglichkeit einer Veränderung d. i. einer Verbindung contradictorisch entgegengesetzter Prädicate (z. B. das Seyn an einem Oer-

te und das Nichtseyn eben desselben Dinges an demselben Orte)
in einem und demselben Obiecte begreiflich machen könne?
Wäre dieß wirklich der Fall: so könnte uns diese Möglichkeit durch nichts begreiflich werden, weil Ihre so genannte
Anschauung a priori blos eine Erdichtung ist, bey uns sich
nie findet, noch finden kann. Meine Vernunft kann aus
dem allgemeinen Begriff diese Möglichkeit sehr gut begreifen. In der Bewegung eines Obiects ist eine ununterbrochne Folge von Veränderungen der Oerter, welche es nach und
nach einnimmt. In jeder einzelnen Veränderung ist es nur
an einem Orte, und mit jeder andern hat es auch einen
andern Ort eingenommen. Was in der Zeit als einer
Reyhe von Veränderungen die einzelnen Veränderungen sind, das ist in einer Bewegung der Ort, welchen das Subiect einnimmt. So wie in jener Veränderung auf Veränderung folgt: so folgt in der Bewegung ein Ort nach dem andern, in welchen das Obiect
nach und nach gelanget. So wie dieses an einen Ort an-
kommt: so ist es nicht mehr in einem andern, und wann
es einen andern einnimmt: so ist es nicht mehr in dem ersten. Folglich das Seyn und Nichtseyn desselben Dinges an
demselben Ort folgt eben so aus dem Begriff der Bewegung,
wie vergangene, gegenwärtige, künftige Zeit aus dem allgemeinen Begriff von ihr. Seyn und Nichtseyn desselben
Obiectes an demselben Ort ist also nur in Ansehung des
Ausdruckes, nicht in Ansehung der Sache contradictorisch,
weil hier von verschiedenen Zeiten die Rede ist. Es können
also contradictorische Bestimmungen bey demselben Obiecte
in Rücksicht desselben Ortes in verschiedenen Zeiten gedacht
werden, ohne daß ein wahrer Widerspruch daraus erfolget.
Hieraus ist also die Möglichkeit begreiflich, daß ein Obiect
an einem und demselben Ort seyn und nicht seyn könne, ohne daß dadurch der Widerspruch gesetzt wird, daß dasselbe
Ding zugleich an einem Orte ist, und nicht ist. Wozu soll
uns hier die Zeit als eine reine Anschauung a priori nützen?

Ju

In meinem Beweise iſt nicht von Zeit als einer Anſchauung, oder einem bloſſen Zeitbegriff, ſondern von ihr als
einem Obiecte meiner Vorſtellung auſſer derſelben die Rede.

Die Folgerung, welche Sie machen, hat alſo keine
richtige Gründe für ſich. Sie wollen aus Ihren Voraus-
ſetzungen ſchlieſſen, daß alſo der Zeitbegriff die Möglichkeit
ſo vieler ſynthetiſchen Erkenntniſſe a priori erkläre, als die
allgemeine Bewegungslehre, die nicht wenig fruchtbar iſt,
darleget. Bedeutete bey Ihnen Zeitbegriff: ſo viel als
der allgemeine Begriff von Zeit: ſo würden wir uns endlich einmal auf demſelben Wege antreffen. Halten Sie
aber die Zeit für weiter nichts als für eine reine Anſchauung: ſo ließ ſich blos daraus eine Veränderung des Ortes
in Vorſtellungen und nicht auſſer denenſelben erklären.
Und doch iſt es uns in der allgemeinen Bewegungslehre
nicht um eine Bewegung blos in dem Zeitbegriff, ſondern
um die wirklichen Bewegungen der Obiecte auſſer unſerer
Vorſtellung in einer obiectiven Zeit zu thun. Können Sie
dieſes in Abrede ſeyn? So ſehr ich hier auf Ihren Beyfall rechne, mit ſo vieler Achtung habe ich die Ehre zu
ſeyn ꝛc.

---

14. Brief.

Mein Herr,

Es iſt ſehr leicht voraus zu ſehen, daß ich in Anſehung
der Schlüſſe, welche Sie aus Ihren Begriffen ziehen werden, den Antipoden von Ihnen machen muß. Die Bühne iſt nun einmal von mir betreten, und ich werde mich bemühen, meine Rolle ſo weiter fort zu ſpielen, daß ich der
Achtung, welche ich Ihnen ſchuldig bin, eben ſo wenig als
der Wahrheit vergebe, welche ich wenigſtens glaube in
die-

diesen Prüfungen auf meiner Seite zu haben. Irre ich
mich in diesem nicht: so sind Sie vielleicht durch ein zu
anhängliches Nachdenken über geometrische Wahrheiten, bey
welchen immer der reine Begriff des Raumes zum Grunde
liegt, in Ihren Speculationen über die Grenzen der philosophischen Wahrheit hingetrieben, und wer wird Ihnen, als einem
philosophischen Kopfe, dieß zur Unehre anrechnen? Sollte ich
mich aber geirret haben: so war es Liebe zur Wahrheit,
welche mich antrieb, und ich schmeichle mir wenigstens hierinn mit dem Beyfall des philosophischen Publicums, daß
ich Ihnen zu einiger Berichtigung und zur weitern Bestättigung Ihres Systems Gelegenheit gegeben habe. Nun
also zu Ihren Schlüssen aus den Begriffen der Zeit.

1) Sie behaupten, daß die Zeit nicht etwas sey, welches 1) für sich selbst bestehe, oder 2) den Dingen als oblective Bestimmung anhänge. Ihre erste Behauptung un-
terschreibe ich ohne alles Bedenken, und das Gewicht des
Grundes, womit Sie diese bestättigen, ist zu fühlbar für
jede aufgeklärte Vernunft, als daß sie einen Augenblick an
seiner Gültigkeit zweifeln könnte. Eine Zeit, welche für
sich bestünde, würde etwas seyn, welches ohne wirklichen
Gegenstand wirklich wäre, und es wäre Unsinn, dieß behaupten zu wollen.

Allein was den zweyten Satz anbetrifft: so glaube ich
es der Wahrheit schuldig zu seyn, ihn zu leugnen, und
Ihr Beweis für denselben scheinet mir gar keine Stärke
zu haben. Reden Sie hier von der Zeit als einer Anschauung, als einem Zeitbegriff: so kann diese vermöge ihrer eigenthümlichen Form nie die Form der oblectiven Zeit
werden, und folglich kann jene nicht den Dingen als oblective Bestimmung anhängen. Hiegegen wird kein Philosoph
sich mit Ihnen in einen Streit einlassen, und wenn Sie
nichts weiter sagen wollten: so könnten Sie auf einen all-

ge-

gemeinen Beyfall rechnen, weil alle Weltweise stets eben so
gedacht haben.

Allein es giebt auch eine ununterbrochne Folge von
Veränderungen in den Dingen selbst. Dieß ist die Zeit,
worüber zwischen uns der Streit ist. Diese ist ein Object
unsrer Vorstellung von der Zeit. Die Unmöglichkeit von
dieser müssen Sie beweisen, wenn Sie behaupten, daß die
Zeit nicht als eine oblective Bestimmung den Dingen selbst
ausser unsrer Vorstellung zukomme. Sie führen den Beweis für Ihren Satz auf folgende Art: die Zeit kann nicht
als eine den Dingen selbst anhängende Bestimmung oder
Ordnung vor den Gegenständen als ihre Bedingung her-
gehn, und a priori durch synthetische Sätze erkannt und
angeschauet werden. Sie kann also auch keine oblective
Bestimmung von ihnen seyn. Was den ersten Theil Ihres Beweises anbetrift: so gebe ich ihm als einem Satz
meinen Beyfall, aber als Beweis scheinet er gar nicht gebraucht werden zu können. Eine ununterbrochne Reyhe
von wirklichen Veränderungen setzet Dinge voraus, in welchen sie angetroffen werden kann. Wenn dergleichen Dinge nicht sind, worinn diese Reyhe sich findet: so sind auch
ihre Bestimmungen nicht; so kann auch die Zeit nicht eine Bestimmung von ihnen seyn. Alsdann würde unsrer
Vorstellung von Zeit kein Object entsprechen, und sie wäre nichts als bloße Anschauung von einer Zeit, welche
nur in unsrer Vorstellung ihr Daseyn hätte. Wenn aber
die Dinge sind, wenn bey ihnen eine solche Reyhe von
Veränderungen statt hat: so ist die Zeit eine oblective Bestimmung von ihnen, welche seyn würde, wenn wir auch
gar keine Anschauung von Zeit hätten. Dieß scheint der
Fall bey allen Vernunftlosen Thieren zu seyn, und hätten
wir keine Sinnlichkeit: so würden wir auch von unsern innern Veränderungen keine Vorstellung haben. Wären wir
nicht mit Verstand, Vernunft, nicht mit einer Erinne-
rungs-

rungskraft begabt: so würde eine solche Reyhe von innern
Veränderungen, folglich eine objective Zeit, bey uns statt
haben, ohne daß wir fähig wären, uns eine reine Anschauung von Zeit zu verschaffen. Nun können wir diese haben, und wir wissen es aus einer innern Erfahrung, daß
die Zeit von uns selbst eine objective Bestimmung sey.

Sie setzen noch hinzu, die Zeit könnte, wenn sie als
eine objective Bestimmung den Dingen anhinge, nicht a
priori durch synthetische Sätze erkannt und angeschauet werden. Hier sehe ich keinen Zusammenhang zwischen Ihrer
Voraussetzung und der Folgerung, die Sie daraus ziehen.
Was heißt dieß: die Zeit könnte nicht a priori angeschauet
werden? Vielleicht dieß: wir könnten sie uns nicht in einem allgemeinen Begriff denken? Warum denn das nicht?
Grade weil sie eine objective Bestimmung von uns und andern Dingen ist: so bildet unser Verstand durch Hülfe sinnlicher Vorstellungen von den innern und äussern Veränderungen den allgemeinen Begriff derselben. Wir könnten
sie aber nicht durch synthetische Sätze a priori erkennen,
und anschauen. Wozu wäre denn dieß nöthig? Die Zeit ist
überdas kein Satz, sondern auch subjectiv gedacht, eine allgemeine Vorstellung, eine reine Anschauung, ein Zeitbegriff; oder wollen Sie vielleicht sagen, wir könnten in dem
gesetzten Fall die Zeit zu keinem Subject in einem allgemeinen Satz machen, und dazu ein Prädicat finden. Warum nicht? Z. B. jede Woche besteht aus sieben Tagen; die
Zeiten verhalten sich in einer gleichförmigen Bewegung,
und bey gleicher Geschwindigkeit zu einander, wie die Räume, welche beschrieben sind. Diese Urtheile sind nach Ihrer Sprache synthetische Sätze, gleich viel a priori, oder
posteriori, deren allgemeine Gültigkeit nicht aus der Zeit
als Anschauung a priori, sondern aus allgemeinen Begriffen
bewiesen werden muß.

Ist

Ist die Zeit nichts als die subiective Bedingung, unter der alle Anschauungen in uns statt finden: so kann diese
Form der reinen Anschauung vor den Gegenständen, mithin
a priori von uns vorgestellet werden. Auch diese Ihre Folgerung würden Sie erst beweisen müssen. Gesetzt daß sie
eine subiective Bedingung unsrer innern Sinnlichkeit wäre: so würde sich dabey doch nichts anders denken lassen, als
daß sie diese Vorstellung von innern Veränderungen nach
und nach in uns hervorbrächte, oder wie Herr Reinhold
dieß erkläret, daß die a priori bestimmte Form des innern
Sinnes in der an der Receptivität bestimmten Möglichkeit
des Nacheinanderseyns des Mannigfaltigen in der Vorstellung bestunde. Nun entsteht die Frage: woher wissen wir
es denn, daß unsre Receptivität des innern Sinnes diese
Bedingung, oder diese Form habe? Nicht a priori; sondern durch Beobachtung desjenigen, was sich in uns ereig-
net, durch die Erinnerung an dasjenige, was schon vorher-
gegangen ist, durch Verbindung der Veränderungen zu einer
Reyhe, wodurch unser Verstand a posteriori den Begriff
von der Zeit sich macht, welche Receptivität durch die innre
Beschaffenheit unsrer Natur und also a priori in uns angetroffen wird. Alles dieses kann wahr seyn, und deßen
ohngeachtet kann sich eine Reyhe von Veränderungen folglich obiective Zeit bey den Dingen außer unsrer Vorstellung
finden. Das erste steht mit dem letzten durchaus in keinem Widerspruch. Wir können uns auch diese Form der
innern Anschauung vor den Gegenständen mithin a priori
denken. Hier heißt dieß nichts anders als sich diese Form
eher als die Gegenstände vorstellen. Auch dazu sind wir
in tausend Fällen fähig. Wir können uns den allgemeinen Begriff der Zeit denken, ohne auf bestimmte Gegenstände, und auf die bestimmte Folge der Veränderungen
in ihnen Rücksicht zu nehmen. Diese Zeit ist als eine solche blos Zeitbegriff, nicht die Zeit obiective selbst. Allein
durch diese meine Vorstellung, welche ich überhaupt von Zeit,
als

als einem Begriff habe, bleibt die Zeit auffer meinen Vorstellungen, was sie ist, nämlich objective Bestimmung, welche den Dingen selbst anhänget. In meiner Anschauung
ist sie nichts als Vorstellung, nicht Bestimmung der Gegenstände auffer ihr.

b) Die Zeit soll nichts anders als die Form des innern Sinnes, d. i. des Anschauens unsrer selbst, und unsers innern Zustandes seyn. Hier verwirren Sie offenbar
den innern Sinn selbst mit dem Anschauen unsers innern Zustandes. Innrer Sinn ist kein Anschauen, sondern blos
unsre Fähigkeit, Anschauung zu erhalten. Uebrigens entsteht die Frage: Wie ist die Zeit diese Form? Sie kann es
doch nur seyn entweder als Zeitvorstellung, oder als Object
derselben, und in beyden Fällen ist es undenkbar, daß sie
die Form des innern Sinnes seyn sollte. Die Form des
innern Sinnes kann nichts anders als die Beschaffenheit der
Receptivität bedeuten, welche der innre Sinn hat, und diese ist an sich nicht Wirkung, sondern blosses Vermögen, also nicht Zeitbegriff, nicht Anschauung selbst. Der innre Sinn
kann auch nur Vorstellungen von einer innern Veränderung, welche uns gegenwärtig ist, nicht aber von einer Reyhe der Veränderungen, die auf einander nach und nach erfolgen, in uns erregen. Eine Vorstellung von dieser ist
das Werk unsers Verstandes durch Hülfe unsrer Erinnerungskraft. Freylich folgen die sinnlichen Vorstellungen des
innern Sinnes von den innern Veränderungen so auf einander,
wie diese selbst, und diese Folge ist nicht mehr sublective
sondern oblective Zeit, eine Reyhe von Successionen in uns.
Sie ist von der Anschauung der Zeit ihrer eigenthümlichen
Form nach wesentlich unterschieden. Unmittelbare Vorstellungen des innern Sinns sind nie an sich Anschauungen der
Zeit, sondern Anschauungen von der Wirksamkeit unsrer
Fähigkeiten, unsrer angebohrnen Grundregeln des Denkens
und Wollens, und in allen diesen ist die Zeit als eine ununter-
broch.

brochne Reyhe von Veränderungen ausgeschlossen. Da nun die Zeit als Zeitbegriff nicht die Form des innern Sinnes seyn kann: so wird sie als Object der Zeitvorstellung, als Reyhe von wirklich erfolgenden Veränderungen in den Dingen noch weit weniger dafür gehalten werden können. Sie mögen sich also die Zeit denken, wie Sie wollen: so ist sie in keinem Fall die Form des innern Sinnes.

Sie setzen als einen Beweis Ihrer Behauptung hinzu, daß die Zeit keine Bestimmung äußerer Erscheinungen seyn könne. Wäre dieß auch nicht möglich: so würden wir sie doch für eine Bestimmung unsers innern Zustandes halten müssen, wie ich schon gezeiget habe, und dann würde dieser Ihr Satz als ein Beweis alle seine Stärke verliehren. Allein auch als Satz hat er keine Gültigkeit, es sey denn, daß Sie sich die Zeit blos als Zeitbegriff denken. Warum sollte sie sonst keine Bestimmung äußerer Erscheinungen werden können? Diese bedeuten entweder die äußeren Gegenstände selbst, oder wie Herr Prof. Reinhold sie erklärt, solche, in wie ferne sie unter dem a priori im Gemüthe bestimmten, folglich dem Gemüthe, und nicht den Dingen an sich eigenthümlichen Formen der Anschauung vorgestellet werden können. Wird eine äußere Erscheinung auf die erste Art gedacht: so ist die Zeit eine objective Bestimmung dieser Erscheinung, oder dieses Gegenstandes, wenn sich in ihm eine ununterbrochne Reyhe von Veränderungen befindet; und daß diese in den Dingen selbst seyn kann, lehret uns unsre eigne Erfahrung, wenn wir auf unsern innern Zustand die Blicke unsrer Vernunft hinwerfen. Sollen äußere Erscheinungen nach der Reinholdischen Erklärung Gegenstände der empirischen Anschauung seyn, in wie ferne sie nur unter dem a priori im Gemüthe bestimmten, folglich dem Gemüthe, und nicht den Dingen an sich eigenthümlichen Form der Anschauung vorgestellet werden können: so müssen die Gegenstände von der Art seyn, daß sie durch die dem

Ge-

Gewisse eigenthümliche Form der Anschauung vorgestellet werden können, oder das Gemüth muß die Receptivität haben, von ihnen afficirt zu werden. Die Anschauungen derselben haben nicht eine den Gegenständen eigenthümliche Form, weil sie sonst die Anschauungen selbst seyn müßten, sondern die Vorstellungen von ihnen können nicht anders beschaffen seyn, als sie nach der Form unsrer Receptivität möglich sind. Wir haben aber eine Receptivität der Sinnlichkeit, welcher die Veränderungen eines Gegenstandes den Stoff zu Vorstellungen von ihnen darreichen können. Die Vorstellungen erfolgen in uns eben so auf einander, wie die äussern Veränderungen dazu den Stoff darbieten, und unser Verstand kann sich die Folgen in den Vorstellungen folglich auch in den Veränderungen äusserer Gegenstände, und also die Zeit als eine objective Bestimmung derselben denken. Verstehe ich also auch durch äussere Erscheinungen die Vorstellungen von ihnen nach der Receptivität oder Form unsrer Sinnlichkeit: so wird die Zeit als objective Bestimmung nicht von ihnen ausgeschlossen.

Die Zeit ist allerdings keine Gestalt, keine Lage; keine Gestalt, weil nur geräumige Dinge diese haben können, keine Lage, weil diese durch die Verhältnisse bestimmt wird, welche die Dinge in Ansehung der Oerter gegen einander haben. Die Zeit bestimmt aber nicht blos das Verhältniß der Vorstellungen in unserm innern Zustand, sondern auch den Zustand der Gegenstände selbst in Betracht der Veränderungen, welche bey ihnen auf einander erfolgen. In unsrer reinen Anschauung der Zeit, welche Sie eine innerliche nennen, liegt keine Vorstellung von Gestalt. Grade deswegen sollen wir nach Ihrer Meynung, um diesen Mangel der Analogie zu ersetzen, die Zeitfolge durch eine ins unendliche fortgehende Linie uns vorstellen, in welcher das Mannigfaltige eine Reyhe ausmacht, welche nur von einer Dimension ist, und aus den Eigenschaften dieser Linie sollen wir

wir auf alle Eigenschaften der Zeit, ausser der einzigen schließen, daß die Theile der ersten zugleich, die der letzten aber jederzeit nach der andern sind. Das erste thun nun wohl die wenigsten Menschen, und wenn wir uns die Zeit auch so vorstellen: so geschieht dieß blos, um unserm Begriff von der Zeit durch Hülfe der Imagination eine grössre Klarheit zu geben. Auch selbst in dieser Erdichtung wird die Zeit nicht als Form der Anschauung, nicht als Anschauung selbst, sondern als eine objective Linie vorgestellt, deren einfache Theile die einzelnen Veränderungen sind. Als eine wahre unendliche Linie kann ich mir doch die Zeit nicht denken, weil kein Menschenverstand fähig ist, sich von einer solchen Linie eine Anschauung zu machen. Unendlichkeit einer Linie heißt in der Geometrie nichts anders, als dieses: an beyde Enden kann stets noch was hinzugedacht werden, man mag sie so groß annehmen, wie man will. Wir denken uns also hier eine unbestimmte Linie in Ansehung des Anfanges und des Endes. Eine solche ist blos ein Begriff, dessen Object aber stets ausser ihm gedacht wird. Jede wirkliche Linie ist bestimmt, hat also Anfang und Ende. Und wenn es auch eine unendliche Linie von der Art geben könnte: so würde sie eben so wenig mehr eine bloße Anschauung seyn, als die Zeit es seyn könnte, wenn sie diese Bestimmung hätte. Sie wäre dann eine Reyhe von wirklich auf einander folgenden Veränderungen, welche vorwärts in Ansehung der verfloßnen Zeit keinen Anfang, aber mit der gegenwärtigen Veränderung immer ihr Ende hätte, obgleich neue Veränderungen der Zukunft sie verlängern könnten. Selbst dieses Bild von Zeit zerstöret die Vorstellung von ihr, wie es aus Ihren eignen Bemerkungen jedem einleuchten muß. In der Linie sind die Theile zugleich, in dieser ist jederzeit nur ein Theil da, und das Mannigfaltige folget nach einander. In beyden erblicken wir Größen von ganz verschiedener Art. Die Anschauung der Linie hebt die Anschauung der Zeit auf, so wie Raum nicht Zeit, und Zeit nicht Raum seyn kann.

Ich

Ich gestehe es übrigens gerne, daß die Vorstellung der Zeit eine Anschauung sey, aber nicht deswegen weil alle ihre Verhältnisse an einer äussern Anschauung der Linie sich ausdrücken lassen. Denn dieß ist nicht der Fall, weil die Anschauung der Linie die Anschauung der Zeit aufhebt. Allein dieß leugne ich, daß Sie bewiesen haben, die Zeit sey in jeder Bedeutung nichts anders als die Form des innern Sinnes.

c) Mit welchem Grunde nennen Sie itzt die Zeit eine formale Bedingung a priori aller Erscheinungen überhaupt? Hier lassen Sie uns die Zeit eben so als einen neuen Proteus, wie vorher den Raum, auftreten. Bald erscheinet sie uns als eine nothwendige Vorstellung, welche allen Erscheinungen zum Grunde lieget, bald als reine Form der sinnlichen Anschauung, bald als Form des innern Sinnes, und nun als formale Bedingung a priori aller Erscheinungen. Was Sie alles aus der Zeit zu machen wissen! Und im Grunde ist sie nichts von allen diesen. Sie ist weder als Zeitbegriff, noch als obiective Zeit eine formale Bedingung a priori von allen Erscheinungen. Denn was bedeutet in Ihrem System diese formale Bedingung? So viel ich einsehe: so kann diese formale Bedingung nichts anders als die wesentliche Bestimmung unsrer Sinnlichkeit anzeigen, vermöge welcher wir nicht anders als in einer Reyhe von Veränderungen uns die Gegenstände, welche uns erscheinen, denken und empirische Anschauungen von ihnen haben können. Diese Bestimmung unsrer Sinnlichkeit ist aber weder Zeit, als Zeitbegriff, als reine Anschauung der Zeit, noch selbst die ununterbrochne Reyhe von innern oder äussern Veränderungen, als obiective Zeit, ob gleich diese bey allen unsern Erscheinungen als Vorstellungen, welche auf einander folgen, vorausgesetzt wird. Allein dieß gilt nur in Ansehung solcher Geister wie wir sind, oder solcher, welche wegen ihrer wesentlichen Einschränkungen

gen

gen nicht alles mit einmal anschauen können, sondern nach und nach Vorstellungen erhalten, so wie innre und äussere Gegenstände in einer Zeitfolge den Stoff zu Vorstellungen von ihnen der Sinnlichkeit darbieten.

Der Raum ist nicht blos Form aller äusseren Anschauungen, nicht Bedingung a priori blos auf äussere Erscheinungen eingeschränkt. Ob Sie gleich hier das Gegentheil wieder behaupten: so darf ich hier nicht aufs neue diesen Satz widerlegen, weil Sie ihn durch keine neue Gründe bestättigen. Alle Vorstellungen, sie mögen äussere Dinge zum Gegenstand haben, oder nicht, gehören an sich selbst als Bestimmungen unsers Gemüthes zu unserm innern Zustand, und diesen rechnen Sie zur formalen Bedingung unsrer innern Anschauung. Allein wie gehöret er denn dazu? Doch nicht anders als so, daß wir keine innerliche Anschauung haben könnten, wenn dieser Zustand nicht durch unsre innre Veränderung, woraus er besteht, unsrer innern Sinnlichkeit den Stoff zu Anschauungen darreichte. Wenn dieser unser innrer Zustand eine Reyhe von Veränderungen in unserm Gemüthe in sich faßt: so findet sich in ihm Zeit, nicht als Anschauung, sondern als objective Bestimmung von uns, als Gegenstand der Anschauung von Zeit, und diese selbst, wenn sie in unserm Gemüthe da ist, kann nicht als ein Geschöpf unsers innern Sinnes sondern muß als ein Werk unsers Verstandes angesehen werden.

Ich verstehe es nicht, wie Sie *a priori* sagen können, alle äussere Anschauungen sind im Raum, und nach dem Verhältniß des Raumes a priori bestimmt. Dieß ist ein Ausdruck, dessen Sie sich noch nie bedienet haben, und den ich gar nicht zu erklären weis. Alle äussere Erscheinungen sollen in einem Raum seyn? Wie? Etwa als Dinge an sich, die uns erscheinen? So wäre der Raum eine objective Bestimmung der Dinge, und wenn Sie wollen

M   len

len auch a priori, d. h. ehe wir sie uns denken. Sollen
sie etwa als Vorstellungen von den Gegenständen in einem
Raum seyn? Dieß ist undenkbar, weil eine geräumige
Vorstellung, welche selbst Raum in sich schliesset, in unserm Gemüthe nicht ohne Widerspruch gedacht werden kann.
In diesen Vorstellungen, wozu die äussern Gegenstände
unsrer Sinnlichkeit den Stoff darreichten, findet sich eine
empirische Anschauung des Raums. Dieß ist ausgemacht
wahr. Soll sie reine Anschauung von ihm oder ein allgemeiner Begriff werden: so hört das Gebiet der Sinnlichkeit auf. Unser Verstand allein kann uns zu dieser Anschauung verhelfen.

Sie wollen aus dem Princip des innern Sinnes allgemein sagen können: alle Erscheinungen überhaupt, d. i.
alle Gegenstände der Sinne sind in der Zeit, und stehen
nothwendiger Weise in Verhältnissen der Zeit. Dieß kann
aber nicht aus dem Princip des innern Sinnes folgen,
weil er als blosser Sinn uns keine Vorstellung von Zeit
verschaffen kann. Daraus folget es, weil die Gegenstände
durch ihre Veränderungen so, wie sie folgen, den Stoff zu
einer Reyhe von empirischen Anschauungen unserm Gemüthe darreichen, wir durch Hülfe der Reminiscenz und des
Verstandes bey uns eine Anschauung von dieser Reyhe erregen, und folglich die Zeit denken, welche als Reyhe
von einander folgenden Veränderungen, und also als
objective Zeit sich bey den Gegenständen finden würde,
wenn wir auch gar keine Anschauung von ihr hätten, oder
haben könnten. Diese kann also auf keine Art blos formale
Bedingung a priori von allen Erscheinungen seyn, die wir
haben. Sie sind vielmehr als Gegenstände der Sinne so in
der Zeit, stehen so in Verhältnissen der Zeit, daß die Zeit
selbst eine objective Bestimmung von ihnen ist, welche
seyn würde, wenn auch keiner sie anschaute, keiner sie sich
dächte.

Die

Dieses, was ich aus hinreichenden Gründen behauptet zu haben glaube, stehet in einem offenbaren Widerspruch mit demjenigen, was Sie hinzusetzen. Wenn wir von unsrer Art uns selbst innerlich anzuschauen, und vermittelst dieser Anschauung auch alle äussere Anschauungen in der Vorstellungskraft zu befassen, abstrahiren, und mithin die Gegenstände nehmen, so wie sie an sich selbst seyn mögen: so ist die Zeit — Nichts. Allein in diesem bedingten Urtheile steht der Nachsatz mit dem Vordersatze in keiner Causalverbindung, wenn Sie nicht etwa unter Zeit, blos Zeitbegriff, blos Anschauung der Zeit denken. Diese Zeit kann ausser dem denkenden Subiect nicht seyn, weil sie blos innre Bestimmung von ihm, nicht aber obiective Bestimmung von den Gegenständen selbst ist, bey welchen eine ununterbrochne Reyhe von Veränderungen, oder eine obiective Zeit sich findet, eben so wenig als diese Reyhe in den Dingen ein Zeitbegriff, eine Anschauung von Zeit seyn kann. Wir könnten auch wohl behaupten, daß die obiective Zeit nicht vorstellbar sey, wie Herr Reinhold die Dinge an sich für unvorstellbar erkläret. Dieß würde aber nichts mehr heissen, als daß die Dinge an sich nie Vorstellungen werden können, oder daß ihre eigenthümliche Form sich wesentlich von der Form jeder Vorstellung unterscheide. Hieran hat, so viel ich weis, noch kein Philosoph gezweifelt.

Die Zeit soll nur obiective Gültigkeit in Ansehung der Erscheinungen haben, weil diese schon Dinge sind, welche wir als Gegenstände unsrer Sinne annehmen, aber sie soll nicht mehr obiectiv seyn, wenn man von der Sinnlichkeit unsrer Anschauung, mithin derjenigen Vorstellungsart, welche uns eigenthümlich ist, abstrahiret, und von den Dingen überhaupt redet. Ich will diesen Ihren Satz zergliedern, um die Ungültigkeit desselben vor Augen zu legen. Er faßt folgende Sätze in sich: 1) die Zeit hat eine obiective Gültigkeit in Ansehung der Erscheinungen; 2) Erscheinungen

sind

sind Dinge, welche wir als Gegenstände unsrer Sinne annehmen, 3) die Zeit hat keine oblective Gültigkeit, wenn
wir von der Sinnlichkeit unsrer Anschauung abstrahiren, und
von den Dingen überhaupt reden. Nun will ich diese Sätze und ihren Zusammenhang prüfen. Die Zeit hat eine
oblective Gültigkeit in Ansehung der Erscheinungen, als solcher Dinge, welche wir als Gegenstände unsrer Sinnen annehmen. Hier ist von Dingen die Rede, welche selbst Gegenstände unsrer Sinnen, folglich nicht selbst unsre Sinnen,
nicht sinnliche Vorstellungen, sondern Oblecte derselben sind.
Hat die Zeit in Ansehung derselben eine oblective Gültigkeit: so ist sie eine eigenthümliche Bestimmung der Dinge
selbst, wir mögen von ihr eine Anschauung haben oder nicht.
Sie würde ihre oblective Gültigkeit behalten, wenn wir auch
von aller Sinnlichkeit unsrer Anschauungen mithin von derjenigen Vorstellungsart abstrahirten, welche uns eigenthümlich ist. Dieß sind Folgerungen, welche mit hinreichendem
Grunde aus den beyden ersten Gliedern Ihres zusammengesetzten Satzes gezogen werden können. Sie sind aber grade dem letzten Gliede desselben entgegengesetzt, es wäre denn,
daß Sie die Bedeutung der Zeit änderten, und hier darunter blos den Zeitbegriff, die reine Anschauung derselben
dächten. In diesem Falle könnten wir der Zeit in Ansehung der
Erscheinungen als Dinge, welche Gegenstände unsrer Sinne sind, eine oblective Gültigkeit absprechen, weil in ihnen
die Zeit als Zeitbegriff Nichts ist. Allein dadurch wird
nicht geleugnet, daß die Zeit als sublective Bestimmung von
ihnen etwas sey, und daß sie also in dieser Bedeutung auch
ausser unsern Vorstellungen eine oblective Gültigkeit bey den
Dingen selbst habe.

Sie können also die Zeit nicht lediglich für eine sublective Bedingung unsrer Anschauung halten. Dieß ist sie
weder als Zeitbegriff, noch als oblective Zeit. Ich leugne nicht, daß es in Betracht unsrer Anschauungen, sie mögen

gen von einer Art seyn, von welcher sie wollen, mit
Recht als eine subiective Bedingung angesehen werden
kann, daß sie bey uns nicht anders als nach und nach, und
also in einer Zeitfolge statt haben können. Ich sehe aber
hievon keinen Grund, daß jede Anschauung, welche wir haben, eine sinnliche seyn muß. Wir haben auch Anschauungen von Tugend, Weisheit, und andern allgemeinen Objecten, und diese sind doch eigentlich keine Anschauungen
unsrer Sinnlichkeit, sondern unsers Verstandes, und unsrer Vernunft.

Es wird von Ihnen noch einmal gesagt, daß in Ansehung aller Erscheinung mithin auch aller Dinge, welche
uns in der Erfahrung vorkommen, die Zeit nothwendiger Weise obiectiv sey. Ist sie nun dieses: so ist sie auch
eine obiective Bestimmung von den Dingen selbst. Ob sie
es aber bey allen Dingen seyn muß: dieß ist eine Aufgabe
der Vernunft. Die Frage wäre diese: findet sich bey jedem
Gegenstande, welcher unserm äussern Sinn den Stoff zur
Vorstellung von sich darreichen kann, eine ununterbrochne
Reyhe von Veränderungen? Um diese zu beantworten dürfen wir uns nicht auf Form unsrer Sinnlichkeit berufen.
Denn von dieser kann die Zeit als obiective Bestimmung
der Dinge selbst nicht abhängen, sondern wir müssen uns
andre Quellen zu eröffnen suchen, woraus wir Gründe zur
Entscheidung dieser Frage schöpfen. Eben deswegen behaupte ich auch, daß wir nicht sagen können: alle Dinge sind
in der Zeit. Sie wollen es nicht behaupten können, weil
bey dem Begriff der Dinge überhaupt von aller Art der
Anschauung derselben abstrahirt wird. Hier sehe ich keinen
Grund, warum deswegen die Dinge nicht in der Zeit seyn
könnten. Denn wir mögen von der Art unsrer Anschauung
abstrahiren oder nicht: so kann dieß keinen Einfluß auf die
Zeit als Reyhe von Veränderungen in den Dingen oder
als obiective Bestimmung der Dinge haben, wofinn sie

M 3 ange-

angetroffen wird. Nicht die Art der Anschauung ist die eigentliche Bedingung, unter welcher die Zeit in die Vorstellung der Gegenstände gehöret, sondern die Reyhe der Veränderungen in den Gegenständen ist es, welche den Stoff zu Vorstellungen von ihnen nach und nach unsern Sinnen darbieten. Hier finden wir die wahre Bedingung, unter welcher die Zeit in die Vorstellung dieser Gegenstände gehört.

Alle Dinge als Erscheinungen (Gegenstände der äusserlichen Anschauung) sollen nach Ihrer Behauptung in der Zeit seyn. Wie denken Sie sich aber diese Dinge? Etwa als Dinge ausser unsren Vorstellungen, als Dinge an sich? So hätte ich dagegen nichts, wenn Sie von solchen Dingen reden, wobey sich eine Reyhe von Veränderungen als objective Zeit findet. Denken Sie sich diese aber nicht als Dinge für sich, sondern als blosse Erscheinungen, als Vorstellungen von ihnen: so geht die objective Gültigkeit, welche Sie annehmen, nicht mehr auf die Dinge selbst, sondern blos auf unsre Vorstellungen. Alsdann wäre die Zeit blos in der Anschauung, und ihre objective Gültigkeit würde nichts weiter als eigentlich eine subjective seyn. Sie nennen dieß einen Grundsatz, der seine gute objective Richtigkeit und Allgemeinheit a priori hat, und ich vermisse beyde bey ihm, die gute Richtigkeit, weil die Zeit als objective Bestimmung der Dinge an sich durchaus darinn geleugnet wird, die Allgemeinheit, weil er nur unter der Einschränkung wahr ist, wenn in ihm die Zeit blos Zeitbegriff oder Anschauung der Zeit bedeutet.

Sie lehren zwar eine empirische Realität der Zeit, in Ansehung der Gegenstände, die jemals unsern Sinnen gegeben werden können, leugnen aber die absolute Realität derselben, daß die Zeit nämlich ohne Rücksicht auf die

Form

Form unſrer ſinnlichen Anſchauung ben Dingen als Bedingung, oder obiective Beſtimmung ſelbſt anhänge, und
ich glaube es hinreichend bewieſen zu haben, daß dieſe Ihre
letzte Behauptung der Wahrheit widerſpricht. Eben ſo wenig kann ich Ihnen ohne Einſchränkung beypflichten, wenn
Sie annehmen, daß ſolche Eigenſchaften, welche den Dingen ſelbſt zukommen, uns durch die Sinne nicht gegeben
werden können. Wollten Sie nur dieß damit ſagen, daß
dieſe Eigenſchaften als obiective Beſtimmungen der Dinge
uns nicht in eigentlicher Bedeutung des Wortes durch die
Sinne gegeben werden können: ſo würde kein Mann von
geſundem Verſtande Ihnen hierinn widerſprechen. Allein
dieß kann Ihre Meynung hier nicht ſeyn. Sie wollen
es uns lehren, daß uns die Eigenſchaften, welche den Dingen ſelbſt zukommen, nicht durch die Sinne können bekannt
werden. Hiegegen zeuget aber die Erfahrung. Wann
Sie in einem Naturaliencabinet die ſchönſten Werke der
Natur, die Mannigfaltigkeit der Arten und der einzelnen
Producte gewahr werden, ſich die Charaktere vorſtellen,
woran Sie dieſe erkennen, und von andern unterſcheiden:
ſind denn dieſe nicht Eigenſchaften der Dinge ſelbſt? und
wodurch erkennet Ihr Verſtand ſie anders als durch Hülfe
des Geſichtsſinnes? In allen dieſen empiriſchen Anſchauungen ſelbſt von den Gegenſtänden liegt Nichts von Zeit-
vorſtellung. Die Dinge werden Ihnen durch die Erfahrung bekannt, und gehören als ſolche nicht unter die Zeitbedin-
gung, obgleich unſre Vorſtellungen von ihnen nach und nach
und alſo in einer obiectiven Zeit bey uns erfolgen.

Ihre transſcendentale Idealität der Zeit kann freylich
auſſer der ſubiectiven Bedingung der ſinnlichen Anſchauung nichts ſeyn. Sie kann den Gegenſtänden an ſich ſelbſt
weder inhäriren, noch ſubſiſtiren, weil ſie blos Ihrer Anſchauung anhängt. Dieſe Ihre Idealität der Zeit kann
aber nicht die Urſache davon werden, daß die Zeit keine

obie-

oblective Realität in den Dingen selbst hat, worinn sich
eine Reyhe von Veränderungen findet, wir mögen übrigens uns diese vorstellen, oder nicht. Wenn Sie uns nur
dieses zugeben, was doch durchaus nicht mit Grund geleugnet werden kann: so mögen Sie mit Ihrer transcenden-
talen Idealität der Zeit machen, was Sie wollen. Das
gegen hat nichts Ihr ergebenster c.

15. Brief.

Mein Herr,

Ich wundre mich nicht darüber, daß Sie von einsehenden
Männern so einstimmig einen Einwurf gegen Ihre Theorie vernommen haben, in welcher Sie der Zeit empirische
Realität zugestehen, aber ihre absolute bestreiten. Dieß
geht freylich sehr natürlich zu. Sie würden Ihnen keinen
Einwurf gemacht haben, wenn Sie blos von der Zeit, oder
von ihr als Form der innern Anschauung, oder von ihr
als Vorstellung redeten. Diese ist blos subjective Bestimmung eines denkenden Wesens, und kann ausser diesem
keine absolute Realität haben. Sie wollen aber ausser dieser keine andre Zeit als eine ununterbrochne Folge von
Veränderungen der Dinge an sich, oder als objective Zeit
zulassen. Deren Realität bestreiten Sie, und dagegen machen die Einsichtsvollen Philosophen Einwendungen. Dieß
ist aber auch dasjenige, was natürlicher Weise Ihrem nachdenkenden Leser befremdend vorkömmt. Den Beweis, welchen sie Ihnen entgegensetzen, wollen Sie ganz zugeben.
Nun so haben diese Männer gegen Sie gewonnen Spiel,
Sie mögen übrigens sagen, was Sie wollen. Das Argu-
ment wäre dieses: der Wechsel unsrer eignen Vorstellungen, wenn man gleich alle äussere Erscheinungen sammt deren

ren Veränderungen leugnen wollte, beweisen daß Veränderungen, ich würde sagen, eine ununterbrochne Reyhe von
ihnen sich bey uns finde. Diese ist objective Zeit, folglich nicht mehr blos Form der innern Anschauung, sondern
auch ausser dieser da, wenn wir auch keine innre Anschauung von ihr hätten. Dieß ist der eigentliche Beweis für
die objective Realität der Zeit, und ich dächte, daß es für
Sie nicht blos Schwierigkeit haben werde, hierauf zu antworten, sondern daß Sie auch die Stärke des Arguments
nicht schwächen können. Wir wollen also Ihre Antwort
hören.

Sie sagen, die Zeit ist allerdings etwas wirkliches,
nämlich die wirkliche Form der innern Anschauung. Diese Form kann doch nichts anders bedeuten, als dasjenige,
wodurch sie Zeitanschauung wird. Von dieser Zeit war
aber in dem Beweis durchaus die Rede nicht. Sie, (diese Zeitanschauung) hat eine subjective Realität in Ansehung
der innern Erfahrungen, d. h. ich habe die wirkliche Vorstellung von der Zeit und meinen Bestimmungen in ihr.
Allein wodurch habe ich denn diese? Nicht dadurch weil
meinem innern Sinn der Stoff zur Vorstellung von meinen
innern Veränderungen, so wie sie wirklich erfolgten, dargereichet wurde, und mein Verstand sich die Reyhe denket,
in welcher sie wirklich werden. Diese Reyhe meiner innern
Veränderungen ist also die objective Zeit, und meine Vorstellung von ihr wird durch meinen Verstand erreget. Diese
Reyhe selbst ist nicht die Vorstellungsart meiner selbst als
Objects, sondern von mir objective Bestimmung ausser
meiner Zeitanschauung. Weit gefehlt also, daß Ihre Antwort die objective Realität der Zeit wirklich bestritten hätte; sie bestättiget vielmehr dieselbe. Sie behaupten selbst
die subjective Realität der Zeit in Ansehung unsrer innern
Erfahrungen, oder die wirkliche Vorstellung von der Zeit
und unsern Bestimmungen in ihr. Es sind also diese Be-

M 5   stim-

ſtimmungen auch wirklich in der Zeit oder nicht. Sind ſie
es nicht: ſo täuſcht uns die Form unſrer innern Anſchauung,
durch welche wir genöthiget werden, unſre Beſtimmungen
als ſolche zu denken, welche in einer Zeit ſind. Wo liegt
nun der Grund dieſer ſo allgemeinen Täuſchung in der Form
unſrer reinen Anſchauung? Dieß hätten Sie doch zeigen
müſſen. Täuſcht ſie uns aber nicht: ſo giebt es eine Reyhe von Veränderungen in uns, welche nach einander erfolgen, wir mögen ſie uns vorſtellen, oder nicht; ſo iſt folglich die Zeit von uns eine objective Beſtimmung.

Sie ſetzen den Fall, daß wir ſelbſt, oder andre Weſen uns ohne dieſe Bedingung der Sinnlichkeit anſchauen
könnten, und ſchlieſſen: wenn dieß der Fall wäre; ſo würden eben dieſe Beſtimmungen, welche wir uns itzt als Veränderungen vorſtellen, eine Erkenntniß geben, in welcher
die Vorſtellung der Zeit, mithin auch der Veränderung
gar nicht vorkäme. Hier haben wir Baylens Wetterhahn, welcher immer vom Winde getrieben wird, und
ſich einbildet, daß er ſich nach freyer Entſchlieſſung beweget. Schade nur, daß ein Wetterhahn von ſolchen Beſtimmungen ein ſich ſelbſt zernichtendes Geſchöpf der Phantaſie iſt. Eben ſo wenig ſcheinet mir der Fall in der Natur
denkbar zu ſeyn, daß es Weſen gebe, welche Sinnlichkeit
hätten, wodurch ſie ſich Erkenntniſſe verſchaften, worinn
aber die Vorſtellung der Zeit mithin auch der Veränderung gar nicht vorkäme, weil ſie ohne dieſe Bedingung
der Sinnlichkeit, als die unſrige iſt, Anſchauungen haben
könnten. Hätten ſie Sinnlichkeit: ſo könnten ſie auch nicht ohne
Sinne ſeyn, welchen die Gegenſtände den Stoff zur Vorſtellung von ſich darreichten. Es würden folglich ſo, wie
dieſe auf die Sinne wirkten, Vorſtellungen in ihnen erregt,
und weil dieſe Wirkungen doch nicht mit einmal, ſondern nach
und nach erfolgten: ſo würde auch ein Wechſel von Vorſtellungen in ihnen ſeyn müſſen. Nun hätten ſie entweder
das

das Vermögen, sich dieser ihrer innern Veränderungen bewußt zu werden, sie mit einander zu vergleichen, und in den Verhältnissen zu denken, worinn sie wären, oder nicht. Im letzten Fall hätten sie weder Verstand noch Vernunft, und wären höchstens von der Art der Thiere. Es würde also eine Reyhe von innern Veränderungen und folglich obiective Zeit sich bey ihnen finden; sie könnten aber weder von ihr noch von irgend einer andern Sache eigentlich eine Erkenntniß haben, folglich auch keine solche, worinn Vorstellung der Zeit vorkäme. Fehlte es ihnen aber nicht am Verstande und an Vernunft: so müßten sie sich auch dieser Veränderung bewußt werden, sich diese im Allgemeinen vorstellen und also Zeit denken können.

Eine andre Frage wäre es, ob ein denkendes Wesen, worinn selbst keine Veränderungen statt hätten, eine Vorstellung oder Anschauung von Zeit haben könnte, welche denn nicht durch Empfindung und folglich nicht durch Sinne erst erreget würde. Warum sollte dieß nicht möglich seyn? Wenn wir uns Zeit denken: so denken wir uns eine ununterbrochne Reyhe von Veränderungen, und in dieser das Vergangene, das Gegenwärtige, das Zukünftige. Alles dieses ist in der Zeitanschauung zugleich, ausser unsrer Vorstellung kann es aber in keinem Dinge zugleich seyn. In ihnen ist eine Reyhe von fortgehenden Veränderungen, wovon immer eine auf die andre folget. Die Vorstellung der Zeit erfodert also nicht durchaus ein denkendes Wesen, welches selbst veränderlich ist. Denket sich nun dieses die Dinge, wie sie sind, und ist ihre wesentliche Beschaffenheit von der Art, daß in ihnen Veränderungen erfolgen müssen: so wird es sich auch die Folge dieser Veränderungen und also auch die Zeit denken.

Sie dichten folglich einen Fall, welcher sich nicht so verhält, und schliessen daraus, daß die Zeit zwar ihre empirische Realität als Bedingung unsrer Erfahrungen, aber keine

keine absolute Realität habe, und daß sie nicht den Dingen
selbst, sondern blos dem Subjecte anhänge, welches sie anschauet. Diese Folgerungen ziehen Sie aus einer Voraussetzung, welche keinen Grund hat. Sie haben selbst es zugegeben, daß unsre Vorstellungen auf einander folgen. Diese Folge ist also nicht deswegen da, weil wir uns dieser bewußt sind, sondern wir werden uns derselben bewußt, weil
sie in uns sich findet. Sie muß also als Zeit eine objective Bestimmung von uns seyn. Die Zeit ist aber deswegen
kein Ding an sich selbst. Dieß würde mit demjenigen im Widerspruch stehen, daß wir sie für die objective Bestimmung
der Dinge erkläret haben, welche vermöge ihres Wesens
den Veränderungen unterworfen sind.

Nun wollen Sie uns die Ursache bekannt machen, weswegen dieser Einwurf so einstimmig gemacht wird, und
zwar von denen, welche gleichwohl gegen die Lehre von der
Idealität des Raums nichts einleuchtendes einzuwenden
wissen. Wir wollen also diese hören. Sie sagen, diese
Männer hoften es nicht die absolute Realität des Raumes
beweisen zu können, weil ihnen der Idealismus entgegen
steht, nach welchem die Wirklichkeit äusserer Gegenstände
keines strengen Beweises fähig ist. Der Idealist, welcher
dem Realisten nichts weiter entgegensetzt, hätte in so weit
Recht, und so viel ich weis, hat noch kein Realist es behauptet, daß er die Wirklichkeit irgend eines äusseren Gegenstandes, welcher endlich ist, strenge beweisen könnte.
Wollte er dieses: so müßte er aus allgemeinen Wahrheiten
die Nothwendigkeit von dessen Daseyn beweisen. Nothwendigkeit des Daseyns ist aber durchaus keine Bestimmung
eines solchen Gegenstandes, kann also nicht bewiesen werden. Es giebt aber andre Quellen, woraus gegen den
Idealisten hinreichende Gründe geschöpft werden können, wodurch die Wirklichkeit äusserer Gegenstände ausser allem
Zweifel gesetzt wird. Unsre Natur hat selbst dafür gesorget,

daß

daß auch der Idealist die Stärke derselben in so hohem Grade fühlet, daß er im Ernst an der Wirklichkeit seiner Hand,
der Feder, womit er schreibt, der Personen, welche er durch
seine Spitzfindigkeiten verwirren will, nicht zweifeln kann,
welche er doch in seiner Katheberphilosophie bestreitet. Er
ist so sehr von der Unwahrheit seines Systems überzeugt,
daß er sich vor dem Irrhause fürchtet, wenn er sich ausser
seiner grillenhaften Hypothese im Leben nach dieser richten
wollte. Hier ist aber der Ort nicht, jene Gründe gegen ihn
anzuführen. Wir wollen den Idealisten itzt blos als Ihren
Gegner betrachten. Er philosophiret so: wenn gleich äussere
Gegenstände nichts als blosser Schein seyn sollten: so würde
doch die Folge meiner innern Veränderungen, auch meiner Vorstellungen von ihnen etwas wirkliches seyn, weil sie mir unmittelbar durchs Bewußtseyn klar sind. Hier ist also wirkliche Folge auch ausser der Anschauung, welche ich von ihr habe,
also obiective Zeit. Sie erwiedern hierauf, daß man die
Wirklichkeit von Raum und Zeit nicht bestreiten darf, weil
sie nur zu Erscheinungen gehören, welche zwo Seiten haben, die eine, da das Oblect an sich selbst betrachtet wird,
die andre, da man auf die Form der Anschauung dieses
Gegenstandes sieht, welche nur im Subiecte, dem derselbe
erscheinet, gesucht werden muß, gleichwohl der Erscheinung
dieses Gegenstandes wirklich und nothwendig zukömmt. Grade dieß letzte behauptet der Idealist, in wie weit die Erscheinung von der ersten Seite betrachtet wird. Er fragt
ferner: warum kömmt dieser Erscheinung, als einer Form
unsrer Anschauung von dem Gegenstande diese Zeit zu? Nicht
deswegen, weil der Gegenstand ohne diese nicht gedacht
werden kann? Warum kann er es nicht? Weil er diese
obiective Bestimmung hat, und die Anschauung von diesem
Gegenstande in uns verschwinden würde, wenn sie nicht mehr
diese Form hätte, oder wir ihn ohne diese Bestimmung dächten. Die letzte Seite der Erscheinung kommt also bey diesem Streite nicht in Betracht, und so ist Zeit, wovon
ich

ich rede, wird der Idealiſt hinzuſetzen, nicht mehr Anſchauung, ſondern die Reyhe meiner innern Veränderungen,
folglich objective Beſtimmung von mir, das Object meiner Anſchauung, und hat ihre Wirklichkeit in mir, wenn
ich ſie mir auch gar nicht vorſtellte.

Ich leugne es nicht, daß Zeit und Raum zwo Erkenntnißquellen ſind, aus welchen verſchiedene ſynthetiſche
Erkenntniſſe geſchöpft werden können. Allein wie ſind ſie
es? Nicht als bloſſe Formen unſrer Sinnlichkeit, nicht als
bloſſe Beſchaffenheiten unſrer Receptivität, ſondern als reine Anſchauungen, als allgemeine Begriffe. Iſt aber
Raum und Zeit auch möglich? Kann dieſe Möglichkeit
von uns bewieſen werden? Die erſte Frage faſſet zwo andre in ſich, 1) können wir eine Anſchauung von beyden haben? 2) Iſt Raum und Zeit auch objective auſſer unſrer
Anſchauung möglich? Die Möglichkeit von der erſten Art
erkennen wir aus der Wirklichkeit der Anſchauung von Raum
und Zeit, deren wir uns bewuſt ſind. Wollen wir mit dieſem Beweiſe nicht zufrieden ſeyn: ſo würden wir keinen andern finden können. Er hat aber zum Glück für unſern
Geiſt eine ſolche überzeugende Klarheit, daß wir, weil dasjenige, was wirklich iſt, nicht unmöglich ſeyn kann, ſeine
Stärke fühlen, und eine apodictiſche Gewißheit von dieſer
Möglichkeit erlangen. Die zwote Frage iſt dieſe: haben
auch Zeit und Raum auſſer unſrer Anſchauung eine Möglichkeit d. h. können Dinge auſſer und neben einander zugleich ſeyn, kann in ihnen ſich eine Reyhe von Veränderungen finden? Dieſe Möglichkeit, welche in der Geometrie
und in andern Wiſſenſchaften zum Grunde gelegt wird, kann
an ſich weder von unſern Anſchauungen, noch von der Form
unſrer Sinnen abhängen, ſondern muß in der Natur der
Dinge ſelbſt ihren Grund haben. Die apodictiſche Gewißheit, welche wir von ihr erhalten, gründet ſich darauf, daß wir ſelbſt nebſt andern Dingen unſer Daſeyn

ha-

haben, daß in uns selbst und in andern Dingen vermöge
ihrer Endlichkeit Veränderungen erfolgen, daß sie unsrer
Sinnlichkeit den Stoff zu Vorstellungen von sich darreichen,
daß wir uns dieser Vorstellung von uns und andern Gegenständen bewußt werden, und nun aus dieser Wirklichkeit des Ortes und der Zeit in den Objecten auf die Möglichkeit schliessen.   Dieser Schluß erhält für unsre Seele
durch die Grundsätze der Identität und des Widerspruchs
eine solche Klarheit, daß, so lange wir noch einen gesunden
Verstand haben, oder diesen nicht durch Sophistereyen verwirren, wir an der vollkommnen Richtigkeit desselben, gleichsam als durch einen innern Instinct gezwungen, zu zweifeln unfähig sind.   Diese Möglichkeit des Raums, von
welcher wir blos auf diesem Wege zur apodictischen Gewißheit kommen können, setzen wir aber nicht die Formen der
Sinne als Grundprincip voraus, um uns eine allgemeine
Erkenntniß von ihren Wahrheiten zu erwerben.   Wir haben uns eine reine Anschauung des Raumes, oder einen allgemeinen Begriff von ihm gebildet, denken uns die Gegenstände eigentlich nicht im Raum, sondern den Raum in ihm,
und fragen nun, wie kann dieser in ihnen begrenzt, oder
eingeschlossen seyn, wenn Linien, Flächen, Körper im Allgemeinen nach ihren verschiedenen Gattungen und Arten gedacht werden sollen?   Nie setzet der Geometer voraus, daß
Raum blos eine Form des äusseren Sinnes, blos subiective Bedingung desselben, und ausser dieser nichts sey, sondern selbst bey der Wahl seiner Zeichen, wodurch er sich
und andern seine abstracte Begriffe anschaulich macht, nimmt
er es immer als ausgemacht an, daß auch ausser unserer
Denkform der Raum obiective in den Dingen selbst angetroffen werde. So, — wird er Ihnen antworten, verfah-
re ich, so denke ich mir den Raum in der Geometrie, welche ich beswegen eine reine Wissenschaft nenne, weil ich
eigentlich nicht aus Erfahrungen, sondern aus allgemeinen
Begriffen die geometrischen Sätze herleite.   So wie ich Zeit
und

und Raum brauche, sind sie reine Anschauungen, auch wenn
Sie wollen, reine Formen der Anschauungen, jene, weil
sie nichts weiter als den allgemeinen Begriff zum Gegenstand haben, diese, weil ihr allgemeiner Begriff auch die
Form dieser Anschauungen heissen kann, in wie weit sie
sich dadurch von andern Anschauungen unterscheidet. Sie
gehen also auf Gegenstände, welche uns erscheinen können.
Sie stellen als allgemeine Begriffe nicht einzelne Dinge
(individua) dar, sie werden aber in ihnen unter andern individuellen Bestimmungen auch objective freylich nicht als
Anschauungen, sondern als Objecte derselben liegen. Das
Feld der Gültigkeit von Raum und Zeit findet sich also nicht
blos in meinen Anschauungen, sondern geht weiter hinaus,
und ich entwickle die verschiedenen Arten des eingeschloßnen
Raums in Figuren und Körpern, um einen objectiven Gebrauch von ihm machen zu können. Wäre Raum ausser
meiner Anschauung Nichts: so würde ausser dieser keine Kugel, also nicht Sonne, nicht Mond, nicht Erde, keine Kugeln statt finden, welche durch die Hand des Künstlers nach der Idee, welche ich mir von ihnen mache, gebildet wären. Kugeln würden diese nicht seyn, wenn ich auch
gar keine Anschauung von ihnen hätte? Wird aber auch
alles dasjenige, was ich mir in dem allgemeinen Begriff
der Kugel denke, vollkommen in ihnen liegen, so daß ich
die Regeln der Ausmessung, welche aus jenem gezogen wurden, auf sie anwenden kann? Wer kann dieß beweisen?
Wozu wäre es auch nöthig? Es ist für mich genug, den
Begriff der Kugel in ihnen so genau ausgedrückt zu sehen,
daß die Abweichung mir unmerklich ist, und ich sie ohne
merklichen Irrthum für wahre Kugeln annehmen kann. Welcher Geometer wird in diesem Fall Bedenken tragen, den
körperlichen Raum der gegebnen Kugel nach den allgemeinen Regeln auszumessen? Nie wird es ihm aber einfallen,
auf eine subjective Form der Sinnlichkeit diese anzuwenden.
Ihre Realität der Zeit und des Raums, welche blos sub-

lectiv

lectiv ist, würde die Sicherheit der Erfahrungserkentniß
nicht unangetastet lassen. Diese hat zu Gegenständen einzelne Dinge neben und ausser einander, und eine Reyhe von
Veränderungen als objective Bedingungen von ihnen. Da
Sie diese leugnen: so würde unsre Erfahrungserkenntniß
von ihnen nichts als ein leeres Hirngespinnst unsrer Phantasie
seyn. Es ist also in Ansehung der Erfahrungskenntniß durchaus nicht einerley, ob Raum und Zeit als Formen und objective Bestimmungen der Dinge selbst, oder blos als Formen angenommen werden, welche der Anschauung von ihnen
nothwendiger Weise anhingen. Wäre das erste falsch und nur
das letzte wahr: so würden unsre Anschauungen von Dingen
selbst auch nicht anders als falsch, als täuschend angesehen
werden können.

Diejenigen, welche eine absolute Realität der Zeit und des
Raums annehmen, sollen mit den Principien der Erfahrung
im Streit seyn; und daraus wollen Sie den Schluß machen,
daß diese Realität ohne Widerspruch nicht behauptet werden könne. Ihre Gründe sind folgende. Die Vertheidiger
von der absoluten Realität der Zeit und des Raums müssen annehmen, daß beyde entweder subsistiren, oder inhäriren. Das erste thun gemeiniglich mathematische Naturforscher. Diese müssen aber nun auch zwey ewige und unendliche für sich bestehende Undinge (Zeit und Raum) zugestehen,
welche sind, ohne daß doch etwas Wirkliches ist, nur um
alles Wirkliche in sich zu befassen. Ich zweifle sehr, daß
Sie den meisten Naturforschern mit Recht diese Meynung
aufbürden können. Wenigstes kenne ich keinen, welche die
Zeit als ein für sich bestehendes Unding angesehen hätte. Sie
ist eine ununterbrochne Reyhe von Veränderungen in den
Dingen. Wenn also keine Dinge sind, worinn Bestimmungen vermöge ihrer Endlichkeit dem Wechsel unterworfen
sind: so ist auch an keine Zeit als ein Unding zu denken.
Sie also als ein für sich bestehendes Unding zu denken, ist

N   Un-

Unsinn, ist der seltsamste Widerspruch. Eine andre Frage ist diese, 1) ob, wenn keine Dinge ausser und neben einander zugleich sind, noch Raum auch ausser unsern Vorstellungen übrig bliebe, 2) und was er dann wäre. Die erste Frage glauben gemeiniglich die mathematischen Naturforscher bejahen zu müssen. Sie denken sich z. B. unser Sonnensystem mit allen Planeten, den Raum, welchen sie selbst einnehmen, die Bahn, auf welcher sie sich um ihre Lichtquelle in einer Ellipse herum bewegen, das ganze Gebiete der Sonne, durch welches sie vermittelst des Aethers ihre belebende Stralen verbreitet. Und nun werden sie fragen: sind diese nun ausser unsern Formen der sinnlichen Vorstellungen in einem Raum, oder sind sie blos in einem solchen, in wie weit dieser nichts anders als Form unsrer reinen Anschauung ist? Im letzten Falle müßte die Sonne mit allen Planeten und ihrem ganzen Wirkungskreise blos in der Vorstellung eines Menschen ihren Raum einnehmen. Wie vielfach würde dadurch das Sonnensystem werden? Jeder Mensch ist ein unendlich kleiner Theil von diesem, und in diesem unendlich kleinen Theile wäre wieder das ungeheuer grosse Ganze enthalten. Was würden wir von einem Menschen denken, welcher durch dergleichen Träumereyen seinen Kopf verwirrte? Wir müssen also bieß Sonnensystem für ein solches halten, welches sein Daseyn haben würde, wenn auch kein Erdbewohner davon eine Anschauung hätte, oder auch keine haben könnte. Es ist also da. Aber wo? Nicht in einem objectiven Raum? Worinn denn? Geben Sie diesem Wo einen Namen, welchen Sie wollen: so sind doch unzählige Dinge in ihm neben und ausser einander zugleich. Wir nennen das Wo deswegen Raum. Wie wollen Sie es nennen? Gleichviel! Der Begriff des Raumes wird sich uns immer wieder aufdringen, nicht als Anschauung, sondern als Raum ausser derselben, als ein solcher, welcher in den Dingen selbst ist. Wie wenn aber diese Dinge zu seyn aufhörten, würde denn auch der Raum, welchen sie einnehmen, zu seyn aufhören? d. h. würde denn die Möglichkeit,

daß

daß da Dinge auſſer und neben einander zugleich ſeyn könnten, ſich auch verlohren haben. Hiegegen ſträubt ſich unſre Vernunft, die Frage zu bejahen, weil es da, wo wirklich etwas geweſen iſt, auch möglich ſeyn muß, daß etwas
ſeyn kann.

Wo höret aber die Möglichkeit auf, daß mehrere
Dinge auſſer und neben einander zugleich ſeyn können? In
einem Orte, der ſo klein iſt, daß da nicht mehrere Dinge
angetroffen werden können. Wo ſonſt? wo iſt die letzte
Grenze der Möglichkeit? Geht ſie über den Umfang des
Weltgebäudes hinaus, oder hat ſie gar keine Grenze? Welcher unter den Sterblichen darf es wagen, dieß zu beſtimmen? Hier iſt die Grenze unſrer Vernunft, und warum
wollen wir über dieſe hindringen? Warum müſſen wir es?
Wenn ich mir auch Raum als eine bloſſe Anſchauung dächte:
ſo würde der Fall immer derſelbe ſeyn. Raum als Anſchauung iſt bey uns Vorſtellung eines endlichen Geiſtes, folglich begrenzte Vorſtellung, und alſo der Raum kann auch
als Vorſtellung nicht Grenzenlos ſeyn. Allein wenn denn
nun Raum übrig bliebe, und die Dinge, welche darinn
neben und auſſer einander zugleich wären, als zernichtet
gedacht würden: 2) was würde er dann ſeyn? Bloß Möglichkeit von reellem Raume, oder davon, daß Dinge auſſer
und neben einander ſeyn könnten? Iſt er alſo nicht ein
für ſich beſtehendes Unding? Welche Frage? würde der
Naturforſcher antworten. Dieß Prädicat gilt nur von Dingen, nicht aber Undingen, nicht von bloſſer Möglichkeit.
Er würde es Ihnen alſo nicht zugeſtehen, daß er ſich in dieſem Fall den Raum als ein für ſich ſubſiſtirendes Weſen
denken müßte. Er wird dem Raum als einer bloſſen Möglichkeit von dem Auſſereinanderſeyn mehrerer Dinge keine
abſolute Realität, aber wohl dem Raum eine obiective Realität beylegen, in wie weit er von Dingen, die auſſer und
neben einander zugleich ſind, eine obiective Beſtimmung im
Gegenſatz des Raumes iſt, welcher als Form unſrer An-

N 2 ſchauung

schauung oder als blosse Vorstellung von ihm gedacht wird.
Wie kann aber dieser Naturforscher dadurch, daß er dieses
behauptet, mit den Principien der Erfahrung in Streit ge-
rathen? Er wird vielmehr glauben hier eine vollkommne
Harmonie zwischen sich und diesen Principien zu erblicken.

Noch weit weniger steht die zwote Parthey, von wel-
cher einige metaphysische Naturlehrer seyn sollen, in einem
Streit mit den Principien der Erfahrung, welche Zeit und
Raum als inhärirende Bestimmungen der Dinge ansehen.
Denn von diesen ist hier die Rede. Diese Zeit und dieser
Raum, welche bende bey den Objecten selbst angetroffen
werden, gelten ihnen nicht für Verhältnisse der Erscheinun-
gen, welche von der Erfahrung abstrahiret, und in der Absonderung verworren vorgestellet werden, sondern für objective
Bestimmungen der Dinge selbst, wovon sie durch Hülfe der
Erfahrung eine Erkenntniß erlanget haben. Wie kann sich
hier ein Streit mit den Principien der Erfahrung erheben?
Diese Männer denken sich aber auch die Zeit überhaupt als
eine ununterbrochne Reyhe der Veränderungen, und den
Raum als die Bestimmung der Dinge, vermöge welcher sie
ausser und neben einander zugleich sind. Der Geometer
nimmt diesen allgemeinen, nicht verworrnen, sondern deutlichen Begriff in seine Wissenschaft auf, und hat von der
Wahrheit desselben eine apodiktische Gewißheit, weil er einsieht, daß diese Merkmale des Raums theils so in der Natur angetroffen werden, theils in dieser Verbindung keinen
Widerspruch in sich fassen. Hätte er es sich eingebildet, daß
der Raum blos eine Form der Anschauung und ausser dieser
in Ansehung der Dinge selbst Nichts wäre: so würden keine
wirkliche Dinge ausser und neben einander seyn können, und
er müßte in Ansehung dieser die Gültigkeit des objectiven
Raums bestreiten. Auch der Raum, als eine äussre Möglichkeit, daß Dinge ausser und neben einander seyn können,
würde ausser seiner Anschauung entweder seyn, oder nicht
seyn.

seyn. Im letzten Falle würde er mit seinem Raume nichts
anzufangen wissen. Er wäre blos ein Hirngespinnst seiner
Phantasie, oder wollen Sie lieber, blos Form der reinen
Anschauung. Wozu sollte ihm dieser nützen? Wäre aber
das erste wahr: so würde er gegen Sie gewonnen Spiel
haben, und der Raum bliebe, was er an sich wäre, wir
möchten eine Anschauung von ihm haben oder nicht. Es
wäre also der Raum grade umgekehrt, wie Sie behaupten,
kein Geschöpf der Einbildung, sondern unser Verstand machte
sich von ihm einen Begriff, welcher ihm entspräche. Nun
dächten wir uns ihn so, wie er wäre, und befragten die
Natur, wie sie diesen in den Dingen als Objecten unsrer
empirischen Anschauungen bestimmt und begrenzet hat. In
seiner Wissenschaft bemühet sich der Geometer es festzu-
setzen, wie der Raum eingeschlossen seyn kann, und von diesen seinen logischen Bestimmungen sucht er sich und seinen
Zuhörern durch Zeichen auf geräumigten Dingen, oder
durch Körper in der Natur eine klare empirische Anschauung
zu verschaffen, in welcher fast nichts mehr und nichts weniger als der allgemeine Begriff enthalten ist. Bey diesem
Geschäfte setzet er immer voraus, daß dasjenige, was wirklich
ist, auch möglich seyn muß. Freylich wird er es lehren,
daß seine Linien, Figuren, Körper, als eigentliche Gegenstände seiner Wissenschaft, blos in einer Anschauung seyn können, aber nur deswegen, weil diese von ihm als allgemeine
Begriffe angesehen werden, und folglich als solche nur in seinen Gedanken statt finden. Er würde sich aber dagegen setzen,
wenn man daraus schliessen wollte, daß keine einzelne Dinge
seyn könnten, welche unter diesen allgemeinen Begriffen als
indiuidua enthalten wären. Er wird es sich nicht abstrei-
ten lassen, daß seine Theoremen allgemein und nothwendig
wahr sind, weil er aus Erklärungen, deren Möglichkeit ihm
einleuchtet, aus Grundsätzen, deren Wahrheit seine Vernunft
ohne Widerspruch nicht leugnen kann, und aus den Verhältnissen, worinn er sie denket, sie so fliessen sieht, daß da-

durch

durch bey ihm eine apodictische Gewißheit von ihnen erzeuget wird. Was braucht er mehr, um ein regelmässiges, vollkommen gegründetes System zu errichten?

Er wird es Ihnen ableugnen, daß seine Begriffe verworren daß sie Geschöpfe der Einbildungskraft sind, weil Geschöpfe von der Art der Seele nie, als allgemeine Begriffe, sondern blos als einzelne Dinge (indiuidua), vorschweben können. Die Begriffe, und auch die Verhältnisse derselben in seiner Wissenschaft liegen also ausser dem Gebiete der Imagination, und sind Geschöpfe seines Verstandes und seiner Vernunft. Diese kann nun a priori, oder wie er sagen würde, aus allgemeinen Grundsätzen und Begriffen es mit apotiktischer Gewißheit erkennen, daß es nur vier Arten von Parallelogrammen geben könne, daß es möglich sey, einen Raum durch vier gleiche Linien und vier rechte Winkel einzuschliessen, daß in jedem gradlinigten Triangel die drey Winkel zusammen nicht mehr, nicht weniger, als 180° betragen; und er verläßt sich darauf, daß wo in der Natur ein Triangel ist, auch dieses statt haben müsse. Macht er Einen und läßt er seine Zuhörer die Winkel nachmessen: so zeiget es sich zu ihrem Vergnügen, daß sich dieses auch in dem einzelnen Triangel so findet, wie es nach der allgemeinen Theorie seyn muß. Er würde bey diesem seinen Unterricht über sich selbst lachen müssen, wenn er voraus setzte, daß der Raum ausser der subiectiven Bedingung seiner Sinnlichkeit Nichts wäre.

Diejenigen, welche Zeit und Raum als subsistirende Wesen annehmen, sollen nach Ihrer Meynung zwar für die mathematischen Behauptungen sich das Feld der Erscheinungen frey machen, aber sich durch eben diese Bedingung verwirren, wenn der Verstand über dieses Feld hinaus gehen will. Ohne Zweifel wollen Sie hiemit sagen, diese können zwar sich die Möglichkeit denken, daß ihnen Dinge in Zeit
und

und Raum erſcheinen: ſo bald ſie aber über dieſe Gegenſtände hinausgehen; ſo wird ihr Verſtand durch den Zwang
verwirrt, daß er ſich zwey ewige unendliche, für ſich be-
ſtehende Undinge denken muß. Was die Zeit anbetrift:
ſo wird kein mathematiſcher Naturforſcher ſie ſich als etwas
für ſich ſelbſt beſtehendes vorſtellen, und wenn er es thäte:
ſo müßte man mit der Verwirrung ſeines Verſtandes Mitleiden haben. Auch keiner wird den Raum, welchen einige einen leeren nennen, für ein Ding oder Unding halten,
das für ſich ſubſiſtirt, weil Subſiſtenz die Eigenſchaft von
einem Dinge iſt, aber es nicht von einem Unding ſeyn kann.
Er denket ſich unter dieſem, die äuſſere Möglichkeit, daß
Dinge auſſer und neben einander ſeyn können, eine Möglichkeit auſſer der Form unſrer Anſchauung, und iſt unbeküm-
mert darum, ob dieſe Möglichkeit auſſer unſrer Vorſtellung
Grenzen hat, oder nicht. Sein Verſtand wird hiebey von
aller Verwirrung frey bleiben.

Wie werden aber diejenigen fortkommen, welche den
Raum als etwas anſehen, das den Dingen ſelbſt anhänget?
Sie antworten: dieſe gewinnen darinn, daß Zeit und Raum
ihnen nicht in den Weg kommen, wenn ſie von Gegenſtänden nicht als Erſcheinungen, ſondern blos im Verhältniß
auf den Verſtand urtheilen wollen. Erlauben Sie mir,
daß ich es wage, hier ein Dollmetſcher Ihrer Worte zu ſeyn,
welche ſo ſonderbar nach einer Ihnen eigenthümlichen Sprache gewählt ſind. Ohne Zweifel wollen Sie dieß ſagen:
die Naturforſcher, welche den Raum als etwas betrachten,
was den Dingen ſelbſt auſſer unſern Vorſtellungen inhäriret,
können nach ihrer Hypotheſe die Erſcheinungen der Dinge
oder die Vorſtellungen, welche wir von ihnen erhalten, von
den Dingen ſelbſt als den Gegenſtänden der Erſcheinungen
unterſcheiden, und von ihnen im Verhältniß auf den Verſtand, als von wirklichen Gegenſtänden urtheilen, von welchen ſie den allgemeinen Begriff des Raumes abſtrahiren.

N 4 Dieß

Dieß ist aber auch für sie als Weltweise, welche sich nicht blos mit Ideen ohne Obiecte folglich nicht mit einem Schatten ohne Körper beschäftigen möchten, eine Sache von der größten Wichtigkeit. Diese wissen aus der Erfahrung, daß Dinge ausser ihren Vorstellungen neben einander zugleich sind, und daß da, wo sie sind, auch Raum als äussere Möglichkeit von dem Nebeneinanderseyn angetroffen werden muß, grade so wie jene unter den mathematischen Naturforschern, welche den Raum nicht als ein für sich subsistirendes Unding, sondern als eine äussere Möglichkeit betrachten, daß nämlich bey Dingen ein reeller Raum statt finden kann.

Wodurch sind Sie aber berechtiget, diese Naturforscher für solche zu halten, welche vermöge ihrer Behauptung weder von der Möglichkeit mathematischer Erkenntniß a priori Grund angeben, noch die Erfahrungssätze mit jenen Behauptungen in eine nothwendige Einstimmung bringen können? Freylich führen Sie für Ihren Schluß dieß als Grund an, weil ihnen eine wahre und obiectiv gültige Anschauung a priori fehlet. Mich deucht aber, daß sie eben durch diese ihre Behauptung eine solche Anschauung haben können. Dächten sie sich blos den Raum als eine Form der Anschauung, oder als eine subiective Bedingung ihrer Sinnlichkeit: so würden sie ihn ausser ihrer Anschauung für Nichts halten müssen. Er hätte also, wie Sie auch immer darauf dringen, keine obiective Realität, und würde nicht eine Bestimmung der Dinge an sich seyn können. Alles, was wir vom Raume sagten, gölte also blos von der Anschauung des Raums, und da in dieser doch kein Raum als Raum seyn kann: so wäre er weder in der Vorstellung noch ausser derselben, und folglich wäre er Nichts als ein leerer Traum, wovon keine eigentliche Ausmessung sich denken ließ. Es hätten also alle analytische und synthetische Sätze, welche wir aus dieser blossen Form unsrer Anschauung herleiteten,

keine

keine obiective Gültigkeit. Alle Regeln der Ausmeſſung in
der Geometrie würden zu Nichts gebraucht werden können,
weil kein Raum auſſer unſrer Vorſtellung ſeyn könnte,
worauf wir ſie als auf ein Obiect anzuwenden fähig wären.
Alsdann könnte unſre Anſchauung keine wahre, obiectiv
gültige genannt werden, weil keine Obiecte auſſer ihr wären,
worauf ſie ſich bezöge. Eine wahre brauchbare, obiectiv
gültige Erkenntniß von geometriſchen Wahrheiten muß
voraus ſetzen, daß Raum als Möglichkeit von dem Neben-
einanderſeyn mehrerer Dinge auſſer der Form unſrer Anſchauung ſtatt habe, und daß, wenn dieſe geleugnet würde,
auch der reelle Raum keine obiective Beſtimmung der Dinge
an ſich ſeyn könnte, daß alſo jene Möglichkeit in einem
gewiſſen Verſtande a priori da ſey, daß ſie aber dieß nicht
würde ſeyn können, wenn ſie blos Form der Anſchauung
und auſſer dieſer gar nicht wäre. Hieraus erkennen wir,
daß geräumigte Dinge Gegenſtände unſrer Anſchauung werden; daß wir aus dieſen, in wie weit ſie einen Raum einnehmen, den allgemeinen Begriff vom Raum abſtrahiren,
dieſen weiter beſtimmen, und aus dieſen Beſtimmungen
Folgerungen ziehen können, deren Richtigkeit unſre Vernunft
anerkennet, dieſe nun auf Dinge auſſer unſrer Vorſtellung
anwendet, in wie weit ſie, als einzelne Dinge (indiuidua)
unter den allgemeinen Begriffen ſtehen und ſie alſo mit den
Erfahrungsſätzen in eine nothwendige Uebereinſtimmung
bringet, wovon die praktiſche Geometrie uns ein glänzen-
des Beyſpiel darreichet. Nach Ihrer Theorie iſt aber alles
dieſes unmöglich.

Was werde ich alſo von Ihrer transſcendentalen Aeſthetik halten müſſen? Dieſe Frage wird ſich jeder leicht ſelbſt
beantworten können. Ihre Aeſthetik will ſolche Sätze zum
Grunde legen, welche grade weg die wahre Aeſthetik aufheben. Denn dieſe kann doch eigentlich nichts anders als
eine Doctrin ſeyn, worinn gezeiget wird, wie in uns die

N 5 *B. re.*

Vorstellungen von sinnlichen Gegenständen entstehen, wie unsre Denkkraft diese bearbeitet, sie verbindet, und zum Grunde legt, um unsrer Vernunft ein Feld zu eröffnen, worauf sie als auf ihrem eignen Boden die Blumen, welche sie auf dem Gebiete unsrer Sinnlichkeit gepflücket hat, verpflanzet, und ihrer so wartet, daß sie sich in der schönsten Blüthe zeigen.

Ihre Aesthetik soll uns aber lehren, daß Zeit und Raum blos reine Formen der sinnlichen Anschauung sind, daß sie ausser diesen keine obiective Bestimmungen der Dinge seyn können, und Sie haben doch im Grunde nichts weiters gezeiget, als daß wir eine Receptivität der äussern und innern Sinne haben, welchen äussere Gegenstände den Stoff zur empirischen Anschauung des Raums, unsre innere Veränderungen, nicht den Stoff zur reinen Anschauung von Zeit, sondern nur von einzelnen Veränderungen darreichen können, daß äussere Gegenstände, welche sich durch das Organon des Gesichtes unserm Gemüthe darstellen, nur als geräumigt erscheinen, und dieß ist bis auf die empirische Anschauung vom Puncte wahr, in welcher sich kein Raum findet, weil wir ihn ohne diesen erblicken. Nirgends haben Sie uns weder Raum noch Zeit erkläret, und uns dadurch in den Stand gesetzt, daß wir darnach Ihre so genannten synthetischen Sätze: 1) Raum, 2) Zeit sind blos reine Form unsrer sinnlichen Anschauungen, genau prüfen könnten.

Hätten wir keine Receptivität für solche Anschauungen: so würden auch diese nicht erfolgen können. Sie ist also vor aller Erfahrung und folglich auch a priori in unserm Gemüthe. Allein deswegen haben wir nicht auch die Anschauungen selbst a priori, wie Sie sehr oft behauptet, aber nirgends bewiesen haben; sondern sie wurden zuerst durch

den

den Stoff, welchen die Oblecte dazu unsrer Receptivität darreichen, und folglich a posteriori erreget.

Herr Prof. Reinhold hat zwar auch in dunkeln, und schwerfälligen Terminologien einen Beweis davon zu geben gesucht. Allein sein Versuch scheinet ihm nicht gelungen zu seyn, und konnte ihm auch schwerlich gelingen, weil die Sache grade mit den Wirkungen unsrer Denkkraft im Widerspruch steht, welche er beweisen wollte. Er behauptet, die Formen des äussern und innern Sinnes, d. h. bey ihm, die Beschaffenheit unsrer Receptivität, sinnliche Vorstellungen zu erlangen, ist vor aller Erfahrung und also a priori in unserm Gemüthe. Hiegegen habe ich nichts. Er schließt weiter: die Form des innern und äusseren Sinnes ist als Stoff der Vorstellung von Raum und Zeit in unserm Gemüthe bestimmt. Wenn ich ihm dieß auch ohne Ausnahme der Zeit und folglich ohne Einschränkung zugeben wollte: so würde er doch daraus nicht schliessen können, daß die Anschauung von Zeit und Raum selbst in uns a priori wäre. Der Stoff zur Vorstellung von diesen Formen der Sinnlichkeit wird uns durch Wirksamkeit unsrer Receptivität, nicht aber durch die Receptivität als blosses Vermögen a priori, gegeben. Wir müssen erst auf die Art ihrer Wirksamkeiten aufmerksam seyn, diese mit einander vergleichen, und uns nun durch Beobachtungen, und also a posteriori eine Anschauung von dieser Form verschaffen. Diese ist zwar eine Anschauung von den Formen unsrer Sinnlichkeit, welche a priori in uns vor allen Erfahrungen liegen. Allein wegen dieser Beschaffenheit der Formen können wir nicht die Anschauungen von ihr eine Anschauung a priori nennen, weil sie erst Erfahrung oder Beobachtung unsrer innern Wirksamkeiten voraus setzet, und eben so wie jede andre Vorstellung von innern Veränderungen unsrer Kraft zu denken und zu wollen in uns entsteht. Will Herr Reinhold eine Anschauung von Bestimmungen, welche in uns vermöge unsrer Natur

uns

— und also vor aller Erfahrung da sind, Anschauungen a priori nennen: so können wir ihm dieses nicht verwähren. Allein die Folgerungen, die er daher zieht, können aus dieser Quelle nicht hergeleitet werden, weil sie eine Anschauung zum Grunde legen, welche selbst in unserm Gemüthe auch in Ansehung ihres Ursprunges von aller Erfahrung unabhängig, und also vor ihr da ist. Ich habe aber bewiesen, daß wir solche Anschauungen von Zeit und Raum nicht haben.

Ihre transscendentale Aesthetik sollen nur diese beyden Elemente, Zeit und Raum, enthalten können, weil alle andre zur Sinnlichkeit gehörigen Begriffe, und selbst der Begriff der Bewegung, welcher beyde Stücke nämlich Zeit und Raum vereinigt, etwas Empirisches voraus setzen. Würden sie aber wirklich aus diesem Grunde nicht zu Ihrer Aesthetik gehören: so würden Zeit und Raum eben so wenig Elemente vor ihr seyn können, weil ihre Begriffe als Anschauungen eben so wohl etwas Empirisches zum Grunde legen, wie ich es bewiesen habe. Sie behaupten, daß im Raum nichts Bewegliches ist. Dieß kann doch in Ihrem System nichts anders heissen, als daß entweder in der reinen Form der Anschauung vom Raum nichts ist, was sich beweget, oder daß, wenn wir den Raum allgemein uns denken, in dieser Vorstellung keine Vorstellung von Bewegung lieget. Reden Sie von dem ersten: so gebe ich Ihnen vollkommen Recht; Sie würden aber aus eben dem Grunde es auch mir zugestehen müssen, daß in dem Begriff der Bewegung oder in der Form der reinen Anschauung derselben nichts bewegliches sich finde. Haben Sie sich bey Ihrem Satze das letzte gedacht: so würde ich auch hiegegen nichts einwenden. Sie schliessen: daher muß das Bewegliche etwas, das im Raum nur durch Erfahrung gefunden wird, mithin ein empirisches Datum seyn. Ganz recht. Das Bewegliche ist also nach Ihrem eignen Ausspruch ausser der Form unsrer Anschauung

von

Zeit und Raum, ist der Gegenstand selbst, welcher sich
beweget, oder nach und nach von einem Ort zum andern
übertritt, dessen Bewegung nicht durch die reine Form der
Anschauung, sondern durch die Erfahrung uns bekannt werden kann. Er würde sich aber nicht bewegen können, wenn
ausser der Form unsrer Anschauung keine Oerter neben einander zugleich wären. Es muß also der Raum auch eine
obiective Realität ausser der Form unsrer Anschauung haben. Hier ist also Ihr eignes Geständniß in Rücksicht
der Folgen, welche richtig daraus gezogen werden können;
mit dem Satze, welchen Sie so oft wiederhohlet haben,
nämlich daß Raum nichts als eine subiective Bedingung
unsrer äussern Sinnlichkeit ist, und keine obiective Realität
hat, in einem offenbaren Widerspruch. Können Sie diesen heben?.

  Eben so, sagen Sie ferner, kann auch die transscendentale Aesthetik nicht den Begriff der Veränderung unter
ihre data a priori zählen, weil nicht die Zeit, sondern etwas, das in der Zeit ist, sich verändert. Auch diese Behauptung läßt sich nicht anders nach Ihrem System als so
erklären: die reine Form von Anschauung der Zeit verändert sich nicht, sondern etwas, was in ihr ist. Wahrlich ein
synthetischer Satz, der ein seltsames Ansehen hat. Was ist
denn bey Ihnen Zeit? Können Sie sich etwas anders
darunter denken, als eine ununterbrochne Reyhe von Veränderungen? Muß olso nicht der Begriff der Veränderung in
dem Begriff oder der reinen Anschauung der Zeit nothwendig liegen? Wenn nun diese letzte zu Ihrer Aesthetik gehöret, wie kann denn der Begriff der Veränderung von ihr
ausgeschlossen seyn? So lange die reine Anschauung der
Zeit sich in unsern Vorstellungen nicht ändert: so lange wird
freylich auch die Zeit als Zeitbegriff unverändert bleiben.
Wer wird Ihnen bieß nicht gerne zugeben? Die Zeit also
eine Reyhe von wirklichen Veränderungen wird sich ändern
                                            müssen,

müssen, so wie die Successionen gegen das Gegenwärtige ein
andres Verhältniß erhalten.   Um diese Veränderung wahrzunehmen, dazu wird erfodert, daß wir von dem Daseyn
der Dinge und den Successionen ihrer Bestimmungen überzeugt werden, und diese Ueberzeugung kann nur durch Erfahrung in uns entstehen.   Wir könnten aber hievon keine
Erfahrung haben, wenn nicht ausser unsrer Form der reinen
Anschauung von Zeit Dinge wären, deren Bestimmungen auf
einander folgten, und unsrer Receptivität der Sinnlichkeit
zu Vorstellungen oder empirischen Anschauungen von ihnen
den Stoff darreichten.   Allein diese Reyhe der Successionen
ist nicht selbst unsre Anschauung von ihr, sondern äussrer
Gegenstand derselben, ist objective Zeit, objective Bestimmung der Dinge selbst, in welchen die Veränderungen auf
einander erfolgen.   Wenn Sie mir also dieses einräumen,
was eine richtige und nothwendige Folgerung aus Ihrer
eignen Behauptung ist: so wäre in Ansehung der Zeit zwischen uns der Streit gehoben.   Leben Sie wohl!

16. Brief.

Mein Herr,

Zu Ihrer transscendentalen Aesthetik fügen Sie noch allgemeine Anmerkungen hinzu.   Ihre Hauptabsicht bey diesen
geht dahin, es uns so deutlich, als möglich ist, zu erklären,
was Ihre Meynung in Ansehung der Grundbegriffe der
sinnlichen Erkenntniß überhaupt sey.   Sie halten diese Erklärung für nöthig, um allen Mißdeutungen derselben vorzu-
beugen.   Welchen Unterricht werden wir also nun mit
Recht von Ihnen erwarten?   Doch nicht etwa blos Wiederhohlungen in einer Ihnen eigenthümlichen Kunstsprache,
sondern neue deutliche Aufklärung über die Art, wie Sie sich
über-

überhaupt die Grundbeschaffenheit der sinnlichen Erkenntniß denken. Sie werden uns also unsre sinnliche Erkenntniß in einem noch glänzendern Lichte, als Sie bisher gethan haben, vor Augen legen, ihre eigentliche Grundbeschaffenheit entwickeln, und hinreichend beweisen müssen, daß Sie die wahre endecket haben. Wir wissen es nun doch, aus welchem Gesichtspunct wir Ihre Anmerkungen betrachten und beurtheilen müssen.

a) Die erste derselben ist diese: Alle unsre Anschauungen sind nichts als Vorstellungen von Erscheinungen. Dieß haben Sie uns nun freylich schon oft gesagt, aber Sie haben es eben so wenig hier als sonst wo genau erkläret, was Sie eigentlich dadurch anzeigen wollen, noch diesen Ihren synthetischen Satz bewiesen. Sie unterscheiden hier unsre Vorstellungen von Erscheinungen. Was können also die letzten seyn? Nichts anders als die Gegenstände selbst, welche uns durch Hülfe der Sinne erscheinen, oder die Vorstellungen, welche wir von ihnen haben. Im ersten Fall können die Erscheinungen unmöglich Anschauungen genannt werden, und im letzten ist der Satz dieser: Anschauungen sind nichts als Vorstellungen von Vorstellungen. Was sollen wir uns nun eigentlich bey diesem Satze denken? Vorstellungen, auf die Objecte bezogen, werden sonst von Ihnen Anschauungen genannt. Sie haben also die Bedeutung dieses Wortes hier geändert. Kann dieß aber ohne einige Verwirrung geschehen? Wir haben nicht blos sinnliche Anschauungen, sondern auch Anschauungen des Verstandes und der Vernunft. Diese sind doch keine Vorstellungen der Erscheinungen?

b) Die Dinge, die wir anschauen, sollen nicht das anßsich selbst seyn, wofür wir sie anschauen, noch ihre Verhältnisse eine solche Beschaffenheit an sich selbst haben, als sie uns erscheinen. — Nun so wären alle unsre sinnlichen Erkennt-

kenntniſſe Nichts als Wahn, Nichts als Betrug der Sinne.
Ich habe mich bisher überredet, daß Holz von Eiſen, daß
eine Eiche von einer Roſe, daß der Triangel, welchen ich
vor mir ſehe, von dem vor mir beſchriebenen Quadrat weſentlich unterſchieden wäre. Ich habe durch Hülfe der Erfahrung mir ihre weſentlich unterſchiedene Beſtimmungen
bekannt gemacht. Ich habe einen Triangel mit einem Parallelogramm verglichen, gefunden, daß ſie gleiche Grundlinien und Höhen haben, und daraus geſchloſſen, daß dieſes
einen nochmal ſo groſſen Flächeninnhalt hat, wie jener. Ich
habe eine Linie den drey Linien eines Triangels gleich gemacht,
und mir nun das Verhältniß der Gleichheit zwiſchen der
einen und den drey Linien des Triangels vorgeſtellt. Alles
dieſes lag in meiner ſinnlichen Anſchauung von dieſen Gegenſtänden, und doch ſollen dieſe Dinge dieſe weſentlich
unterſchiedenen Beſtimmungen nicht haben; die Verhältniſſe
ſollen nicht ſo ſeyn, wofür ich ſie anſchaue. Anſchauungen
ſind ſie freylich nicht in den Dingen ſelbſt, ſondern die
Gegenſtände von dieſen, welche, wenn ſie auch nicht angeſchauet würden, ihre eigenthümliche Formen hätten. Dieß
verſteht ſich von ſelbſt. Dieß können Sie auch nicht ſagen
wollen, wenn Sie behaupten, daß die Dinge und ihre Verhältniſſe an ſich nicht ſo beſchaffen ſind, als ſie uns erſcheinen. Wäre dieß ohne Einſchränkung richtig, was würden
dann unſre Anſchauungen von ihnen ſeyn? Nichts als
Träumereyen, durch welche wir nach der ſubiectiven Form
unſrer Sinnlichkeit gezwungen würden, die Dinge uns
anders, ihre Verhältniſſe uns anders vorzuſtellen, als ſie
ſind. Unſre ſinnliche Erkenntniß wäre alſo in Rückſicht
ihrer Obiecte keine wahre, ſondern blos eine Täuſcherinn,
welche uns hinterginge. Können Sie dieß im Ernſt die Welt
bereden wollen?

    c) Wenn wir unſer Subiect, oder auch nur die ſubiec-
tive Bedingung unſrer Sinnlichkeit aufheben: ſo ſind, wie
Sie

Sie hinzusetzen, alle die Beschaffenheiten, alle die Verhältnisse der Objecte in Zeit und Raum, ja selbst Raum und
Zeit verschwunden, und als Erscheinungen können sie nicht
an sich selbst, sondern nur in uns existiren. Wie wenn wir
keine subjective Bedingung der Sinnlichkeit hätten, um
Vorstellungen von den Gegenständen, von ihren Verhältnissen in Zeit und Raum, und von beyden selbst zu erhalten?
So wären sie alle verschwunden. Wo denn? In unsern
Anschauungen? Ganz recht. Denn diese würden wir dann
nicht haben können, weil sie als Erscheinungen nicht an sich
selbst, sondern nur in uns ihr Daseyn haben. Hieraus können
Sie aber nichts weiter schliessen, als daß Erscheinungen, d. h.
unsre Vorstellungen von den Gegenständen nicht weiter statt
hätten. Könnten Sie aber wohl daraus die Folgerung machen, daß die Gegenstände mit allen ihren eigenthümlichen
Beschaffenheiten, mit allen ihren Verhältnissen in Zeit und
Raum, welche wir itzt, da wir die dazu nöthige subjective
Bedingung der Sinne haben, aus Erfahrungen kennen,
auch verschwunden seyn würden? Was haben diese, an sich
betrachtet, mit unsrer subjectiven Bedingung der Sinnlichkeit
zu thun? Die Feder, womit ich schreibe, bleibt, was sie ist,
behält die Eigenschaft, welche sie hat, die Gestalt, die ich
ihr zu meinem Zwecke gegeben habe, ich mag eine sinnliche
Anschauung von ihr haben, oder nicht. Wenn Sie uns nur
dieß zugeben: so wollen wir Ihnen es gerne zugestehen,
daß die Dinge nicht als Dinge, sondern als Erscheinungen
nicht an sich selbst, sondern nur in uns existiren, und daß sie
verschwunden seyn würden, wenn unsre subjective Bedingung
der Sinnlichkeit verlohren gegangen wäre.

d) Es bleibt uns gänzlich unbekannt, was es für eine
Bewandniß mit den Gegenständen an sich und abgesondert
von aller dieser Receptivität unsrer Sinnlichkeit haben möge.
Sie scheinen dieß als einen Zusatz (corollarium) anzusehen,
welcher unmittelbar aus Ihren vorhergehenden Behauptun-

O   gen

gen folget. Nur Schade, daß diese keine Gültigkeit hat, wie ich oben bewiesen habe. Sie wollen, daß wir die Gegenstände von aller Receptivität unsrer Sinnlichkeit absondern; und wenn wir dieß thäten: so würde es uns gänzlich unbekannt bleiben, was es für ein Bewandniß mit den Dingen an sich hätte. Auch dieß würde ich nicht in Abrede seyn, wenn Sie nur damit so viel sagen wollten: wären diese Gegenstände so von aller Receptivität unsrer Sinnlichkeit abgesondert, daß sie auf diese gar keinen Einfluß haben könnten: so würden wir gar keine Erkenntniß von ihren Beschaffenheiten und Verhältnissen haben. Dieß letzte würde freylich bey uns nicht möglich seyn, weil die Gegenstände alsdann unsrer Sinnlichkeit keinen Stoff zu Vorstellungen von sich, von ihren Eigenschaften, von ihren Verhältnissen in Ansehung des Raumes und der Zeit darreichen könnten, und wir Sterbliche auf keinem andern Wege Erkenntniß von ihnen zu erhalten, im Stande sind. Allein so verhält sich nun zu unserm Glücke die Sache nicht. Die innern und äussern Gegenstände stehen in keiner solchen Absonderung von aller Receptivität unsrer Sinnlichkeit, sondern sie machen vielmehr Eindrücke auf diese, und geben ihr den Stoff zu Vorstellungen von sich, von ihren Eigenschaften, von ihren Verhältnissen in Rücksicht des Raumes und der Zeit, und so weit sie dieß thun, können wir auch eine Erkenntniß von allem diesen uns verschaffen. Den Stoff zu Vorstellungen von ihrer innern ersten Grundkraft, worinn der Grund der Möglichkeit von allem ihrem Wirken und Leiden enthalten ist, können sie der Receptivität unsrer Sinnlichkeit nicht geben, sondern unsre Vernunft muß ihre Kräfte versuchen, ob sie fähig ist, aus demjenigen, was jene gegeben haben, auf die Beschaffenheit ihrer ersten Grundkräfte sicher zu schliessen, und sie wird es auf dieser Bahn der höhern Untersuchung zur Demüthigung ihres Stolzes bald genug bemerken, wie wahr in Rücksicht ihrer jetzigen Lage dieser Ausspruch eines unsrer besten philosophischen Dichter ist: ins Innre der Na-

tur

tur bringt kein erschaffner Geist. Zu glücklich, dem sie
noch die ersten Schaalen weist.

e) Wir kennen nichts, als unsre Art die Gegenstände
wahrzunehmen, welche uns eigenthümlich ist, welche auch
nicht nothwendig jedem Wesen, ob zwar jedem Menschen
zukommen muß. Allein woher wissen Sie denn dieß letzte
mit so apodictischer Gewißheit? Doch nicht anders, als
durch eine sehr unvollständige Induction, welche sich auf
Ihre Erfahrung gründet? Menschen gehören ja auch zu
den Gegenständen unsrer Sinnlichkeit; und wenn Sie sich
denn so gewiß davon überzeuget haben, daß wir nicht die
Gegenstände selbst, sondern nur unsre Art, sie wahrzunehmen, kennten, daß wir von jenen ohne Rücksicht auf unsre
subiective Bedingung der Sinnlichkeit nichts wüßten: so könnte ich es mir nicht erklären, wie Sie von dieser Eigenschaft
des Menschen, als einer ausgemachten Sache, so zu reden
fähig wären. Ich muß gestehen, daß ich mehr von meinen
äussern Wahrnehmungen selbst, als von meiner Art wahrzunehmen weis. Jene haben der Möglichkeit nach in der Receptivität und Spontanität meiner sinnlichen Vorstellungsfähigkeit, ihrer Wirklichkeit nach in der Einwirkung äusserer
Gegenstände auf die Organe meiner Sinne ihren Grund. So
lange äussere Gegenstände auf die Organe unter gleichen Umständen auf einerley Art wirken: so steht es weder in meiner,
noch in der Gewalt irgend eines andern Menschen, in den sinnlichen Wahrnehmungen etwas wesentliches zu ändern. Da, wo
ich und andre Menschen von gesunden Sinnen und Verstande
ein Meer mit brausenden Wogen gewahr werden, können
wir durch alle Anstrengung unsrer Imagination keine Blu-
menreiche Wiese hinzaubern, und unsern Blicken darstellen.
Die sinnliche Anschauung bleibt immer unverändert dieselbe:
so lange der Gegenstand sich nicht ändert, und wir unsre
Blicke auf ihn werfen. Dieß lehret eine Erfahrung, welcher
Sie in Ansehung solcher Wesen, wie wir sind, von solchen
Sinnen, wie wir haben, eine allgemeine Gültigkeit ohne

O 2   Wi-

Widerrede zugestehen werden.   Vielleicht sind in der Gei-
sterwelt unzählich viele verschiedene Classen, von welchen eine
jede ihre eigenthümliche Art hat, sinnlich die Dinge wahrzunehmen, welche so wie von jeder Art der übrigen auch von der
unsrigen sehr unterschieden ist.   Unterdessen mag diese Verschiedenheit so groß seyn, wie sie wolle; so werden doch alle
diese denkende Wesen, wenn sie sich anders die Dinge so
vorstellen, wie sie sind, Raum und Zeit als obiective Bedingungen von ihnen denken müssen.

f) Raum und Zeit sind die reinen Formen der Art,
die Gegenstände wahrzunehmen, Empfindung ist überhaupt
die Materie.   Was wollen Sie eigentlich hiemit sagen?
Nach ihrem System kann bieß nichts anders heissen, als in
jeder sinnlichen Wahrnehmung liegt eine reine Anschauung
von Zeit und Raum zum Grunde, und wir würden ohne
diese keine Wahrnehmung haben.   Dieß ist aber unsrer Erfahrung entgegen.   In meinen sinnlichen Wahrnehmungen
liegt nichts von Zeit, wenn ich mir nicht der Zeit als einer Reyhe von Veränderungen in den Dingen, die ich wahrnehme, bewuſt bin; auch nichts vom Raum, wenn ich nicht eine sinnliche Vorstellung von Dingen habe, worinn Theile ausser und
neben einander zugleich sind.   Jenes hat statt, wenn sich mir
Gegenstände darstellen, ohne daß ich in ihnen Veränderungen
bemerke, und dieses ist denn der Fall bey mir, wenn die
Obiecte meinen Augen als einzelne Puncte erscheinen,
in welchen ich nichts mehr unterscheiden kann.   Hieraus
erhellet, daß nicht Zeit und Raum durchaus die Formen meiner Wahrnehmungen seyn müssen.   Sie nennen die Materie derselben die Empfindung.   In Ihrer Schule wird aber
sonst die Vorstellung auf das denkende Subiect bezogen, Empfindung genannt, und so wäre diese Vorstellung die Materie der Wahrnehmung.   Allein dieß scheinet hier Ihre
Meynung nicht zu seyn.   Ohne Zweifel denken Sie sich hier
unter Materie den Inhalt der Vorstellung, z. B. einen
vorge-

vorgestellten Tisch, die vorgestellte Sonne, u. s. w. Diese Materie einer sinnlichen Wahrnehmung bezieht sich stets auf ihren Gegenstand, und folglich auf ein oder mehrere einzelne Dinge (individua).

g) Zeit und Raum können wir allein a priori, d. i vor aller wirklichen Wahrnehmung erkennen, und sie heissen darum reine Anschauungen. Die Materie ist aber das in unsrer Erkenntniß, was da macht, daß sie Erkenntniß a posteriori, d. i. empirische Anschauung heisset. Allein Zeit und Raum als allgemeine Begriffe können wir nicht zuerst ohne alle wirkliche Wahrnehmungen erkennen, weil sie als solche in unsrer Vorstellung nicht ehr statt finden können, als bis unser Verstand sie aus einzelnen empirischen Wahrnehmungen gezogen hat. Sie entspringen also wie andre allgemeine Begriffe zuerst aus Erfahrungen, folglich a posteriori, und nur dann erst können wir durch eine Absonderung aller individuellen Bestimmungen der Dinge, worinn wir sie wahrnehmen, sie zu allgemeinen Begriffen, zu reinen Anschauungen erheben, und nun bemerken, daß wir in den einzelnen empirischen Anschauungen von solchen Gegenständen diese allgemeinen Begriffe von Zeit und Raum nach ihren Merkmalen wieder finden.

h) Zeit und Raum hängen unsrer Sinnlichkeit schlechthin nothwendig an, von welcher Art auch unsre Empfindungen seyn mögen, obgleich diese sehr verschieden seyn können. Hiegegen empört sich wieder meine Erfahrung. In meinen Empfindungen durch Hülfe der Organe vom Gehör, vom Geschmack, von Geruch findet sich weder eine Anschauung von Zeit noch Raum. Soll mein Verstand beydes in ihnen gewahr werden: so muß ich eine empirische Anschauung von Gegenständen haben, worinn sich eine ununterbrochne Reyhe von Successionen, oder worinn sich Theile ausser und neben einander zugleich sinnlich darstellen.

O 3   i) Wenn

i) Wenn wir diese unsre empirischen Anschauungen auch zum höchsten Grade der Deutlichkeit bringen könnten: so würden wir dadurch der Beschaffenheit der Gegenstände an sich selbst nicht näher kommen. Dieß ist ein synthetischer Satz, dessen Beweis Sie uns wohl auf immer schuldig bleiben werden. Weder in Ihren vorhergehenden Entwicklungen, noch in diesen allgemeinen Anmerkungen zu Ihrer transscendentalen Aesthetik, welche im Grunde nichts mehr als bloße Wiederhohlungen sind, haben Sie ihn bestättiget. Das Gegentheil von ihm zu beweisen wird eben keine Schwierigkeit machen. Brächten wir unsre empirische Anschauung zum höchsten Grad der Deutlichkeit: so würden wir in den Gegenständen derselben außer uns alles unterscheiden, was darinn unterschieden ist, und unsrer Receptivität der Sinnlichkeit den Stoff zur Vorstellung von sich dargereichet hat. Wir würden alles bemerken, was in ihnen enthalten wäre, nicht blos die Verschiedenheit der Theile, die Merkmale, wodurch sie sich unterscheiden, sondern auch die Verhältnisse, welche sie gegen einander haben. Wir würden also die Beschaffenheit derselben besser kennen, oder wie Sie sich ausdrücken, ihnen näher kommen. Die Anschauung eines Künstlers, welche eine theoretische Kenntniß von seinen Kunstwerken hat, ist doch von der Anschauung eben dieser Werke in einem Kinde Himmelweit unterschieden. Ein Mann, welcher der Structur des menschlichen Körpers bis auf die kleinsten Fäserchen nachgeforscht, den Zweck, welchen jeder Knochen, jede Ader, jede Sehne hat, die erstaunenswürdige gegenseitige Einwirkungen der Theile auf einander, die zweckmäßigen Bewegungen, die daher erfolgen, sich bekannt machte, hat doch eine weit richtigere, weit genauere, weit größere Erkenntniß von der Beschaffenheit unsers Körpers, als ein Uneingeweihter in dieser Art der Wissenschaft. Er wird es Ihnen ableugnen, und dieß mit Recht, daß er nur blos seine Art der Anschauung, blos seine Sinnlichkeit, daß er blos die Structur des Körpers, die zweckmäßige Verbindung

dung unter der ihm ursprünglich anhängenden Bedingung von Zeit und Raum erkenne, und daß es ihm durchaus nicht bekannt sey, was sein Gegenstand für eine Beschaffenheit habe. Je aufgeklärter seine Erkenntniß von dieser ist: desto mehr ist er überzeugt, daß diese nicht auf bloße Erscheinungen als subiective Vorstellungen, sondern vielmehr auf die obiectiven Eigenschaften seines Gegenstandes sich stüße, von welchen er keine Erkenntniß haben würde, wenn sie ihm nicht den Stoff zu diesen Vorstellungen dargereicht hätten, welche also diesem entsprechen müssen.

Sie behaupten, daß die Philosophen unsre ganze Sinnlichkeit für nichts anders als für verworrne Vorstellungen der Dinge ausgeben, welche lediglich das enthält, was ihnen an sich selbst zukömmt, aber nur unter einer Zusammenhäufung von Merkmalen und Theilvorstellungen, welche wir nicht mit Bewußtseyn aus einander setzen. So wird kein Weltweiser, der diesen Namen verdient, je geredet haben. Wie könnte er die Sinnlichkeit für eine eigentliche Vorstellung ausgeben? Er müßte in diesem Fall zu kurzsichtig seyn, um es einzusehen, daß unsre Sinnlichkeit blos ein Vermögen, und als ein solches von den Wirkungen der Sinnlichkeit unterschieden wäre. Zwischen sinnlicher Erkenntniß, und Erkenntniß des Verstandes und der Vernunft haben die Philosophen freylich längst einen Unterschied gemacht. Jene gründet sich auf das Bewußtseyn unsrer empirischen Vorstellungen, welche entweder durch Einwirkungen der Gegenstände auf die Organe unsrer Sinne, oder durch unsre innre Veränderungen, deren wir uns bewußt werden, in uns entstehen. Sinnliche Vorstellungen von der ersten Art haben stets einzelne Dinge (indiuidua) zu Gegenständen, und von diesen ist, wenn wir darauf achten, die Vorstellung unzertrennlich, daß die Gegenstände selbst außer uns als denkenden Subiecten angetroffen werden. Die empirischen Vorstellungen von ihnen sind immer Totalanschauungen der Gegenstände, und folglich denken wir uns

O 4   den

den Gegenstand als ein Ganzes, ohne uns in dieser Anschau=
ung der Theile besonders bewußt zu seyn. Wir unterscheiden
also in dieser Vorstellung die Theile nicht, stell.n uns sie mit
einmal, und folglich ohne Absonderung, ohne Bewußtseyn
der einzelnen Theile, d. i. verworren (confuse) vor. Wollen
wir die Theile unterscheiden: so müssen wir auf sie besonders
unsre Aufmerksamkeit richten, über das Ganze reflectiren,
und durch eine Abstraction sie gleichsam unserm Zweck gemäß
zergliedern. Hier geht nun das Gebiet des Verstandes und
der Vernunft an. Wo ist hier Verfälschung des Begriffes
von Sinnlichkeit? Wie sollte diese Lehre von ihrer Wirksam=
keit leer und unnütz seyn? Sie ist auf richtige Beobachtung
gebauet, und wir legen in ihr dasjenige zum Grunde, was
wir durch genaue Aufmerksamkeit in unsern empirischen äus=
eren Vorstellungen vornehmlich gewahr wurden. Finden
Sie in ihren Anschauungen, wozu äussere Gegenstände ihnen
den Stoff darboten, es anders: so muß die Beschaffenheit
Ihrer sinnlichen Vorstellungsfähigkeit von einer andern Art
als die unsrige seyn, und dann wäre mit einmal unser
Streit gehoben. Sie redten von einer Ihnen eigenthüm=
lichen Form der Sinnlichkeit, und ich redete von der mei=
nigen, und von der Form, welche bey den übrigen Men=
schen so allgemein sich findet. Folglich könnten wir beyde
Recht haben. Den Unterschied zwischen einer deutlichen und
undeutlichen Vorstellung halten Sie blos für einen logischen,
welcher den Innhalt nicht betrifft. Grade aber deswegen,
weil er logisch richtig ist: so wird er mir wichtig. Denn die=
ses könnte er nicht seyn, wenn nicht dadurch eine verschiedene
Art der Erkenntniß bezeichnet würde. Ist denn die verschie=
dene Art, wie wir uns das Mannigfaltige in den Gegenstän=
den denken, so ganz gleichgültig, und kann dieß nicht das
Merkmal werden, wodurch ich die Wirkung der Sinnlichkeit
von den Wirkungen des Verstandes und der Vernunft unter=
scheide? Dieser Unterschied betrifft auch allerdings den Inn=
halt der Vorstellung. Diese ist blos sinnlich, wenn wir uns
des ganzen Gegenstandes, so wie er sich den Sinnen darstellt,

aber

aber nicht der Theile besonders bewußt werden. Deutlich wird die Vorstellung, wenn wir in derselben auch auf die einzelnen Theile unsre Aufmerksamkeit richten, sie gegen einander vergleichen, und das Mannigfaltige in derselben besonders uns denken, was in der sinnlichen Vorstellung unter einer Zusammenhäufung der Theile als ein Ganzes lag. Dieß ist nun schon eine Folge von der Wirkung unsers Verstandes durch Hülfe der Reflection und Abstraction. So viel ich weis, hat auch keiner von unsern Einsichtsvollen Philosophen behauptet, daß alles, wovon wir eine verworrne Vorstellung (ideam confusam) haben, ein Gegenstand unsrer Sinnlichkeit seyn muß. Wie können Sie es behaupten, daß der Begriff vom Recht, dessen sich der gesunde Verstand bedienet, eben dasselbe enthalte, was die subtilste Speculation aus ihm entwickeln kann. Der gemeine Mann von gesundem, aber nicht aufgeklärtem Verstande hat eigentlich vom Recht keine Begriffe, wenigstens sind sie im höchsten Grade verworren. Allein nach seinem moralischen Gefühle, und nach der Erziehung, welche er erhalten hat, weis er in seinem Wirkungskreis fast jedesmal, was Recht oder Unrecht sey. Seine Begriffe, wenn sie anders ihm beygelegt werden können, sind in diesem Fache, wo nicht dunkel, doch sehr verworren. Wir können freylich deswegen nicht sagen, daß sein Begriff sinnlich sey, und eine blosse Erscheinung enthalte, weil das Recht gar nicht erscheinen kann, sondern sein Begriff im Verstande liegt, und eine moralische Beschaffenheit der Handlungen vorstellt, die ihnen an sich selbst zukömmt. Hierinn wird Ihnen jeder seinen Beyfall nicht versagen. Allein unsre Philosophen behaupten doch auch nicht, daß alles, was wir uns verworren vorstellen, eine empirische Vorstellung seyn muß, welche durch Hülfe der verschiedenen Organe von unsern Sinnen die äussern Gegenstände in uns erreget haben. Wenn jemand weis, daß ein Triangel ein Raum sey, welcher von drey Linien eingeschlossen ist: so hat er von diesem allgemeinen Gegenstand der Geometrie einen deutlichen Begriff. Weis

er

er aber nicht das Mannigfaltige in den Merkmalen des Triangels besonders anzugeben: so ist seine Vorstellung von den Theilen des Triangels verworren, und, wenn er sich ihn im Allgemeinen denket, dabey nicht sinnlich, sondern eine Vorstellung des Verstandes.

Ihre Vorstellung eines Körpers soll in der Anschauung gar nichts enthalten, was einem Gegenstande an sich selbst zukommen könnte. Auch die Meinige ist in einem gewissen Verstande eben so beschaffen. Was in meiner Anschauung eines Körpers liegt, ist blos Vorstellung in mir, und diese kann mit ihrer Form und ihrem ganzen Innhalte, nicht in dem Körper liegen, weil sie blos Bestimmung meiner subjectiven Denkkraft ist. Allein eine andre Frage ist diese: liegen die Eigenschaften, wovon ich mir eine Vorstellung mache, nicht in dem Körper? Ich betrachte einen Cylinder. In meiner Vorstellung von ihm liegt nichts, was dem Cylinder selbst für sich betrachtet zukömmt, weil die eigenthümliche Form meiner Vorstellung nicht die Form des Körpers selbst seyn kann. In meiner Vorstellung liegt nichts als Vorstellung, aber sie ist in mir ein Bild von dem Gegenstande, und das Original davon ist der Cylinder, welcher vor mir liegt. Die Receptivität meiner Erkenntnißfähigkeit, Vorstellungen von Gegenständen zu erhalten, welche auf meine Sinne wirken, heißt Sinnlichkeit. Diese Receptivität ist blos Vermögen, keine Erkenntniß des Gegenstandes an sich, und jene bleibt also von dieser, wenn man gleich den Gegenstand, der uns erscheinet, bis auf den Grund durchschauen möchte, himmelweit unterschieden. Hier scheinen wir uns wieder auf einem Wege, aber in entgegengesetzten Richtungen anzutreffen.

Ich habe zwar keinen Beruf die Leibnitz-Wolfische Philosophie gegen diese Ihre Anklage zu vertheidigen, daß sie allen Untersuchungen über die Natur und den Ursprung unsrer

unsrer Erkenntniß einen ganz unrichtigen Gesichtspunct angewiesen hat, weil sie den Unterschied der Sinnlichkeit von
dem Intellectuellen blos als logisch betrachtet. Dieß thut
sie aber denn doch meiner Einsicht nach nicht, wenn dieß so
viel heissen soll, daß sie Deutlichkeit in den Vorstellungen
(distinctio) als einen ausschliessenden Character des Intellectuellen, und Undeutlichkeit in ihnen (confusio) zum einzigen
Merkmal der Sinnlichkeit mache. Sie hat es nie geleugnet,
daß auch die Verstandesbegriffe undeutlich (notiones confu-
sae) seyn können. Sie schloß vielmehr so: der Mensch ist unfähig, alle besondre Merkmale der einzelnen Dinge sich vorzustellen. Es wird folglich in seinen Vorstellungen von ihnen manches durchaus unausgewickelt, oder durch einander
gemischt erscheinen. In abstracten Ideen, welche blos die
Aehnlichkeit der einzelnen Dinge (individuorum) unter sich
begreifen, kann eine vollkommne Deutlichkeit statt finden, und
da diese weder in den Vorstellungen der Sensation noch der
Imagination so beschaffen seyn kann: so unterscheidet sich von
beyden unser Verstand, durch das Vermögen, deutlich zu
denken. Will ich also die Meynung des Leibnitzianers hier
nicht unrichtig erklären: so sehe ich, daß nach ihm das In-
tellectuale da angeht, wo wir nicht mehr einzelne Dinge,
sondern ihre Aehnlichkeit, folglich allgemeine Begriffe uns
denken, und uns derselben besonders bewußt werden. Weil
nur in Ansehung dieser eine vollkommne Deutlichkeit statt haben
kann: so erklärte er den Verstand durch ein Vermögen deutlich zu denken. Hieraus erhellet also, daß nach seinem System die Sinnlichkeit sich 1) auf Vorstellungen von einzelnen
Gegenständen, in wie weit sie auf unsre Sinne wirklich Eindruck machen, 2) auf Vorstellungen, in welchen wir diese einzelne Dinge uns wieder so vorstellen, wie sie unsrer Receptivität den Stoff zu Anschauungen von sich dargereichet hatten (imaginationes, Einbildungen) erstrecken. Der Verstand
(intellectus) hat zu unmittelbaren Gegenständen die Aehnlichkeiten der einzelnen Dinge, oder die Merkmale, worinn sie
über-

übereinkommen, folglich allgemeine Begriffe. In dieser
Philosophie ist also die Sinnlichkeit von dem Intellectuellen
theils in Ansehung der Art, wie die Dinge vorgestellet werden,
theils in Rücksicht des Innhalts der Vorstellungen unterschieden, und deswegen glaubt sie berechtiget zu seyn, einen logischen Unterschied zwischen beyden zu machen, welcher sich theils
auf die verschiedene Art der Vorstellungen, theils auf die
Verschiedenheit ihres Innhaltes gründet. Hieraus entspringt
der Unterschied zwischen sinnlicher und intellectueller Erkenntniß. Jene entsteht aus dem Bewustseyn der Vorstellung
von einzelnen Dingen, welche auf unsre Sinne wirken, oder
gewirket haben; diese aus dem Vermögen, das Allgemeine
aus den sinnlichen Vorstellungen herauszuheben und es sich
gewöhnlich unter selbst gewählten Symbolen in allgemeinen
Begriffen vorzustellen. Sollte dieß nicht der rechte Gesichtspunct seyn, aus welchem wir die Natur und den Ursprung
unsrer Erkenntnisse untersuchen müssen? Welchen richtigern
Gesichtspunct haben Sie uns denn dafür angewiesen? Sie
sagen: 1) der Unterschied unter beyden ist transscendental,
ohne zu zeigen, worinn dieß bestehe; 2) er betrift nicht blos
die Form der Deutlichkeit und Undeutlichkeit, sondern den
Ursprung und Innhalt derselben; 3) durch die erste, (Sinnlichkeit) erkennen wir die Beschaffenheit der Dinge an sich
selbst nicht blos undeutlich, sondern gar nicht; 4) das vorgestellte Object mit den Eigenschaften, welche ihm die sinnliche
Anschauung beylegte, ist überall nirgends anzutreffen, noch
kann irgend wo angetroffen werden, weil eben diese subiective
Beschaffenheit die Form desselben als Erscheinung bestimmt.
Was den zweyten Punct anbetrift: so haben die Wolfianer
die Deutlichkeit (distinctionem idearum) und die Undeutlichkeit (confusionem) so erklärt, daß dabey so wohl auf den
Innhalt, als auf die Art unsrer Erkenntniß Rücksicht genommen ist, wie ich oben gezeiget habe. Ich finde aber hier in
diesen Ihren Anmerkungen nichts, woran ich das Intelle-
ctuale erkennen, und den Unterschied zwischen diesem und unsrer

srer Sinnlichkeit bestimmen kann. Was nun den dritten
und vierten Punct anbetrist: so kann ich mich nicht davon
überreden, daß Sie sich wirklich von der Wahrheit derselben
überzeuget haben. Wüsten Sie mit Zuversicht, daß Sie durch
Hülfe Ihrer Sinne die Beschaffenheit der Dinge an sich gar
nicht erkennen, und daß ausser Ihrer subiectiven Beschaffenheit die vorgestellten Obiecte mit den Eigenschaften, welche
ihnen Ihre sinnliche Anschauung beylegte, überall nirgends
angetroffen werden kann: so kann ich es mir gar nicht erklären, wie Sie den Entschluß fassen konnten, für uns eine
Kritik der reinen Vernunft zu schreiben. Bey diesem müssen
Sie doch voraussetzen, daß ausser Ihnen geräumigte Dinge
sind, auf welche Sie die Buchstaben hinziehen können, welche in Ihrer Kritik vorkommen sollen; daß ausser Ihnen
Augen da sind, welche sie nicht in Ihrer subiectiven Beschaffenheit oder Form der Sinnlichkeit, sondern auf den Blättern
lesen sollen, worauf Sie sie geschrieben haben; daß diese
sich so den Augen der Leser darstellen, wie Sie sie zeichneten;
daß diese die Gedanken, wovon sie sinnliche Zeichen sind, durch
ihre Form in dem Gemüthe Ihrer Leser erregen; daß die
Eigenschaften, welche die sinnliche Anschauung ihnen beylegt,
auch ihnen selbst anhängen; und daß folglich die subiective
Bestimmung unsrer Sinnlichkeit so beschaffen sey, daß sie
nicht blos subiective Erscheinungen von Obiecten hervorbringt,
welche ausser der subiectiven Beschaffenheit nirgends angetroffen
werden, sondern daß diese in der Seele richtige Abbildungen
von dem sind, was in den Obiecten an sich selbst betrachtet,
liegt. Wollen Sie uns aber vielleicht nichts weiter lehren,
als daß unsre Vorstellung von dem Obiect als eine Erscheinung ausser unsrer subiectiven Beschaffenheit, ausser unsrer
empirischen Anschauung nirgends angetroffen werden kann:
so werden Sie auf eine ganz sonderbare Art die größte
Zubereitung gemacht haben, um uns etwas zu sagen, woran
auch der dummste Menschenverstand nie hat zweifeln
können.

Frey-

Freylich unterscheiden wir wohl unter Erscheinungen
dasjenige, was der Anschauung derselben wesentlich anhängt,
und für jeden menschlichen Sinn überhaupt gilt, von demjenigen, was derselben nur zufälliger Weise zukömmt, indem
es nicht auf die Beziehung der Sinnlichkeit überhaupt,
sondern nur auf eine besondre Stellung oder Organisation dieses oder jenes Sinnes gültig ist. Worinn kann aber dieser
Unterschied bestehen? Ich kann mir keinen andern als diesen denken. Wesentlich muß unsrer sinnlichen Anschauung
dieß anhängen, daß sie so beschaffen ist, wie die Natur des
Sinnes und die Art es mit sich bringet, nach welcher die
äusseren Gegenstände auf ihn wirken. Zufälliger Weise
kömmt ihr dasjenige zu, daß sie sich nach dem richtet, wie
bey einzelnen Menschen ihre Organe beschaffen sind, und wie
sie nach dieser die Eindrücke der Gegenstände aufnehmen kann.
Ein Myops erblickt die Gegenstände in der Ferne anders
als ein Presbytes, einer, der die gelbe Sucht hat, anders, als
ein Mensch mit gesunden Augen. Anders erscheinet uns eine
Milbe unter einem Mikroskop, anders, wenn wir sie ohne dieses anschauen. Man kann die Erkenntniß, welche sich auf eine
Anschauung gründet, die so beschaffen ist, wie die Natur
des Sinnes und die Art der Einwirkung des Gegenstandes
auf diese es wesentlich mit sich bringt, eine solche, welche den
Gegenstand an sich selbst vorstellet, und die zwote eine Erscheinung nennen. Was wollen Sie aber eigentlich dadurch
sagen, wenn Sie diesen Unterschied für blos empirisch ausgeben? Soll es so viel heissen, er gründet sich auf Erfahrungen: so habe ich nichts dagegen, und er scheinet mir
eben deswegen sehr gegründet zu seyn.

Die Folgerung, welche Sie daraus ziehen, hat für mich
keine Gültigkeit. Sie behaupten nämlich, daß, wenn wir
dabey stehen bleiben, und jene empirische Anschauung nicht
wiederum als bloße Erscheinung ansehen, so daß darinn
gar nichts, was irgend einer Sache an sich selbst anhinge, anzutreffen sey, unser transscendentaler Unterschied verlohren.

lohren ist. Was wollen Sie aber mit Ihrem transfcendentalen Unterſchied? Würde er wirklich dadurch, daß wir unſre empiriſche Anſchauungen von Gegenſtänden, welche uns den Stoff zu Vorſtellungen von ſich gegeben haben, als Abbildungen von demjenigen anſehen, was in den Obiecten wirklich liegt, welche wir anſchauen, verlohren gehe: ſo würde der transſcendentale Unterſchied bloß ein Hirngeſpinnſt ſeyn, an deſſen Verluſt den Wiſſenſchaften nichts gelegen wäre. Allein er könnte doch wohl bleiben. Ich ſtelle mir ein Saatenfeld ſo vor, wie es auf meine Augen wirket, und mir den Stoff zur Anſchauung von ſich darreichet. Alsdann habe ich von ihm eine empiriſche Anſchauung, und ich habe es nicht mehr in meiner Gewalt, es mir im Ernſte einzubilden, daß es nicht ſo vor mir liegt, als ich es ſehe, daß es nicht mit den Aehren geſchmückt iſt, welche ich erblicke. Nun denke ich mir durch Hülfe meines Verſtandes von ihm blos dasjenige, worinn es mit allen Saatenfeldern übereinkömmt. In dieſem allgemeinen Begriff, wovon ich eine Vorſtellung habe, liegt von allen den individuellen Beſtimmungen des Feldes nichts mehr, als wodurch es andern ähnlich iſt. Dieſer Begriff iſt blos ſubiective Wirkung meines Verſtandes und der Art, wie ich es denke. Er kann als ein ſolcher Begriff nicht in dem Obiect ſelbſt liegen, weil dieſer nichts als ſubiective Beſtimmung meines Verſtandes iſt. Allein deswegen bleibt er doch eine getreue Abbildung von dem, was dieß von mir erblickte Saatenfeld mit allen übrigen gemein hat, und ich kann mich nicht täuſchen, wenn ich davon überzeugt bin, daß ich in dem allgemeinen Begriff die allgemeine Beſchaffenheit ſolcher Felder, und in meiner empiriſchen Anſchauung von dieſem individuellen Obiect dieſes als ein Ding an ſich erkenne. Eben ſo gewiß bin ich davon überzeugt, daß ich Ihnen nur unter einer Einſchränkung es zugeben kann, wenn Sie behaupten, daß wir es auch bey der tiefſten Erforſchung der Gegenſtände in der Sinnewelt mit Nichts als Erſcheinungen zu thun haben. Was kann hier die Sinnewelt bedeuten?

Ents

Entweder die Welt auſſer unſern Vorſtellungen, welche ſich
unſern Sinnen darſtellt, oder die Darſtellung der Welt
durch Hülfe unſrer Sinne in der Anſchauung. Iſt von ihr
in der letzten Bedeutung des Wortes die Rede: ſo iſt ſie blos
eine Erſcheinung, und wenn wir uns mit jener beſchäftigen:
ſo haben wir es blos mit dieſer zu thun. Allein dieſe Erſcheinungen haben keinen Werth, ſind nichts als täuſchende
Träume unſrer Phantaſie, welche ſo wie bey den Scholaſti-
kern das Gewand der Vernunft angeleget hat, wenn ſie
nicht Anſchauungen von dem ſind, wozu die Gegenſtände in
der Welt den Stoff uns hergegeben haben. Reden wir aber
von der Sinnewelt auſſer unſern Vorſtellungen: ſo müſſen
Sie die Wirklichkeit einer ſolchen annehmen, oder nicht.
Nicht? Nun ſo wäre Ihr Syſtem der Idealismus; und
wenn dieß das Syſtem der unbefangenen Vernunft ſeyn
könnte: ſo würden Sie aus dieſem ſo zu ſchlieſſen berechtiget ſeyn. Allein meine Vernunft würde es verwerfen, und
Sie verwerfen es dadurch ſelbſt, daß Sie Ihre Kritik der
reinen Vernunft geſchrieben haben. Iſt nun dieſe Welt auf-
ſer unſrer Vorſtellung wirklich da: ſo wird eine tiefe Erforſchung ihrer Gegenſtände uns zu einer richtigen Erkenntniß
von ihren obiectiven Beſtimmungen verhelfen, und wir haben nicht mehr blos mit unſern ſubiectiven Erſcheinungen,
ſondern mit obiectiven Beſtimmungen und Beſchaffenheit der
Gegenſtände an ſich zu thun, welche Theile von dieſer Welt
ſind.

Den Regenbogen nennen wir bey einem Sonnenregen
eine bloſſe Erſcheinung, den Regen die Sache ſelbſt; und
dieſe Benennung erklären Sie für eine richtige, ſo ferne wir
den letzten Begriff nur phyſiſch verſtehen. Was ſollen wir
uns aber dabey denken, wenn in Ihrer Sprache ein Begriff
blos phyſiſch verſtanden wird? Es war hier überdas nicht
von einem Begriff, ſondern von dem Regen, als von einem
Dinge auſſer unſrer Vorſtellung in der Natur ſelbſt die Re-

be. Heißt dieß den Regen physisch verstehen: so würde er
außer unserer Anschauung seine objective Realität haben,
wie er sie wirklich hat, wenn er aus den Wolken auf die Erde herab fällt.

Sie setzen hinzu: nehmen wir aber dieses Empirische
überhaupt, und fragen, ohne uns an die Einstimmung desselben mit jedem Menschensinne zu kehren, ob auch dieß einen Gegenstand an sich selbst (nicht die Regentropfen, denn
diese sind denn schon Erscheinungen, empirische Objecte,)
vorstelle: so ist die Frage von der Beziehung der Vorstellung auf den Gegenstand transscendental, und nicht allein
diese Tropfen sind blos Erscheinungen, sondern selbst ihre
runde Gestalt, ja sogar der Raum, in welchem sie fallen,
sind nichts an sich selbst, sondern bloße Modificationen, oder
Grundlagen unsrer sinnlichen Anschauung; das transscendentale Object aber bleibt uns unbekannt. Ich habe diesen Ihren weitschweifenden, verwickelten, und fast möchte ich sagen, dadurch unverständlichen Perioden abgeschrieben, um
die Zergliederung und Entzifferung desselben desto deutlicher
Ihnen vorzulegen. Was heißt es: nehme ich das Empirische überhaupt, ohne mich an die Einstimmung desselben mit
jedem Menschensinn zu kehren? Doch nichts anders, als,
sehe ich blos auf dasjenige, was in meiner empirischen Vorstellung des Objects allgemein lieget. Frage ich nun, ob dieß
den Gegenstand an sich selbst, die Regentropfen vorstelle:
so sage ich nein, in wie weit in dieser Vorstellung blos das
Allgemeine von Regentropfen liegt, das Individuelle derselben aus ihr ausgeschlossen ist, und also Regentropfen nun
nichts anders als bloße Ideen seyn können. In diesem
Fall nennen Sie die Frage von der Beziehung der Vorstellung auf den Gegenstand transscendental und Sie behaupten,
daß alsdann diese Tropfen blos Erscheinungen, und daß ihre runde Gestalt, ja so gar der Raum, in welchem sie fallen, nichts an sich selbst, sondern bloße Modificationen uns-

P   rer

rer sinnlichen Anschauungen sind. Hier reden Sie offenbar
blos von der allgemeinen Vorstellung, welche Sie von den
Tropfen, von ihrer Gestalt, von dem Raum, in welchem
sie fallen, sich machen. Diese Tropfen mit den hinzugefüg-
ten Bestimmungen liegen blos in der subiectiven Form Ihrer Vorstellungen, sind also Modificationen Ihrer sinnlichen
Anschauung, und ausser dieser Nichts. Ich sage nicht,
welcher Philosoph, sondern welcher Mann von gesundem
Menschenverstande wird je daran zweifeln können, daß die
Modificationen Ihrer Anschauungen ausser diesen nirgends
sind, nirgends seyn können? Allein man wird sagen, diese
Modificationen oder dieser Innhalt, diese Form Ihrer Anschauung sind nicht die Regentropfen, welche den Regenbogen
durch die Refraction und Reflexion der Sonnenstralen er-
zeugten, sind nicht die runde Gestalt, welche sie haben, nicht
der Raum, in welchem sie fallen; sondern alles dieses hat
ausser Ihrer sinnlichen Anschauung seine obiective Realität,
und über die Gültigkeit dieser kann blos zwischen uns der
Streit seyn. Geben Sie uns diese zu: so sind wir einig,
und Sie können sich darauf verlassen, daß es uns nie einge-
fallen ist, Regentropfen, ihre runde Gestalt, den Raum,
in welchem sie fallen, als den Innhalt oder die Modificationen, (nicht Grundlagen) Ihrer sinnlichen Anschauung, weil
diese nur die Receptivität der Sinnlichkeit in sich enthalten
kann, als Obiecte anzusehen, welche ausser der subiectiven
Form Ihrer Vorstellungen eine absolute Realität haben,
oder haben können. So was zu behaupten wäre Unsinn,
wäre der thörigste Widerspruch. Sie behaupten zwar, daß
das transscendentale Obiect uns unbekannt bleibe. Allein
entweder verstehen wir Sie nicht, und denn liegt die Schuld
an Ihren dunkeln Terminologien, oder die Regentropfen
selbst, ihre runde Figur, der Raum, worinn sie fallen, sind
dieß Obiect und dieses ist mir allerdings durch die empirische
Anschauung von ihm bekannt, zu welcher sie der Receptivität unsrer Sinnlichkeit den Stoff darreichten.

Die

Die zwote wichtige Angelegenheit Ihrer transfcendentalen Aesthetik soll diese seyn, daß sie nicht blos als scheinbare
Hypothese einige Gunst erwerbe, sondern so gewiß und ungezweifelt sey, als jemals von einer Theorie gefodert werden
kann, welche zum Organon dienen soll. Für Sie mag sie
bloß nun freylich seyn; für uns ist sie, erlauben Sie uns
diese freymüthige Erklärung unsrer Ueberzeugung, so wenig wahrscheinlich, daß sie uns eben so sehr zu den Verirrungen des menschlichen Verstandes, als die Hypothese des
sel. Luthers zu gehören scheinet, wenn er um die Nordlich-
ter zu erklären, die Hypothese annimmt, daß sie ein Gauckel-
spiel der Geister in der Luft wären. Sie wollen uns durch
einen Fall, welchen Sie wählen, die Gewißheit Ihrer Hypothese einleuchtend machen. Ihre Versprechung ist groß.
Es soll dadurch die Gültigkeit augenscheinlich werden. Wir
müssen also untersuchen, ob Sie der Erwartung, welche
Sie erregen, Genüge leisten werden. Setzet demnach,
sagen Sie, daß Raum und Zeit an sich selbst objectiv und
Bedingung der Möglichkeit an sich selbst sind: so zeigt sich
erstlich, daß von beyden apodictische und synthetische Sätze
in großer Zahl vornehmlich vom Raum vorkommen. Dieser Ihr Satz sagt ganz was anders, als was Sie nach Ihrer Absicht damit anzeigen wollen. Nach der Natur solcher
Bedingungssätze müßte man den Nachsatz als eine Folge des
Vordersatzes ansehen; und Sie wollen grade, daß man umgekehrt von der Wahrheit des Nachsatzes auf die Falschheit
des Vordersatzes schließen soll. Dieß erhellet aus dem Zweck,
welchen Sie erreichen wollen, auch aus dem, was Sie unmittelbar hinzufügen. Sie setzen voraus, daß die Sätze in
der Geometrie synthetisch a priori, und mit apodictischer
Gewißheit erkannt werden. Allein diese Voraussetzung ist
wahr, ist falsch, es kömmt darauf an, wie man sie versteht. Der Geometer behauptet auch, daß er die Wahrheiten seiner Wissenschaft a priori d. h. aus allgemeinen
Begriffen beweiset, und daß er grade deswegen auch seine

Theo-

Theoremen durch Vergleichungen mehrer ausgemachten Wahrheiten, und durch richtige Folgerungen aus ihnen mit apodictischer Gewißheit herleitet. Er kann Ihnen zu gefallen,
diese synthetische Sätze nennen; er wird Ihnen aber nicht zugeben, daß diese in Ansehung ihres Ursprungs von aller Erfahrung durchaus unabhängig sind, ob sie gleich in Rücksicht
ihres Innhalts keine bloße Erfahrungssätze genannt werden
können. Denken Sie sich aber unter Ihren synthetischen
Sätzen a priori blos solche, in welchen das Prädicat über
den Begriff des Subjects auf die Art hinausgeht, daß jenes
in diesem nicht vollkommen gegründet ist: so wird er zu diesen nur seine Particularsätze z. B. einige Triangel sind
gleichseitig, rechnen, und es Ihnen sagen, daß er sich
mit diesen grade am wenigsten beschäftiget. Nennen Sie
gar synthetische Sätze a priori solche, welche auch in Ansehung ihres Ursprungs von aller Erfahrung durchgehends
unabhängig sind: so wird er es leugnen müssen, daß diese in der Geometrie vorkommen. Fragen Sie ihn, woher nimmst du deine Sätze, und worauf stützet sich dein
Verstand, um zu vergleichen nothwendigen und allgemeinen Wahrheiten zu gelangen: so wird er Ihnen antworten, durchaus nicht daher, auch nicht darauf, daß ich mir
den Raum blos als reine Form meiner Sinnlichkeit,
oder als Anschauung a priori (denn diese habe ich nicht)
denke. Wozu sollte mir dieser nützen? Ich verlasse mich
vielmehr darauf, daß die Dinge außer meinen Vorstellungen, welche sich meinen Blicken als geräumigt darstellen, Theile außer und neben einander zugleich haben,
mir so erscheinen, weil sie so sind, und daß folglich der
Raum, welchen sie einnehmen, auch außer meiner Anschauung seyn kann, und in diesen Dingen eine objective
Realität hat. Raum und das Außereinanderseyn mehrerer Dinge erreget bey mir eine und dieselbe Vorstellung.
Es ist freylich auch für mich kein andrer Weg übrig,
zur Erkenntniß geometrischer Wahrheiten zu gelangen,

als

als durch Begriffe oder durch Anschauungen. Anschauungen nenne ich aber die empirischen Vorstellungen von
den Gegenständen meiner Wissenschaft, welche entstehen,
wenn ich meine Begriffe von ihnen in einzelnen Dingen
(Indiuiduis), zum Beyspiel, den Begriff eines Triangels in einem vor mir liegenden, den Begriff eines Par-
allelogramms in einem einzelnen Parallelogramm, etwa
in einem Rhombus mir anschaulich mache. Von diesen
einzelnen Beyspielen kann ich keine Anschauung a priori,
sondern nur a posteriori haben, und auch aus diesen
könnte ich mir wohl empirisch zuerst einen Begriff von
diesen Gegenständen ziehen. Sie behaupten zwar, daß
empirische Begriffe, imgleichen empirische Anschauungen,
worauf sich jene gründen, keine synthetische Sätze als
nur solche geben können, welche auch blos empirisch, d.
i. Erfahrungssätze sind, mithin niemals Nothwendigkeit,
und absolute Allgemeinheit erhalten können, welche doch
das Charakterische aller Sätze in der Geometrie ist.
Freylich sagen Sie mir hier etwas neues, welches aber
doch meinen Erfahrungen entgegen ist. Nicht alle geometrische Sätze haben eine Nothwendigkeit, und Allgemeinheit. Allen Sätzen, in welchen das Subiect eine
Gattung und das Prädicat ein specifischer Unterschied ist,
fehlt Nothwendigkeit und Allgemeinheit. Es giebt eine
unzählige Menge von solchen in der Geometrie. Sind
Sie berechtiget, diese aus der Zahl geometrischer Wahrheiten auszuschließen? Welcher Geometer wird Ihnen diese Freyheit ertheilen? Warum sollten meine Erfahrungssätze nicht zu solchen erhoben werden können, welche eine
allgemeine, nothwendige Gültigkeit haben? Vor mir liegt
eine Figur, welche durch sechs Seiten einen Raum ein-
schließet. Ich messe sie, und finde daß sie sich gleich
sind. Ich messe die Winkel, und sehe, daß jeder 120°
beträgt. Ich theile jeden Winkel in zween gleiche Theile, und werde gewahr, daß die Seiten alle in einen

Punct

Punct zusammenlaufen, daß sechs Triangel in der Figur beschrieben sind, und die Ausmessung der Seiten lehret mich, daß sie sich alle gleich sind. Ich setze meinen
Zirkel in die gemeinschaftliche Scheitel aller Triangel,
eröffne ihn bis zu der Scheitel eines äussern Winkels
der Figur, ziehe einen Zirkel, und werde gewahr, daß
die Winkel der Figur in der Peripherie liegen, daß der
Radius des Zirkels grade sechsmal in ihm herum getragen ist. Nun bilde ich folgende synthetische Erfahrungssätze: 1) diese Figur hat sechs gleiche Seiten und Winkel; 2) dieß Sechseck ist eine reguläre Figur; 3) es hat
in sich einen Punct, welcher von allen Polygonwinkeln
gleich weit entfernt ist; 4) es ist in einem Zirkel so beschrieben, daß seine Winkel in die Peripherie fallen. Aus
diesen Erfahrungssätzen ziehe ich diese Folgerungen: 1)
ein Raum von sechs Linien eingeschlossen, 2) ein regulä-
res Sechseck, 3) eine reguläre Figur, 4) eine solche Figur, deren Winkel in die Peripherie eines Zirkels fallen, ist möglich, und nach einer Regel meiner Denkkraft,
welche ich in dem Satz des Widerspruchs ausdrücke,
wird es mir unmöglich, an der Richtigkeit dieser Schlußsätze zu zweifeln. Ich habe vielmehr eine apodictische
Gewißheit von der Wahrheit dieser synthetischen Sätze,
welche ich aus den Erfahrungssätzen gezogen habe. Ich
gehe weiter, und bilde aus dem Resultat meiner vorge-
nommenen Abmessungen der Linien in den sechs Triangeln
diesen Erfahrungssatz: die Seiten der Triangel in dem re-
gulären Sechseck sind alle einzeln dem Radius des Zirkels
gleich. Nun wirft meine Vernunft die Frage auf: sollten
wohl alle reguläre Sechsecke die Bestimmung haben, daß
auf ähnliche Art ein Zirkel um sie gezogen werden könnte,
dessen Radio jede Seite gleich ist? Der Erfahrungssatz
hat ihr zu dieser Frage Gelegenheit gegeben, und sie weis
sehr wohl, daß sie nicht aus diesem, sondern aus allgemeinen Begriffen nur die allgemeine Gültigkeit dieses Theo-
rems

rems erkennen kann. Nun erinnert sie sich an diese schon be=
wiesne Wahrheiten, 1) daß in einem gleichseitigen △ jeder
Winkel 60°, 2) daß die Summe aller Winkel in einem
Triangel 180° beträgt, 3) daß die Winkel in einem Trian=
gel an der Grundlinie sich bey der Gleichheit der Seitenli=
nien gleich sind, 4) daß das Maaß aller Winkel um einen
Punct gleich 360°, gleich der ganzen Peripherie eines Zir=
kels ist, und aus allen diesen Begriffen leitet sie auf eine re=
gelmäßige Art so diesen Satz her, daß sie die Allgemeinheit
und Nothwendigkeit desselben mit apodictischer Gewißheit
erkennet. Sie geht also von dem Erfahrungssatz aus, ma=
chet ihn allgemein, und suchet aus den Begriffen, deren
Richtigkeit sie schon kennet, die Gründe herzuleiten, wo=
durch sie die Allgemeinheit und Nothwendigkeit ihres gebil=
deten Satzes anerkennet. Was sollte es ihr zu diesem ihren
ganzen Geschäfte nutzen, wenn sie den Raum blos als eine
reine Form der sinnlichen Anschauung annehmen wollte, wel=
cher außer dieser keine objective Gültigkeit hätte? Sie wür=
de sich alsdann genöthiget sehen, es zu behaupten, daß sie
jene Erfahrungssätze nicht hätte machen können, weil das
Sechseck nicht seyn könnte, wenn kein Raum außer unsrer
Anschauung wäre, und doch weis sie es, daß sie nicht
aus einer bloßen subjectiven Bedingung unsrer Sinnlichkeit,
sondern aus einem einzelnen geräumigten Object ihre Sätze
gezogen hat; daß sie ihren Maaßstab nicht auf eine Forme
der Anschauung, sondern auf einzelne Linien in der Natur,
auf einzelne Winkel in dem individuellen Sechseck angewandt
hat, um ihre individuelle Grösse auszumessen. In welche
seltsame Lage würde sie sich also durch eine solche Hypothese
versetzt sehen? Pythagoras machte von 3 und 4, und 5
die Quadratzahlen, verglich sie mit einander, und fand, daß
$3^2 + 4^2 = 9 + 16 = 5^2 = 25$ wären. Dieß Urtheil,
welches sein Verstand daher bildete, war ein synthetischer Er=
fahrungssatz, von dessen Wahrheit er durch die Erfahrung
eine apodictische Gewißheit erhielte. Vielleicht war es Zu=

P 4　　　　　　　　　　fall,

soll, vielleicht auch Folge seiner Ueberlegung, daß er zwo
Linien durch einen rechten Winkel mit einander verband, von
welchen die eine sich zur andern wie drey zu vier verhielte, die
Hypotenuse zog, um einen rechtwinkligten Triangel zu bilden,
und nun die Grösse derselben durch eben den Maaßstab zu bestimmen suchte, welchen er zur Ausmessung der beyden übrigen gebrauchet hatte. Wie groß war seine Freude nicht,
als er es durch die Erfahrung entdeckte, daß diese Hypotenuse
= 5 war. Er schloß daraus, daß in diesem Triangel das
Quadrat der Hypotenuse der Summe der beyden Quadrate
der Katheten gleich seyn müßte. Hier entstand also ein Erfahrungsatz. Der helle Blick dieses Philosophen erkannte
leicht, daß vollkommen ähnliche Ursachen auch gleiche Wirkungen hervorbringen mußten, und erhob nun diesen Erfahrungssatz zu diesem allgemeinen: das Quadrat der Hypotenuse
ist in jedem rechtwinkligten Triangel so groß als die beyden
Quadrate der Katheten, wenn diese sich wie 3 zu 4 verhielten. Nun warf seine Vernunft die Frage auf: sollte wohl
nicht in jedem rechtwinkligten Triangel bey jedem andern Verhältniß der Katheten gegen einander eben dieses statt haben?
Er sahe es leicht ein, was für ein Licht in der Geometrie aufgehen, wie weit die Stralen desselben sich verbreiten würden,
wenn er die Allgem:inheit und Nothwendigkeit dieses Satzes
beweisen könnte. Er dachte aber nicht daran, daß Raum
blos eine reine Form der sinnlichen Anschauung sey, und außer dieser keine objective Realität hätte. Dieß würde, wenn
es wahr wäre, alle seine Bemühungen unnütz gemacht haben.
Er nahm vielmehr zu analytischen Sätzen oder Axiomen, zu
bewiesenen synthetischen Sätzen, Theoremen und zu allgemeinen Begriffen seine Zuflucht. In diesen suchte er allgemeingültige Gründe auf, diesen Satz, wovon er der Erfinder war, zu beweisen. Er fand glücklich diesen Beweis, und
sein Vergnügen über diese so wichtige Entdeckung war so groß,
daß er dem Jupiter eine Hekatombe dafür soll geopfert haben. Er hatte also seinen synthetischen Satz a posteriori

durch

durch Hülfe der Erfahrung gebildet, und die allgemeine Gültigkeit desselben aus den Begriffen, oder a priori bewiesen.
Dieß ist der Gang, welchen die ersten Erfinder der geometrischen Wahrheiten durchaus genommen haben, und noch nehmen, wenn sie als Lehrer dieser Wissenschaft auftreten, ohne
daran zu denken, daß der Raum blos reine Form unsrer sinnlichen Anschauung, oder blos subjective Bedingung derselben sey. Wir können es den mehrsten geometrischen Sätzen
ansehen, daß sie vor den Beweisen schon bekannt waren, und
daß man diese nachher erst für sie gesucht hat, wovon die
Theorie der Parallellinien uns noch das glänzendste Beyspiel
darstellt. Gewöhnlich sind die Sätze zuerst nach ihrer Entdeckung blos Erfahrungssätze, wozu die Vernunft nachher
erst die allgemeinen Beweise suchet. Können Sie dieses in
Abrede seyn?

Sie glauben aus Ihrer Voraussetzung, deren Gültigkeit ich geprüfet habe, die Folgerung ziehn zu können,
daß es also das einzige Mittel seyn würde, durch bloße Begriffe, oder durch Anschauungen a priori zu dergleichen
Erkenntnißen zu gelangen. Um nun zu beweisen, daß die
Anschauungen a priori bloß die Mittel dazu sind, so behaupten Sie, daß aus Begriffen gar keine synthetische Erkenntniß, sondern lediglich eine analytische erlangt werden
kann. Allein dieß letzte müssen Sie beweisen. Wir wol-
ten also untersuchen, wie Sie diesen Beweis führen. Der
Geometer würde Ihnen die Frage vorlegen: sind diese nicht
nach Ihrem Begriff synthetische Sätze 1) eine dreyseitige
Figur hat drey Winkel, 2) ein Winkel entsteht, wenn zwo
Linien so zusammen stoßen, daß sie sich durchschneiden würden, wenn ich sie verlängerte. Dreyseitige Figur, drey Winkel sind Begriffe. Beyde verbunden geben den ersten synthetischen Satz, und aus dem Vergleich beyder Begriffe
erkennet mein Verstand die allgemeine Richtigkeit dieses synthetischen Urtheils. Ich brauche dazu keine reine Form der

sinn

sinnlichen Anschauung a priori nach ihrer Erklärung. Denn
diese habe ich nicht. Durch einen Triangel, welchen ich vor
mir gezogen habe, suche ich mir in einer empirischen Anschauung den Satz klar zu machen, ohne dadurch seine Allgemeinheit und Nothwendigkeit zu beweisen. Diese erkannte ich aus dem Verhältniß, in welchem die Begriffe gegen
einander stehen. Sie setzen mir diesen Satz entgegen: durch
zwo grade Linien läßt sich kein Raum einschliessen, mithin
ist durch sie keine Figur möglich, und nun fodern Sie mich
auf, ihn aus dem Begriff von zwo graden Linien und der
Zahl zwey abzuleiten. Freylich würde ich dieß nicht können, wenn ich blos auf den Begriff grader Linien, und
auf die Zahl zwey sehen wollte. Der Begriff, welchen ich
zum Gegenstand meiner Untersuchung mache, ist zwar gerade Linien. Sollen diese einen Raum einschliessen: so müssen sie mit ihren beyden Enden zusammenstossen. Nun
blieben sie nicht mehr zwo Linien, sondern würden als gerade Linien zwischen zwey Puncten liegen, und also in dieser
Verbindung nur eine und dieselbe Linie ausmachen. Diese
Verbindung würde also das Einschliessen des Raums aufheben. Wozu brauche ich reine Anschauung des Raums a
priori, und daß dieser ausser meiner subiectiven Anschauung
keine obiective Gültigkeit hat? Dieß würde die empirische
Anschauung, welche ich von den Linien habe, und in welcher
mir dieser Satz klärer, als in blossen Ausdrücken wird, unmöglich machen, weil ich in dieser die Linien nicht anders
als ausser meinen Vorstellungen denken kann. Sie fodern
mich ferner auf, daß ich es blos aus Begriffen zu beweisen
versuchen soll, daß aus dreyen graden Linien eine Figur möglich sey. Diesen Versuch wird nun freylich kein Kenner der
Geometrie machen wollen, weil er einsieht, daß die Allgemeinheit dieses Satzes sich nicht beweisen läßt, da sie nicht
statt haben kann, und falsch angenommen würde. Nur
dann kann durch drey Linien ein Raum eingeschlossen werden,
wenn zwo zusammen genommen grösser, als die dritte sind.

Dieß

Dieß ist der synthetische Satz, dessen Allgemeinheit und
Nothwendigkeit ich aus den Begriffen zu erweisen unternehme.
Mein Beweis ist folgender: wenn zwo Linien mit ihrem einen Ende auf die dritte Linie gesetzet werden, so daß die
eine auf dem einen, die andre auf dem andern Ende der
dritten Linie steht, und sie sich nun gegen einander neigen:
so können sie mit den beyden andern Enden nicht in der dritten Linie zusammen stoßen, weil sie sonst nur zusammen der
dritten gleich wären. Sie kommen also außer derselben
zusammen, und folglich ist zwischen diesen drey Linien ein
Raum, welcher eingeschlossen wird. Es ist also durch die
Verbindung dieser drey Linien eine Figur möglich, und sie
muß entstehen, wenn sie auf die oben beschriebene Art verbunden werden. Dieser Beweis stützet sich blos auf Begriffe, und ich mache diesen synthetischen Satz meinen Schü-
lern in einem einzelnen Fall oder Beyspiel anschaulich, nicht
um ihn dadurch zu beweisen, sondern es ihnen nur durch
eine empirische Anschauung klar zu machen, was sie
bey den articulirten Zeichen meines Beweises denken sollen. Ich und meine Schüler setzen aber beyde voraus, daß
ein Raum außer unserer Vorstellung wirklich in der Natur
sey, und also eingeschlossen werden kann. Denn sonst wäre der synthetische Satz und sein Beweis zum Gebrauch unnütz, und der letzte würde nicht einmal denkbar seyn. Wie
können Sie nun den Machtspruch thun, daß alle meine Bemühungen vergeblich sind, und daß ich genöthiget bin, zur Anschauung meine Zuflucht zu nehmen, wie es die Geometrie
auch jederzeit thut? Freylich werde ich, wenn ich anders
meinen Zuhörern verständlich seyn will, zur Anschauung meine Zuflucht nehmen. Allein diese ist nie eine andre als eine empirische. Ich zeichne ihnen die Figuren und Körper
vor, von welchen ich etwas beweise, um ihnen durch ei-
né empirische Anschauung die Sache klar zu machen, damit
sie nicht blos Worte, sondern das geometrische Oblect, was

sie

sie sich denken sollen, und wovon ich etwas beweisen will, auch wirklich denken. Will ich sie etwa davon belehren, daß alle Radii eines Zirkels gleich sind: so ziehe ich durch Hülfe eines dazu dienlichen Werkzeuges aus einem Punct einen Zirkel, und zeige es ihnen vor Augen, daß die Entfernung der Puncte in der Peripherie von dem Mittelpunct durch eine und dieselbe grade linie und also durch gleiche Linien gemessen werden. Dadurch bringe ich meinen Erfahrungssaß bey ihnen zu einer empirischen Anschauung, und mache sie darauf aufmerksam, daß ich nicht aus dieser Anschauung des einzelnen Gegenstandes, sondern aus allgemeinen Begriffen das Prädicat so herleite, daß es allgemein und nothwendig mit dem Subiect verbunden ist. Sie fragen mich, von welcher Art diese Anschauung ist? Eine reine a priori, oder eine a posteriori? Das erste war sie nun freylich nicht, sondern sie ist eine empirische und zwar a posteriori. Allein so könnte daraus kein allgemeingültiger und apodictischer Saß hergeleitet werden. Kein apodictischer? Nun hier käme es noch erst auf Erklärung an. Kein allgemeiner? Ganz recht. Dieß wird auch kein Geometer behaupten, weil die Anschauung, die er braucht, stets ein einzelnes Ding (individuum) zum Gegenstand hat, auf welchen er nie die Allgemeinheit und Nothwendigkeit seiner Theoremen, sondern auf richtigen Beweis aus Begriffen gründet. Sie sagen mir zwar, daß ich also meinen Gegenstand a priori in der Anschauung geben muß, um auf diesen meinen synthetischen Saß zu gründen. Verstehen Sie durch einen Gegenstand a priori einen allgemeinen Begriff, etwa von einem Triangel, von einem Rhomboiden, von einem Kegel: so gebe ich ihn erst meinen Zuhörern in der Anschauung, um bey ihnen eine klare Vorstellung von dem geometrischen Gegenstand zu machen. Ich warne sie aber, sich es ja nicht einzubilden, als wenn ich aus diesen einzelnen Zeichen, oder blos aus der empirischen Anschauung die Folgerung mache, sondern ich lehre sie, daß ich aus dem allge-

gemeinen Begriffe, oder aus dem, worinn alle Gegenstände von der Art übereinkommen, die Allgemeinheit und
Nothwendigkeit des Satzes herleite, welchen ich beweisen
will. Wollen Sie aber dieß sagen, daß, wenn Raum nicht
blos eine subiective Bedingung meiner Sinnlichkeit, nicht
reine Form meiner Anschauung und außer dieser Nichts wäre, so könnte ich die Nothwendigkeit und Allgemeinheit
der synthetischen Sätze in der Geometrie nicht beweisen?
In diesem Fall muß ich Ihre Behauptung verwerfen, und
Ihnen mein Befremden darüber bezeugen, daß Sie auch
nicht nur einmal einen Versuch gemacht haben, uns einen
Beweis von der Art vorzulegen, wodurch Sie einen synthetischen Satz und seine Allgemeinheit darthun. Sie legen
mir diese sonderbare Fragen vor: 1) läge in dir nicht ein
Vermögen, a priori anzuschauen, 2) wäre diese subiective Bedingung der Form nach nicht zugleich die allgemeine
Bedingung a priori, unter welcher allein das Obiect dieser äußern Anschauung möglich ist; 3) wäre der Gegenstand (der Triangel) etwas an sich selbst, ohne Beziehung
auf dein Subiect: wie könntest du sagen, daß dasjenige,
was in deinen subiectiven Bedingungen, einen Triangel zu
construiren, liegt, auch dem Triangel an sich selbst nothwendig zukommen müsse? Hierauf werde ich Ihnen folgendes antworten. 1) läge in mir kein Vermögen, a priori etwas anzuschauen: so würde ich freylich auch von keinem Triangel eine Anschauung a priori haben können. Allein was nennen Sie das Vermögen, a priori anzuschau-
en? Dieß kann nichts anders heißen, als entweder ein
Vermögen, aus der empirischen Anschauung alles wegzulassen, was nicht zur Aehnlichkeit eines Gegenstandes mit
andern von derselben Art gehört, und sich also einen allgemeinen Begriff von dieser Art der Dinge zu bilden, oder
das Vermögen, sich sinnlich den Gegenstand so vorzustellen, wie er auf Organe der Sinne gewirket hat, oder
ein Vermögen Anschauungen a priori zu haben. In jedem

dem Fall, würden wir auch keine Anschauung haben, wenn
uns dieß Vermögen fehlte, welches vor aller Erfahrung
und also in so weit a priori in uns liegt. Wir würden uns
also auch keine Begriffe von den Gegenständen machen,
noch Sätze bilden, noch Beweise für dieselben führen können. Hätten wir nicht das Vermögen, Anschauungen a
priori zu erhalten: so würden wir eben so wenig dazu eine Fähigkeit haben, wenn das a priori haben, sich auf
das Vermögen bezieht. Wollen Sie es aber auf die Anschauungen beziehen, und sich darunter solche denken, welche in uns von aller Erfahrung auch in Rücksicht ihres Ursprunges ganz unabhängig sind: so habe ich es Ihnen schon
geleugnet, daß wir solche Anschauung haben, oder haben
können, und Sie haben das Gegentheil zwar angenommen,
aber nirgends bewiesen. Wären solche also durchaus nöthig, wenn wir eine Erkenntniß von Gegenständen erlangen
sollten: so wäre es um die unsrige gänzlich geschehen. Wir
würden gar keine, also auch keine von geometrischen Wahrheiten haben können. Allein zu unserm Glücke brauchen wir
dergleichen Anschauung nicht, um unsern Verstand mit
Schätzen richtiger Erkenntnisse zu bereichern. Wir brauchen eine solche subiective Bedingung der Form nicht, und
sie kann also auch nicht die allgemeine Bedingung a priori seyn, unter welcher allein das Obiect der äussern Anschauung selbst möglich ist. Sie würde auch, wenn wir sie hätten, durchaus nicht dasjenige seyn, unter welchem das Obiect der Anschauung möglich wäre. Dieß ist das Ding
selbst, welches vorgestellt wird, und dasjenige bleiben würde, was es wäre, wenn wir auch gar keine Anschauung
von ihm hätten. Seine eigenthümliche Möglichkeit muß
von ganz andern Gründen abhängen. Dieß Ding würde
freylich kein Obiect unsrer Anschauung werden können, d.
h. wir würden unfähig seyn, eine Vorstellung von ihm zu
erhalten, wenn wir nicht das Vermögen von Natur vor
aller Erfahrung, oder a priori hätten, davon so afficirt zu

wer-

werden, daß uns dadurch der Stoff zur Vorstellung von ihm gereichet wird. Hierüber habe ich mit Ihnen keinen Streit. Ihre letzte Frage war diese: wäre der Triangel etwas an sich selbst ohne Beziehung auf dein Subiect, wie könntest du denn sagen, daß dasjenige, was in deiner sub-lectiven Bedingung, einen Triangel zu construiren, nothwendig liegt, auch dem Triangel an sich selbst nothwendig zu-kommen müsse.

Hierauf werde ich erwiedern: 1) wäre der Triangel an sich selbst zwar da, hätte aber keine Beziehung auf mein Subiect, d. i. afficirte nicht meine Sinnenorgane: so würde er auch kein Obiect meiner empirischen Anschau-ung werden; so würde ich auch keine Vorstellung von ihm haben, also auch nichts von ihm prädiciren können. 2) Wäre ausser meiner subiectiven Bedingung oder ausser meiner Anschauung an sich nichts: so wäre es ein seltsamer Schluß, daß dasjenige, was in meiner subiectiven Be-dingung, einen Triangel zu construiren, nothwendig ist, auch dem Triangel an sich nothwendig zukomme. Nur so schlies-sen die Geometer, wenn etwas aus dem allgemeinen Be-griff des Triangels, und aus andern hieher gehörigen schon ausgemachten geometrischen Wahrheiten nothwendig folgt, so muß dieß auch ausser meiner subiectiven Bedingung der Anschauung von den Triangeln allgemein gelten, welche unter diesem allgemeinen Begriff liegen. Nie werden Sie aber behaupten, daß dasjenige, was in ihren subiectiven Bedingungen, einen Triangel zu bilden, liegt, auch dem Triangel an sich selbst zukomme, oder ihr Verstand müßte sich erst so weit verirret haben, daß sie die eigenthümliche Bestimmung ihrer Denkkraft für eine eigenthümliche Be-stimmung des Dinges an sich selbst hielten, was sie sich vorstellten, aber für sich seine obiective Realität hätte.

Wie können Sie mir das Vermögen absprechen, daß ich zu meinen Begriffen von drey Linien etwas neues, nämlich

lich die Figur hinzufügen kann, welches darum an dem Gegenstande angetroffen werden müßte, da dieser vor meiner Erkenntniß und nicht durch dieselbe gegeben ist. Von welchem Gegenstande reden Sie? Etwa von einem Triangel, der da ist, ehe ich ihn erkenne, und der also vor meiner Kenntniß von ihm und nicht durch dieselbe gegeben ist? Von diesem kann ich freylich keine Kenntniß haben, wenn ich diese nicht von ihm als einem einzelnen Gegenstande durch Hülfe einer empirischen Anschauung, und also a posteriori mir verschaffe. Allein nun weis ich auch, daß ihm alles dasjenige nothwendig zukömmt, was aus dem allgemeinen Begriff, unter welchem er lieget, nothwendig folgt. Warum kann ich nicht zu dem Begriff von drey Linien etwas neues, eine Figur, hinzudenken, wenn ich sie mir in der nöthigen Verbindung vorstelle, daß sie mit ihren Enden zusammenstoßen, also einen Raum einschließen, und in einer Figur verbunden sind? Dieß neue wird nothwendig in dem Gegenstande, nämlich in den drey Linien, angetroffen, weil sie nicht nothwendig in dieser Verbindung seyn müssen. In einem Triangel sind sie aber so vereiniget, wenn er da ist, und er ist vor meiner Erkenntniß nicht durch dieselbe gegeben, wenn ich nicht weis, daß er da ist. Diese Existenz erhält er nicht von meiner Erkenntniß, wenn er aber meinem Vorstellungsvermögen den Stoff zur empirischen Anschauung darreicht: so weis ich, daß er außer derselben seine objective Realität hat. Es ist nichts als bloße Wiederhohlung von dem, was Sie mir schon so oft gesagt haben, wenn Sie sagen: wäre nicht der Raum eine bloße Form deiner Anschauung, welche Bedingungen a priori enthält, unter denen allein Dinge für dich äußere Gegenstände seyn können, die ohne diese subiective Bedingung nichts sind: so könntest du a priori ganz und gar nichts über äußere Dinge synthetisch ausmachen. Ich will Ihnen dasjenige entgegensetzen, wie ich mir dieß vorstelle. Hätte ich kein Vermögen a priori, von den äußern Gegengenständen, in welchen Theile auſſer und neben einander zugleich sind, so afficirt zu werden, daß ich von ihnen als solchen eine Anschauung erhielte; hätte ich nicht Verstand genung dazu, aus diesen empirischen Anschauungen mir eine Vorstellung von dem allgemeinen Begriff des Raumes zu machen, welchen ich in solchen äuſſeren Gegenständen, die sich meinen Augen darstellen, immer wieder finde, und ohne welchen ich sie nicht in einer Anschauung mir denken kann: so würde ich mir gar keine Begriffe von diesen Gegenständen machen, nichts von ihnen auseinander setzen, nichts von diesen äuſſeren Gegenständen weder analytisch noch synthetisch ausmachen können. Wäre der Raum nicht eine bloſſe Form meiner Anschauung, nicht blos eine subjective Bedingung, und ohne diese objective, d. h. in äuſſeren Gegenständen an sich ganz und gar nichts: so würde ich eine falsche Folgerung machen, wenn ich daraus schlieſſen wollte, daß ich in diesem Fall über äuſſere Objecte nichts ausmachen könnte. Grade umgekehrt würde der Schluß gelten: wäre der Raum nichts als diese Form, nichts als diese subjective Bedingung: so könnte ich von äuſſern Dingen weder synthetisch noch analytisch etwas wiſſen: so wären alle meine Vorstellungen von äuſſern Objecten im Raum falsch, weil kein Raum objective wäre, und also auch keine Gegenstände ihn einnehmen könnten. Diese Schlüſſe haben für mich und für den Verstand aller übrigen Geometer eine ungezweifelte Gültigkeit, und ich denke immer, daß der Ihrige diese auch anerkennen muß.

Ich werde es also weder für ungezweifelt gewiß, noch für wahrscheinlich, sondern für apodictisch falsch halten müſſen, daß Raum und Zeit subjective Bedingungen unsrer Anschauungen sind, es sey denn, daß sie von Gegenständen reden, in welchen Theile auſſer und neben einander zugleich sind, und in welchen von uns eine ununterbrochne Reyhe von Veränderungen durch Hülfe des Verstandes,

Q.   nicht

nicht der Sinnlichkeit bemerkt wird. Leugnen muß ich die Wahrheit Ihres Schlußsatzes, daß die Gegenstände selbst blos Erscheinungen, und keine für sich gegebene Dinge sind, daß wir von ihnen an sich selbst nichts sagen können, welches diesen Erscheinungen zum Grunde lieget. Wäre es wahr, was sie behaupten; so würde der Astronom die Sonnen- und Mondfinsternisse nicht mit so pünctlicher Genauigkeit der Zeit und der Grösse voraus sagen können. Er hat durch genaue Beobachtung den periodischen Lauf der Erde um die Sonne, und des Mondes um die Erde sich bekannt gemacht. Er hat die Grösse des Kegelschattens hinter diesen Körpern nach Regeln berechnet, welche sich auf astronomische Gründe und auf die Gesetze stützen, welche die Natur den Lichtstralen nach seiner Beobachtung vorgeschrieben hat. Nun setzet er voraus, daß die Natur ausser seiner Vorstellung nach diesen Gesetzen fortwirken werde, und auf diese Voraussetzung gründet er die Berechnung, welche er darüber anstellt. Lachen würde er über seine Bemühung müssen, wenn er den Raum, worinn die Himmelskörper sich bewegen, die Zeit, welche sie dazu brauchen, für nichts als für subjective Bedingung seiner Sinnlichkeit, oder für eine blosse Form seiner Anschauungen, und ausser diesen für nichts an sich selbst halten wollte. Er verläßt sich vielmehr darauf, daß beyde ihre objective Realität haben würden, wenn auch kein Sterblicher davon eine Anschauung haben könnte, und daß die Resultate seiner Berechnung, welche sich darauf gründet, ihre vollkommne Richtigkeit haben, daß die Naturbegebenheit nicht blos in Ansehung unsrer Sonne, unsrer Erde, unsers Mondes als individueller Körper, sondern in Ansehung aller möglichen, wenn sie in durchaus gleichen Lagen gegen einander wären, sich auch nun so, wie seine Berechnung es mit sich bringt, in Rücksicht der objectiven Zeit, und der objectiven Grösse der Verfinsterung an dem Orte der Erde, wofür sie berechnet ist, genau verhalten werde. Hat

die

die Erfahrung es nicht auch Sie mehrmal gelehret, daß er in seiner Voraussagung nicht irrte, daß auch auſſer Ihrer Anschauung in der Natur selbst diese obiective Begebenheit sich so ereignete, wie sie auch wohl auf Jahrhunderte vorher von den Astronomen berechnet war? Würde alles dieß wohl statt finden können, wenn Raum und Zeit blos das wären, wofür Sie sie ausgeben? Könnten Sie demohngeachtet doch das Gegentheil beweisen: so würden Sie durch Ihre Bemühung, wenn sie Ihnen gelünge, sehr verpflichten Ihren ergebensten ꝛc.

17. Brief.

Mein Herr,

Was wollen Sie mit Ihrer Theorie von der Idealität des innern und äuſſeren Sinnes anzeigen? Ich kann mir von beyden eine Idee machen. In dieser sind nicht die Sinne selbst obiective enthalten, sondern ich habe von ihnen als von Obiecten eine Vorstellung, welche auſſer derselben obiective Bestimmungen von mir sind. Wird man es Ihnen also nicht mit Recht vorwerfen, daß Ihr Ausdruck, Idealität des äuſſern und innern Sinnes, sehr dunkel sey, und daß Sie diese Dunkelheit hätten aufklären müssen, wenn wir wissen sollten, was Sie sich dabey gedacht haben? Gleich darauf reden Sie von der Idealität der Obiecte der Sinne, als bloßer Erscheinungen, folglich entweder als solcher Dinge, wovon wir eine empirische Vorstellung haben, oder als solcher, in wie weit sie den Innhalt unsrer Vorstellung ausmachen, und also bloße Erscheinungen sind. Im ersten Fall haben diese Obiecte keine Idealität, sondern sind die äuſſern Gegenstände an sich selbst, wovon ich eine Idee habe, oder haben kann;

Q 2

im

im zweyten sind sie nicht mehr die Dinge an sich selbst, sondern ich denke mir darunter die Formen der sinnlichen Anschauungen, welche ich von ihnen habe. Nun sind die Obiecte blos Ideen, und ich kann ihnen also eine Idealität beylegen.

Alles, was in unsrer Erkenntniß zur Anschauung gehöret, soll nichts als bloße Verhältnisse der Oerter in einer Anschauung, (Ausdehnung), Veränderung der Oerter (Bewegung), und Gesetze, nach welchen diese Veränderungen bestimmt werden, (bewegende Kräfte), in sich enthalten. Gefühle der Lust und Unlust, den Willen nehmen Sie aus, weil sie gar keine Erkenntnisse sind. Dieß sind sie freylich eben so wenig, als irgend ein andrer Gegenstand, z. B. Veränderung der Oerter, bewegende Kräfte, wovon wir eine Erkenntniß haben. Wer hat denn je behauptet, daß die Gegenstände unsrer Erkenntnisse die Erkenntnisse selbst seyn können? Ich weis gar nicht, warum Sie uns dieß als eine wichtige Wahrheit erst bekannt machen. Anschauungen können wir aber eben so wohl von Lust und Unlust vom Willen, und von allen andern innern Bestimmungen unsers Gemüthes haben, weil doch Anschauungen nichts anders als Vorstellungen sind, welche auf ihre Gegenstände bezogen werden. Nicht blos Verhältnisse, wie Sie behaupten, sondern auch die Obiecte selbst stellen sich uns zur Anschauung in dem Verhältnisse dar, in welchem sie gegen einander stehen, und in wie weit sie uns den Stoff zur Vorstellung von sich darreichen. Ich sehe etwa zwo Linien, vergleiche sie mit einander und werde gewahr, daß die eine grösser als die andre ist. Zuerst betrachte ich sie als Obiecte für sich, und ehe ich sie in der Darstellung vergleiche, denke ich mir auch das Verhältniß nicht, in welchem sie stehen. Hier kömmt mir eine Regel der Denkkraft zu Hülfe. Allein ich würde sie nicht anwenden können, nicht richtig anwenden, wenn keine Obiecte für

für sich da wären, wenn sie nicht die objective Gröſſe
hätten, mit welcher sie mir durch Hülfe meiner Augen
erscheinen. Was in dem Orte gegenwärtig, oder was
es auſſer der Ortveränderung in den Dingen wirket,
soll mir dadurch nicht gegeben werden. Wodurch nicht?
Etwa nicht durch die ſinnliche Anſchauung. Dieß iſt aber
meiner, ich glaube, auch Ihrer Erfahrung entgegen. Allerdings unterſcheide ich durch Hülfe meiner empiriſchen
Anſchauung in einem Garten eine Lilie von der Roſe,
einen Baum vom Waſſer, und denke mir jeden Gegenſtand an dem Orte, wo er iſt. Ich bemerke es bey einem ungleicharmigten Hebel, daß, um ihn in Gleichgewicht zu halten, an beyden Enden Körper hängen, welche in einem umgekehrten Verhältniß der Schweren und
ihrer Entfernungen von dem Ruhepunct ſtehen, und die
Erfahrung lehret mich, daß, ſobald ich dieß Verhältniß
andre, die eine Seite herabſinkt, die andre emporſteiget.
Hier habe ich nicht bloß Oerter, ſondern auch ihre Entfernung von einem gemeinſchaftlichen Ort oder Punct,
und die abſolute Schwere der Körper mit ihrer relativen
Geſchwindigkeit verglichen, welche ihnen in Anſehung des
Hebels zukömmt. Ich habe die gegenſeitigen Wirkungen
durch meine empiriſche Anſchauung bemerkt, welche die
Körper in dieſer Verbindung gegen einander äuſſern.

Bloß durch Verhältniſſe wird die Sache nicht an
ſich erkannt. Dieß werde ich Ihnen nicht ableugnen.
Wüſte ich von A und B nichts mehr, als daß ſie ſich
wie 7 zu 12 verhielten: ſo würde ich daraus für die
Beſchaffenheit der Dinge nichts ſchlieſſen können, weil
Dinge von unendlich verſchiedenen Beſtimmungen in dieſem
Verhältniß gegen einander ſtehen können. Allein ſolche
Verhältniſſe werden mir auch nie durch empiriſche An-
ſchauungen gegeben. Die Verhältniſſe, die ich daher ken-
nen lerne, gründen ſich auf die Beſchaffenheit der Dinge,

Q 3　　　　　wel-

welche ich anschaue; und durch Beobachtung erkenne ich
allein die Verhältnisse, in welchen sie stehen. Könnte
ich mir von ihren Bestimmungen keine sinnliche Erkenntniß verschaffen: so würden mir auch ihre Verhältnisse unbekannt bleiben. Wie können Sie also schliessen, daß durch
den äusseren Sinn nichts als blosse Verhältnißvorstellungen
gegeben werden, und daß daher dieser auch nur das Verhältniß eines Gegenstandes auf unser Subiect in seiner Vorstellung, und nicht das Innre enthalten könne, welches dem
Subiect an sich zukömmt? Vorher haben Sie noch Verhältnisse der Dinge gegen einander zugegeben, und nun wollen Sie blos Verhältnisse der Gegenstände auf das Subiect,
d. i. auf uns als denkende Wesen zulassen, welche uns nur
durch den äusseren Sinn bekannt werden können. Gesetzt,
daß dieses auch nur wäre: so ließ sich doch ein solches Verhältniß nicht denken, wenn nicht die Gegenstände ausser
unsrer Vorstellung wären, und eine solche obiective Bestimmung hätten, daß dadurch uns der Stoff zur Anschauung
dieser Verhältnisse gegeben würde, was sich nicht blos auf
die subiective Bedingung unsrer Sinnlichkeit, sondern durchaus mit auf die Beschaffenheit des Obiectes selbst gründen
müßte. Können wir gleich nicht durch die empirischen Anschauungen tief in das Heiligthum der Natur, tief in das
Innre ihrer Werke hineindringen, nicht ihre erste Grundkräfte erblicken: so können wir doch manche innre Bestimmung aus den Wirkungen derselben herleiten, wovon wir in
der Chemie, selbst auch in der Physik, und der empirischen
Psychologie die glänzendsten Beyspiele finden.

Sie behaupten, daß es mit der innern Anschauung,
eben so wie mit der äussern bewandt ist, und ich werde eben
diesen Satz für den meinigen erkennen, so sehr wir auch in
den Folgerungen von einander abgehn, welche wir daraus
herleiten. In dieser sollen die Vorstellungen äussrer Sinne
nicht allein den eigentlichen Stoff ausmachen, womit wir
unser Gemüth besetzen. Sein Gemüth mit Vorstellungen
be-

beſetzen, dieß ſcheint mir doch eine Terminologie zu ſeyn, welche man auſſer Ihrer Schule nicht brauchen würde. Vielleicht
ſollen nur Vorſtellungen dadurch angezeiget werden, welche
in unſerm Gemüthe ſtatt haben. Uebrigens iſt es wahr,
daß bey innern Anſchauungen mehr von Wahrnehmung innrer Beſtimmungen, vom Bewuſtſeyn unſrer innern Veränderungen die Rede iſt, wohin nicht blos Vorſtellungen
von äuſſeren Gegenſtänden, ſondern auch die Wirkungen des
Verſtandes und der Vernunft, alle Aufwallungen unſrer
Triebe, alle Gefühle von Freude und Traurigkeit, von Hoffnung und Furcht gehören. Die Zeit, in die wir dieſe Vorſtellung ſetzen, geht nach Ihrer Behauptung ſelbſt dem Bewuſtſeyn derſelben in der Erfahrung vorher. Wie denn? Als
Anſchauung der Zeit, und doch vor dem Bewuſtſeyn derſelben? Folglich wenn wir uns auch ihrer nicht bewuſt wären: ſo würde Zeit doch da ſeyn. Nun ſo müſſte ſie ja wohl
in den Gegenſtänden, deren wir uns durch äuſſre Sinne bewuſt werden können, oder in der Folge der Veränderungen,
welche in uns vorgehen, vor unſerm Bewuſtſeyn ihre objective Realität haben. Sie iſt alſo nicht blos ſubjective Bedingung der Anſchauung, ſondern ſie kann auch ohne dieſe
in den Gegenſtänden ſelbſt ſtatt haben. Dieß würde nun
grade mit Ihrer Hypotheſe, welche Sie für höchſt gültig
halten, im vollkommen Widerſpruch ſtehen. Nein, werden
Sie ſagen, die Zeit liegt nicht als Object, ſondern als formale Bedingung der Art, wie wir ſie im Gemüthe haben,
vor allem Bewuſtſeyn derſelben zum Grunde. Wie kann
Zeit aber eine formale Bedingung ſeyn? Als Vorſtellung
oder Anſchauung iſt ſie ein Geſchöpf des Verſtandes, als
objective Zeit iſt ſie auſſer der Anſchauung, obgleich in uns
Anſchauungen auf Anſchauungen folgen, und ſie alſo nicht
anders als nach einander ſeyn können. Wäre dieß die formale Bedingung, wovon Sie reden: ſo hätten wir wieder
eine objective Zeit. Soll dieſe aber blos allgemeine Vorſtellung der Zeit ſeyn, welche unſer Verſtand gebildet hat:

Q 4   ſo

so kann sie ja nicht dem Bewußtseyn in uns vorhergehen, welches sich von ihr bey uns findet. Freylich enthält der Begriff, Zeit, die Verhältnisse des Nacheinanderseyns, und
dessen, was mit ihm zugleich ist, des Beharrlichen. Dieß
heißt in unserer gewöhnlichen Sprache: wenn ich mir Zeit
vorstelle: so denke ich mir eine ununterbrochne Reyhe von
Folgen, in welcher das Zugleichseyn ausgeschlossen ist, aber
diese Reyhe von Veränderungen in einem Dinge, von welchem sie Bestimmungen nach und nach sind, und dieß Ding
ist das Subject der Zeit, ist das Beharrliche, welches mit
ihr zugleich ist. Bin ich aber nicht berechtiget, auch daher
zu schliessen, daß diese Zeit als Folge der Veränderungen
in dem Beharrlichen ihre objective Realität habe, und daß
folglich die Zeit nicht blos eine subjective Bedingung meiner
Anschauungen und äusser diesen an sich Nichts sey? In wie
weit sie blos Zeitbegriff, blos Anschauung ist, kann sie nicht
objective Zeit seyn, dieß versteht sich von selbst, und um eine solche ausgemachte Sache zu beweisen, würden Sie keine
transscendentale Aesthetik geschrieben haben.

Wie können Sie eine Vorstellung, welche vor aller
Handlung irgend etwas zu denken da ist, eine Anschauung
nennen? Kann es denn auch eine solche geben? Vor aller
Handlung irgend etwas zu denken, und doch eine Vorstellung ist doch wohl ein Widerspruch, weil es unmöglich ist,
daß meine Seele ohne alle Wirksamkeit ihrer Denkkraft eine
Vorstellung hat. Vor aller Handlung etwas zu denken, denket
sie gar nichts, und jede Anschauung, diesiehat, setzet voraus
1) die Handlung oder Wirksamkeit meines Vorstellungsvermögens, 2) ein Object, worauf die Vorstellung, als Handlung meiner Seele etwas zu denken, bezogen wird. Fehlet beydes: so hat so wenig eine Vorstellung, als eine Anschauung statt. Diese Anschauung soll nichts als Verhältnisse in sich enthalten. Kann sie aber dieses, wenn sie
nicht die Verhältnisse in sich faßt, welche die Objecte gegen
einander, oder gegen das denkende Subject haben? Werden
also

also nicht in jedem Fall Gegenstände vorausgesetzt, wodurch es nur allein möglich wird, Verhältnisse anzuschauen? Ihre Vorstellung, welche vor aller Handlung des Denkens bey Ihnen vorhergeht, soll Anschauung seyn, und wenn sie (welche? Anschauung oder Vorstellung?) nichts als Verhältnisse in sich enthält: so ist sie die Form der Anschauung. Sie soll aber nichts als diese in sich enthalten. Diese Vorstellung ist also Anschauung und auch Form der Anschauung. Ist denn beydes einerley? Was Sie doch aus einer Vorstellung zu machen wissen, welche wir andre Sterbliche, die wir nicht zu Ihrer Schule gehören, uns gar nicht denken können! Sie wissen uns noch mehr von ihr zu sagen. Diese Form der Anschauung soll 1) nichts vorstellen, ausser soferne im Gemüthe etwas gesetzt wird, und folglich soll sie 2) nichts anders seyn können, als die Art, wie das Gemüth durch eigne Thätigkeit, nämlich dieses Setzen seiner Vorstellung, mithin durch sich selbst afficirt wird, d. i. ein innrer Sinn seiner Form nach. Freylich werden wir nichts anschauen, folglich keine Anschauung haben können, wenn nicht im Gemüthe etwas gesetzt wird. Welches ist aber dieß Etwas. Entweder das Vermögen Vorstellungen zu erhalten, oder die Thätigkeit desselben. Jenes ist vor aller Erfahrung a priori da, aber nicht die Vorstellung selbst. Soll diese erfolgen: so muß das Vermögen thätig werden. Die Seele kann sich nun dieser Wirksamkeit bewußt werden, weil sie einen innern Sinn hat. Allein diese Thätigkeit oder diese Vorstellung, wodurch der innere Sinn afficirt wird, und wir uns derselben bewußt werden, ist nicht der innre Sinn seiner Form nach, sondern der Gegenstand desselben. Der innre Sinn seiner Form nach kann nichts anders als unsre Fähigkeit seyn, uns unsrer innern Wirksamkeit bewußt zu werden. Diese ist aber nicht eine Vorstellung, ob wir uns gleich durch Beobachtung, und folglich a posteriori von ihr eine Vorstellung verschaffen können.

Alles, was uns durch einen Sinn vorgestellet wird, ist nach Ihrer Behauptung in soferne eine Erscheinung.

Q 5   In

In wie weit ist es diese? Etwa in wie weit ich es mir vorstelle? Dieß ist nun zwar richtig: es würde aber nichts weiter heissen, als jede Vorstellung durch Hülfe der Sinne ist
jederzeit Vorstellung.   Dieß wäre dann doch blos eine Wirksamkeit meiner Vorstellungskraft, ich möchte es mir in sinnlichen Anschauungen, oder in allgemeinen Begriffen denken.
Allein nun ist nicht von den Objecten, die vorgestellet werden, sondern von Anschauungen die Rede, welche ich von
ihnen habe.   Sie setzen hinzu: ein innrer Sinn würde also
gar nicht eingeräumet werden müssen, oder das Subject,
welches der Gegenstand desselben ist, würde nur durch denselben als Erscheinung vorgestellet werden können, nicht
wie er von sich selbst urtheilen würde, wenn seine Anschauung blos Selbstthätigkeit d. i. intellectuell wäre.   Der
Gegenstand des innern Sinnes, wovon Sie itzt reden, ist
also das denkende Subject selbst, welches diesen Sinn hat.
Es wird durch Hülfe desselben sich seiner innern Modificationen bewußt.   Nur diese können Gegenstände des innern
Sinnes werden.   Unser Verstand denket sich das Subject
als das Beharrliche, worinn diese Wirksamkeiten als innre
Veränderungen erfolgen.   Das Subject selbst kann aber
nie ein Gegenstand dieses innern Sinnes, kann also nicht
eine Erscheinung desselben werden.   Allein kann dieß wohl
eine Ursache seyn, welche uns bewegte, keinen innern Sinn
einzuräumen? Auch unsre innern Modificationen selbst sind
keine Erscheinungen, sondern objective Gegenstände derselben.
Wenn wir uns auch gleich dieser als Vorstellungen bewußt
werden, und also eine neue Vorstellung von jenen erhalten:
so sind jene das Object von dieser, aber nicht Vorstellungen
von sich selbst.   Die Vorstellung, welche ich mir von ihr
mache, könnte vielleicht Erscheinung genannt werden.

Unser denkendes Subject, sagen Sie, würde von sich
selbst anders urtheilen, wenn seine Anschauung blos Selb-
ständigkeit d. i. intellectuell wäre.   Anschauung und Selbstthätigkeit würde doch auch denn nicht einerley seyn können,
son-

fonbern die erſte würde eine Wirkung der andern ſeyn müſſen. Wäre die Anſchauung auch blos intellectuell, oder
Wirkung des Verſtandes, ſo würde ſie durch die innre Kraft
des denkenden Weſens erregt werden. Dieſes wäre nun entweder fähig, ſich dieſer Thätigkeit bewuſt zu werden oder
nicht. Nicht? So müßte es eine Wirkung ſeiner Selbſtthätigkeit nicht von der andern, und auch nicht von ſich unterſcheiden können. Ließ ſich dieß bey einer ſo erhöheten
Selbſtthätigkeit denken, welche die unſrige weit überträfe?
Wäre es aber dazu fähig: ſo hätte es einen innern Sinn.
Es würde freylich von den Gegenſtänden deſſelben als bloſſen
Wirkungen ſeiner Selbſtthätigkeit anders als wir von den
Objecten unſers innern Sinnes urtheilen. Unterdeſſen würde es doch durch Hülfe ſeines innern Sinnes von ſeinen innern Veränderungen und von ſich als dem blos ſelbſtthätig
denkenden Subiect urtheilen können, obgleich dieß Urtheil
von dem unſrigen unterſchieden ſeyn würde.

Alle Schwierigkeit ſoll nur hiebey darauf beruhen,
wie ein Subiect ſich innerlich anſchauen kann. Doch dieſe
ſcheinet mir nicht ſo groß zu ſeyn, daß wir ſie nicht wenigſtens zum Theil überwinden könnten. Wir ſind uns unſrer
innern Veränderungen bewuſt, unterſcheiden ſie von unſerm
denkenden Subiect, und bemerken ſelbſt dieſen Unterſchied
in unſern Vorſtellungen. Wäre alſo die Frage blos, wie
ein Subiect ſich innerlich anſchauen kann: ſo würden wir
auf dieſe folgendes antworten können. Durch unſern innern
Sinn werden wir uns der innern Veränderungen oder der
Wirkungen von allen unſern Fähigkeiten bewuſt, und durch
unſre Erinnerungskraft können wir uns dieſe wieder vorſtellen, welche in uns rege wurden, aber nicht mehr da ſind.
Wir müſſen uns alſo als ein Subiect denken, welches innre
Veränderungen nach einander haben kann, und ſo werden
wir uns ſelbſt als das beharrliche Subiect von ihnen als unſern Beſtimmungen unterſcheiden. Fragen wir aber weiter:
wie

wie ist die innre Grundkraft unsers Geistes beschaffen, wodurch es möglich wird, daß solche Wahrnehmungen in uns statt haben können, wie, daß sie wirklich erfolgen: so geht das Gebiet der Schwierigkeiten an, und Sie würden uns als Freunden der Wahrheit einen sehr grossen Dienst leisten, wenn Sie durch die Fackel Ihrer tiefer sehenden Vernunft diese dunkeln Gegenden aufhellen könnten. Allein bisher haben Sie noch nichts mehr als Ihre Vorgänger geleistet, und ich besorge immer, daß die menschliche Vernunft, so sehr sie auch aufgekläret seyn mag, in der Lage, worinn wir auf der Bahn dieses Lebens fortwandeln, nie zu der Stärke gelangen wird, diese Schwierigkeit mit dem glücklichsten Erfolg zu bekämpfen. Allein auch nur dieß, was wir doch in dem Reiche der Wahrheit entdecken können, hat für uns zu viel Reiz, als daß wir es uns durch übertriebene Speculationen möchten entziehen lassen.

Das Bewußtseyn seiner selbst (Apperception) ist, wie Sie dafür halten, die einfache Vorstellung des Ichs. Allein jede Apperception, welche wir haben, ist doch nicht immer eigentlich das Bewußtseyn unsrer selbst. Sie hat allemal bey uns statt, wenn wir uns äusserer Gegenstände, welche auf unsre Sinne gewirkt haben, oder unsrer innern Thätigkeit bewußt werden, obgleich nicht der Gedanke von unserm Ich hinzu kömmt. Doch Sie scheinen nur von der Apperception zu reden, in wie weit sie das Bewußtseyn unsrer selbst ist, und diese nennen Sie eine einfache Vorstellung des Ichs. Wenn aber dadurch alles Mannigfaltige im Subiect selbstthätig gegeben wäre, so würde diese Vorstellung doch so einfach nicht mehr seyn können; sondern sie würde das Mannigfaltige zugleich mit einschliessen. Würde mir durch sie allein alles dieses in meinem Subiect selbstthätig gegeben: so müßte ich entweder mit einmal alles dessen, was nicht blos in jedem Augenblick in meinem Subiect da ist, sondern was auch nur durch meine Denkkraft da seyn kann, oder dessen

nach

nach) und nach mir bewuſt werden. Das erſte wird nun
freylich nie wegen meiner weſentlichen Einſchränkungen mein
Loos werden können. Eine ſolche innre intellectuelle Anſchauung, wenn ſie anders hierinn beſteht, werde ich nie
haben können. Die Gegenſtände, deren ich mir bewuſt
werden kann, ſind der Art nach unzählich, und als einzelne
Dinge (indiuidua) für mich unermeßlich. Nicht mit einmal bin ich fähig, ſie mir vorzuſtellen, und doch liegt die
Fähigkeit in meinem Subiect, mir von ihnen Ideen zu machen, ſie zu appercipiren, folglich mir derſelben und ihres
Unterſchiedes von meinem Subiect bewuſt zu werden. Denken Sie ſich alles Mannigfaltige, welches in meinem Subiect ſelbſtthätig gegeben wird, in der Einſchränkung, daß
es nur das alles anzeiget, was jedesmal gegeben iſt: ſo
würde die Anſchauung doch bey mir nicht blos intellectuell
ſeyn; ſondern ich würde durch meinen innern Sinn mir deſſen bewuſt werden, was jedesmal in meinem Subiect ſelbſtthätig gegeben würde. Mein Verſtand würde doch erſt dieſe
ſelbſtthätigen Wirkungen mit einander vergleichen, die Ue-
bereinſtimmungen und Abweichungen derſelben bemerken, und durch Vergleichungen das Allgemeine herausheben müſſen, um dieſe Wirkungen auf Gattungen
und Arten zu bringen. Die Anſchauungen meiner ſelbſtthätigen Wirkungen wären doch immer noch ſinnlich, em-
piriſch, und mein Verſtand würde aus dieſen die intellectuellen Anſchauungen durch ſeine eigenthümliche Kraft hervorbringen müſſen.

Im Menſchen erfodert, wie Sie ſchreiben, bleß Bewuſtſeyn ſeiner ſelbſt, (Apperception) innre Wahrnehmung
von dem Mannigfaltigen, was im Subiect vorher gegeben
wird, und die Art, wie dieſes ohne Spontaneität im Gemüthe gegeben wird, muß, um dieſes Unterſcheides willen,
Sinnlichkeit, heiſſen. Hier nehmen Sie das Wort Sinnlichkeit in einer andern Bedeutung, wie ſonſt. Itzt iſt ſie
die Art, wie das Mannigfaltige im Gemüthe ohne Spontaneität

taneität gegeben wird. Dieß Mannigfaltige, was in meinem Gemüthe gegeben ist, kann nichts anders seyn, als 1) entweder die innern Veränderungen meines denkenden Subjects, oder die Abbrücke der Gegenstände, welche sie in mir durch Einwirkungen auf meine äussern Sinnen hervorgebracht haben, 2) die Vorstellungen, welche ich von ihnen erhalte. In Ansehung der ersten verhält sich mein Vorstellungsvermögen blos leidend, und die letzten sind selbst nach Ihrem System Folgen seiner Spontaneität. Nun erst entsteht in mir das Bewußtseyn derselben, und die Apperception geht unmittelbar auf die Vorstellungen selbst, mittelbar auf die Receptivität und Spontaneität meines Vorstellungsvermögens. Auf das Daseyn dieser beyden schließt meine Vernunft aus dem Bewußtseyn der Vorstellungen als Folgen von ihnen, und unterscheidet durch dieses die Vorstellung so wohl von ihren Objecten als von mir, dem denkenden Subject. Diese meine Spontaneität ist aber nicht fähig, in diesen Vorstellungen von dem Stoff, welcher meinem Gemüthe von den Gegenständen gegeben wird, etwas zu ändern, so lange dieß Gegebene fortdauert, und folglich kann sie sich in so weit nicht anders als leidend verhalten. Ich erblicke in einem Naturaliencabinet die einzelnen Gegenstände aus dem Reiche der Natur. So lange ich diese in gleicher Entfernung unter gleichen Umständen betrachte: so lange habe ich es nicht in meiner Gewalt, die empirischen Anschauungen zu ändern; sondern sie bleiben, wie sie einmal durch die Gegenstände bestimmt wurden. Ist der Gegenstand, welchen ich gewahr werde, die grosse Bandasche Kronentaube: so kann ich, so lange ich sie ansehe, es durch keine Spontaneität erzwingen, daß ich statt dieser einen buntfärbigten Schmetterling erblicke. Meine Vorstellungen konnten nicht ohne Spontaneität meines Vorstellungsvermögens entstehen, allein diese geht nicht auf das Mannigfaltige in meiner Wahrnehmung, sondern blos darauf, daß der gegebene Stoff von ihm in mir zur Vorstellung erhoben wird,

und

und diese muß sich nach dem Object richten, welches mir den Stoff zur empirischen Anschauung von sich darreichet. Nennen Sie itzt Sinnlichkeit die Art, wie dieser Stoff des Mannigfaltigen ohne Spontaneität gegeben wird: so geht Sinnlichkeit blos auf die Receptivität meiner Vorstellungsfähigkeit, und die empirischen Vorstellungen selbst als Folgen meiner Spontaneität werden nicht mehr zu ihrem Gebiete gehören. Wohin wollen Sie diese also rechnen, so daß eine Uebereinstimmung mit demjenigen bleibe, was Sie sonst zur Sinnlichkeit gezogen haben?

Zum Beschluß dieser Abtheilung haben Sie noch einen Perioden niedergeschrieben, welcher theils durch seine Weitschweifigkeit theils durch die besondre Wortfügung ein Labyrinth zu werden scheint, worinn die Wege sich so durch einander kreuzen, daß es schwer wird sich aus ihm heraus zu arbeiten. Ich will ihn ganz hersetzen, und einen Versuch machen, ihn zu zergliedern, um den Innhalt desselben gehörig zu prüfen. Hier ist er. Wenn das Vermögen sich bewußt zu werden, das, was im Gemüthe liegt, aufsuchen (apprehendiren) soll: so muß es dasselbe afficiren, und kann allein auf solche Art eine Anschauung seiner selbst hervorbringen, deren Form aber, die vorher im Gemüthe zum Grunde liegt, die Art, wie das Mannigfaltige im Gemüthe zusammen ist, in der Vorstellung der Zeit bestimmt; da es denn sich selbst anschauet, nicht wie es sich unmittelbar selbstthätig vorstellen würde, sondern nach der Art, wie es von innen afficirt wird, folglich wie es sich erscheinet, nicht wie es ist. Der erste Satz kann einen doppelten Sinn haben. Wenn das Vermögen, sich bewußt zu werden, das, was im Gemüthe liegt, apprehendiren soll: so muß 1) dasjenige, was im Gemüthe liegt, das Vermögen afficiren, 2) so muß dieß Vermögen dasjenige afficiren, was im Gemüthe liegt. Ob gleich nach der Wortfügung die letzte Bedeutung angenommen werden müßte: so glaube ich doch, daß Sie diesen

dieſen Satz nach der erſten Erklärung gedacht haben. Allein
was liegt denn in meinem Gemüthe zum Grunde, daß das
Vermögen mir meiner bewuſt zu werden, afficirt wird.
Nicht die bloſſe Fähigkeit, ſinnliche Vorſtellungen zu haben.
Durch dieſe kann jenes Vermögen nicht afficiret werden,
ſondern die Vorſtellung ſelbſt, welche ich habe, muß dieſes
gleichſam beleben, oder rege machen. Wenn ich mir dieſer bewuſt werde: ſo unterſcheide ich ſie nicht blos von ihrem
Gegenſtande, ſondern auch von mir ſelbſt, und ſo wird alſo
eine Anſchauung von mir ſelbſt hervorgebracht. Die Form
dieſer Anſchauung von mir ſelbſt lag aber nicht in meinem Gemüthe zum Grunde; ſondern wurde durch die Wirkſamkeit
meines Vermögens, mir meiner bewuſt zu werden, erreget.
Sie beſtimmet auch nicht die Art, wie das Mannigfaltige
im Gemüthe zuſammen iſt, in der Vorſtellung der Zeit, es
ſey denn, daß dieſe Anſchauung von mir zugleich die Folgen
der innern Veränderungen, welche bey mir nicht anders,
als nach einander, entſtehen können, in ſich faßt; und dann
iſt ſie zugleich eine Anſchauung von einer ununterbrochnen
Reyhe der Veränderungen in mir, folglich von der obiectiven Zeit, als einer Beſtimmung, ohne welche ich nicht in
dem Gebiete endlicher Geiſter eine Stelle einnehmen könnte.
Wenn ich mich auf dieſe Art anſchaue: ſo ſoll, wie Sie ſagen, dieſe Anſchauung nicht ſo ſeyn, wie ich unmittelbar mich
ſelbſtthätig vorſtellen würde. Allein was nennen Sie ſich
unmittelbar ſelbſtthätig vorſtellen? Ohne Zweifel dieß, daß
alle meine Vorſtellungen blos durch meine Selbſtthätigkeit
erzeuget würden, und daß ich mir deſſen bewuſt wäre. Allein iſt dieß auch bey einem endlichen Geiſte möglich? und
wenn ich auch nicht von auſſen afficiret würde, ſondern alle
Vorſtellungen durch meine eigne Thätigkeit hervorbrächte,
würden ſie bemohngeachtet nicht nach und nach in mir erfolgen; würde ich mir nicht dieſer Folgen meiner Veränderungen
oder Vorſtellungen, und alſo einer ununterbrochnen Reyhe
derſelben bewuſt werden; würde ich mir alſo nicht die Zeit
als

als eine objective Bestimmung denken müssen? Doch diese
Selbstthätigkeit habe ich nun freylich nicht. Ich mache
mir Vorstellungen von meinem Subject, wie es von aussen
und innen afficirt wird; wie es durch Verstand und Vernunft die Materialen, welche ihm die Sinne darreichen,
durch seine Selbstthätigkeit bearbeiten kann, und auch nicht
selten zweckmässig bearbeitet. Nennen Sie diese Vorstellungen, welche ich durch mein Bewußtseyn von meinen
Fähigkeiten und ihren Wirkungen habe, eine Erscheinung:
so werde ich mich anschauen, wie ich mir erscheine, und ich
erscheine mir so, weil ich so bin. Die Vorstellung, welche
ich von mir habe, mag Erscheinung heissen. Genung, daß
ich selbst das reelle Object derselben bin, und daß jene mit
diesem übereinkömmt. Wollen Sie nichts mehr durch diesen
Ihren Perioden anzeigen: so werden wir hierinn übereinstimmen. Leben Sie wohl.

18. Brief.

Mein Herr,

Wenn Sie sagen: im Raum und der Zeit stellt die Anschauung so wohl der äusseren Objecte als auch die Selbstanschauung des Gemüthes beydes vor, so wie es unsre Sinne afficiret, d. i. wie es erscheinet: so will dieß nicht sagen,
daß diese Gegenstände ein blosser Schein wären. Ich muß
gestehen, daß es nicht leicht ist, es zu verstehen, was Sie
eigentlich hiemit anzeigen wollen. Die Anschauung äusserer
Gegenstände und die Selbstanschauung sollen beydes vorstellen,
so wie es die Sinne afficirt. Welches ist denn das beyde,
wovon Sie reden? Soll es Zeit und Raum seyn? Diese
können zwar in den Anschauungen äusserer Gegenstände entweder als allgemeine Begriffe oder als objective Bestimmungen äusserer Dinge vorgestellet werden. Allein in der Selbst-

R   an-

anschauung meines Gemüthes ist gar keine Vorstellung vom
Raum. Diese Selbstanschauung kann doch nichts anders
als das Bewustseyn von den Wirkungen meiner Fähigkeiten
in sich fassen. In dieser Selbstanschauung liegt also durchaus keine Vorstellung vom Raum, auch nicht einmal das
Bewustseyn der Zeit; es sey denn, daß ich etwa auf die
Folge der Veränderungen in meinem Gemüthe zugleich aufmerksam bin. Ich denke mir eben itzt die erhabne Würde
der Tugend, und werde mir ihrer in meiner Selbstanschauung
bewust. Es ist in dieser keine Vorstellung von Zeit und
Raum enthalten. Wollen Sie durch Ihr Beydes etwas
anders bezeichnen: so lassen Sie Ihren aufmerksamen Leser
in einer grossen Ungewißheit darüber, was Sie eigentlich
dadurch anzuzeigen Willens sind. Soll Beydes etwa die
äussern Gegenstände und mein Gemüth bedeuten, wovon ich
eine Anschauung habe, wie es doch die Wortfügung in diesem
Satze nicht verstattet: so wüste ich, was Sie sagen wollten,
wenn Sie diese Gegenstände, ob wir sie uns gleich so vorstellen, wie sie unsre Sinne afficiren, deswegen nicht für
blossen Schein ausgeben. Allein nun müßten wir doch von
Ihnen es hören, in wie weit Sie diese nicht für blossen
Schein halten. Sie führen diesen Grund für Ihre Behauptung an: in der Erscheinung werden jederzeit die Objecte,
ja selbst die Beschaffenheit, die wir ihnen beylegen, als
etwas wirklich gegebenes angesehen, nur daß so ferne diese
Beschaffenheit von der Anschauungsart des Subjects in der
Relation des gegebenen Gegenstandes zu ihm abhänget, dieser
Gegenstand als Erscheinung von ihm selber als Object an sich
unterschieden wird. In der Erscheinung, das heißt doch,
in unsrer empirischen Vorstellung werden die Objecte, ja selbst
die Beschaffenheit (also nicht blos Verhältnisse, wie Sie vorher behaupteten), die wir ihnen beylegen, als etwas wirklich
gegebenes angesehen. Allein wie sind diese gegeben? Entweder blos in der Anschauung, oder auch ausser dieser. Im ersten
Fall wären sie blos Erscheinungen, im letzten wären die Gegen-
stän-

ftände an sich selbst und ihre Beschaffenheit in der Natur
obiectivé gegeben. Welcher der beyden Fälle wird nun von
Ihnen angenommen? Etwa blos der erste: so leugnen Sie
mit Worten, daß die Obiecte blosser Schein sind, und lassen
doch in der That nichts als diesen über. Oder das letzte?
Nun so wären wir mit einander verglichen.

So ferne diese Beschaffenheit nur von der Anschauungsart des Subiects in der Relation des gegebenen Gegenstandes zu ihm abhänget, wird (warum nicht, ist?) dieser
Gegenstand als Erscheinung nur von ihm selber als Obiect
an sich unterschieden. Hier herrschet wieder dunkle scholasti-
sche Sprache. Was heißt es, wenn Sie sagen, daß die
Beschaffenheit des Gegenstandes von der Anschauungsart des
Subiectes in der Relation des Gegenstandes zu ihm abhänget? Doch wohl nichts anders, als meine Vorstellungsart
bestimmet es, wie diese Beschaffenheit in der Relation des
Gegenstandes zu mir erscheinet? Welches ist denn nun das
Obiect, welches sich von dem Gegenstand als Erscheinung
unterscheidet? Entweder das Obiect, welches auch ohne diese Erscheinung seine obiective Realität, und Beschaffenheit
haben würde, oder welches blos seine Beschaffenheit durch
meine Anschauungsart in seiner Relation gegen mich hat:
Wäre dieß letzte: so würde es an sich ausser meiner Anschauung nichts seyn, hätte nicht für sich diese Beschaffenhe t,
sondern nur durch meine Anschauungsart. Wollten Sie dieß
letzte sagen: so wäre das Obiect nicht ausser meiner Anschauung
von der Beschaffenheit, wie ich es mir vorstelle, und folglich
wäre hier im Grunde nichts als blosser Schein: Hätte aber
der erste Fall statt: so würde ich es nicht für einen blossen
Schein halten können, sondern ich müßte es als ein Ding
für sich ausser meiner Vorstellung ansehen, welches seine eigenthümliche Beschaffenheit hätte, und behalten würde; ich
möchte diese oder eine andre subiective Anschauung haben, oder
es auch gar nicht anschauen. Ich erblicke etwa entblätter-

R 2   te

te Bäume, und auf den Saatenfeldern nur noch die Ueber-
reste abgemäheter Halmen. In meiner Anschauung finden
sich Abbildungen dieser Gegenstände, oder Vorstellungen
von ihnen. Ich unterscheide diese so wohl von den Obiecten
als von mir selbst. Ich kann also die Obiecte selbst nicht
für bloße Erscheinungen in meiner Anschauung halten; sondern ich bin überzeugt, daß sie nach allen den Beschaffenheiten, welche ich an ihnen erblicke, ohne meine Anschauungsart in der Natur seyn würden, wenn ich mir auch ihrer gar
nicht bewußt wäre. Sie sind also nicht blos in Beziehung
auf mich von der Erscheinung, welche ich von ihnen habe,
unterschieden; sondern sie würden auch ohne diese durch ihre
eigenthümliche Form, durch sich selbst es seyn. Die Körper
wollen Sie nicht zum bloßen Schein außer sich machen. Sie
gestehen, daß Sie die Qualität des Raums und der Zeit als
Bedingung ihres Daseyns setzen. Hieraus würde aber folgen, daß Raum und Zeit obiective Bestimmungen von
ihnen auch außer unsrer Vorstellung seyn müssen. Wie könnten diese Qualitäten sonst Bedingungen ihres Daseyns abgeben? Sind sie dieß: so ist hier offenbar nicht mehr von
unsrer subiectiven Anschauung des Raums und der Zeit die
Rede. Haben die Körper zur Bedingung ihres Daseyns Raum
und Zeit: so können sie ohne beyde nicht ihre wirkliche
Existenz haben. Folglich müssen beyde auch als obiective
Bestimmungen in ihnen als Dinge für sich angetroffen werden.
Und nun behaupten Sie wieder, daß Zeit und Raum blos
in unsrer Anschauungsart, nicht in den Obiecten an sich liegen.
Allein wird dadurch nicht dasjenige wieder aufgehoben, was
Sie vorher setzten? Sind Zeit und Raum Bedingungen von
dem Daseyn der Körper, und doch blos in unsren Anschauungen, und außer diesen nichts: so würden auch keine Körper
außer diesen seyn können, weil sie außer diesen nicht die nothwendige Bedingung ihres Daseyns hätten. Sie sind also
nichts als bloßer Schein, und doch wollen Sie dieß wieder
leugnen. Wie sollen wir uns aus diesem Irrgarten, in welchen

chen Sie uns geführet haben, wieder heraus finden? Sie wollen es sich nicht zu Schulden kommen lassen, daß Sie aus dem, was Sie zur Erscheinung zählen sollten, blossen Schein machen. Allein durch diese Erklärung ist uns noch wenig geholfen. Sie reden noch immer eine dunkle unbestimmte Sprache. Was zur Erscheinung gehört, wollen Sie nicht für blossen Schein halten. Hievon war aber die Rede nicht. Sind Körper, deren Daseyn nach unsrer Einsicht eine objective Realität haben, nicht in wie weit sie zu unsern Erscheinungen gezählt werden, und also dazu gehören müssen, sondern als Dinge für sich nichts als blosser Schein? Darüber möchten wir gerne Ihre Meynung wissen. Sie unterscheiden hier die Erscheinung eines Gegenstandes von ihm selbst, und sagen, die Prädicate der Erscheinung können ihm im Verhältniß auf unsern Sinn, z. B. der Rose die rothe Farbe, der Geruch, beygeleget werden. Die Prädicate der Erscheinung sind doch nichts anders als die Merkmale, deren ich mir in meiner empirischen Anschauung des Objects bewußt werde? Nun entsteht die Frage: wie kann ich diese Merkmale, wovon ich eine Vorstellung habe, dem Object beylegen? Sie antworten: im Verhältniß auf meinen Sinn. Allein diese Antwort ist für mich noch nicht bestimmt genug, weil sie noch nicht ohne Zweydeutigkeit ist. Kann ich diese Merkmale dem Object blos im Verhältniß auf meine Sinne und der subjectiven Form meiner Sinnlichkeit, oder auch deswegen beylegen, weil dieß Object wirklich dieß Prädicat hat, und grade deswegen meine Anschauung von ihm mir diese Merkmale darstellet, weil es diese als ein Ding für sich hat, und mir so den Stoff zur Anschauung von sich darreichet? Nur in dem letzten Fall würde das Object und diese Beschaffenheit, welche ich ihm als Prädicat beylege, nicht für sich selbst blos als Schein angesehen werden können. In dem ersten Fall wäre dieß Object als Ding an sich nichts als blosser Schein, und ihm würden diese Prädicate blos im Verhältniß auf meinen Sinn zukommen. Was denken Sie

R 3   sich

sich denn unter blossem Schein? Sie sagen: der Schein kann
niemals als Prädicat dem Gegenstande beygelegt werden,
eben darum, weil er, was diesem nur im Verhältniß auf
die Sinne, oder überhaupt aufs Subiect zukömmt, dem
Obiect für sich beylegt, z. B. die zweene Henkel, die man
anfänglich dem Saturn beylegte. Hier hätten Sie uns erklären müssen, wie Sie sich den Unterschied zwischen Schein
und Erscheinung denken. Die Prädicate der Erscheinung
können nur im Verhältnisse auf unsre Sinne dem Obiect
selbst beygelegt werden, und der Schein soll ihm auch nur
das beylegen, was diesem (ohne Zweifel Obiect) im Verhältniß auf die Sinne zukömmt. Was ist hier für ein Unterschied? In beyden Fällen werden die Prädicate blos im
Verhältniß auf unsre Sinne dem Gegenstand an sich beygelegt. Vielleicht werden Sie hierauf erwiedern: nein, erst
sind es Prädicate der Erscheinung, nachher Prädicate
des Scheines im Verhältniß auf die Sinne. Allein giebt
es denn einen Schein, der nicht auch Erscheinung wäre,
wenn wir seine Prädicate einem Obiect beylegen sollen? Die
rothe Farbe der Rose, die Henkel des Saturnus sind sie
nicht beyde als Anschauungen, der wir uns bewußt werden,
um sie als Prädicate der Rose und dem Saturnus beyzulegen,
in unserm Gemüthe Erscheinungen, Vorstellungen von ihnen?
Freylich sind wir es uns zugleich bewußt, daß unsre Phantasie die Schöpferinn dieser Henkel ist, und daß sie diese aus
dem glänzenden ovalrund erscheinenden Bogen um diesen Planeten gebildet hat. Wir wissen also, daß die Henkel nicht
weniger blasser Schein sind, als die gegeneinander kämpfen-
den feurigen Kriegesheere, welche der staunende, abergläu-
bische Pöbel zur Zeit eines Nordlichts so oft am Himmel gesehen hat. Allein der lichte Bogen um den Saturn, welchen die Astronomen wohl wegen einer scheinbaren Aehnlichkeit Henkel nennen, ist kein Geschöpf meiner Phantasie,
also nicht blos Schein, sondern ein Obiect ausser der Anschauung aller Astronomen, welches den Grund davon in

sich

sich faßt, daß er in einer so weiten Entfernung in dieser Form von mir erblicket wird. Welches ist aber dieß Object in der Natur, das durch seine Einwirkung auf mein Gesichtsorgan eine solche empirische Anschauung von sich, eine solche Erscheinung erregt? Diese Frage so wenig, als noch tausend andre, welche ich über diesen Gegenstand aufwerfen könnte, kann unsre Vernunft hinreichend beantworten. Allein daß es in der Natur etwas ist, welches seine objective Realität hat, dieß kann sie eben so wenig bezweifeln, als daß die Rose mit ihrer rothen Farbe, mit ihren Blättern, mit ihrem Stachelreichen Stengel, mit der besondern Form ihrer Ausdehnung an dem Orte so reizend pranget, wo ich sie, und diese ihre Merkmale erblicke. Wären keine Augen, von welchen die Lichtstralen, die aus der Rose ausfahren, so aufgenommen würden, daß daher ihre Blätter, mit rother Farbe geschmücket, uns erscheinen: so würde die Rose für sich diese Farbe nicht haben. Allein deswegen hätte sie doch objectiv ein solches Gewebe der dünnen Haut auf ihrer Oberfläche, welches die ausfahrenden oder zurückprallenden Lichtstralen so modificirte, daß sie sich solchen Organen, wie die unsrigen sind, in dieser Farbe darstellte. Es muß also zum Theil in ihr selbst der Grund liegen, daß sie mir in dieser und keiner andern Farbe erscheinet. Ich kann freylich nicht die rothe Farbe der Rose an sich, nicht den Henkelförmigen glänzenden Schein dem Saturnus an sich, oder die bestimmte Ausdehnung äussern Gegenständen an sich beylegen, ohne daß sie in einem gewissen Verhältnisse auf meine Sinne oder auf mich als das denkende Subject stehen. Allein worinn besteht dieß Verhältniß anders, als daß die Gegenstände auf meine Sinne wirken, und ich das Vermögen habe, mir die Dinge so vorzustellen, wie sie den Stoff von sich mir zur empirischen Anschauung gegeben haben? Thäten sie dieses nicht, oder fehlte mir das Vermögen, wenn sie gleich auf mich Eindrücke machten: so müste ich von ihnen nichts; so könnte ich ihnen weder dasjenige, was ihnen an sich betrachtet

R 4   ausser

auſſer meiner Vorſtellung zukömmt, noch dasjenige beylegen, was ihnen blos in Beziehung auf meine Sinne, oder
meine Vorſtellungsart zugeſchrieben wird.

Hier nennen Sie dasjenige, was gar nicht am Object
an ſich ſelbſt, jederzeit aber im Verhältniß deſſelben zum
Subject anzutreffen, und von der Vorſtellung des erſteren
unzertrennlich iſt, eine Erſcheinung. Wo würde denn dieſe
ſeyn können? Nicht in dem Object, welches erſcheint, ſondern in dem Subject. Sie wäre alſo nichts als ſubjective
Beſtimmung von dieſem blos Vorſtellung? Allein wovon?
Doch von dem Object? Warum wäre dieß, was Sie Erſcheinung nennen, jederzeit in dem Verhältniß des Objects zum
Subject anzutreffen, und von der Vorſtellung des Objects unzertrennlich? Hievon könnte doch keine ändere Urſache gedacht
werden, als weil das Object in einem ſolchen Verhältniſſe
mit dem Subject wäre, daß es auf ſeine Organe wirkte,
und gradedieſe und keine andre Form der Vorſtellung erregte,
oder weil blos die ſubjective Form unſrer Sinnlichkeit ohne
eine ſolche Einwirkung des Objects dieſe und keine andre
Form der empiriſchen Vorſtellung erreget. Dieß letzte iſt
nicht denkbar, und würde alle äuſſre Objecte unſrer Vorſtellungen in bloſſen Schein verwandeln. Dann würden
wir auch die Prädicate des Raums und der Zeit den Gegenſtänden der Sinne an ſich nicht beylegen können, und wenn
ſie nur als ſolche erſchienen, von welchen nicht Zeit und Raum
als bloſſe Prädicate, ſondern als objective Beſtimmungen,
ſich uns darſtellten: ſo wäre es nichts als bloſſer Schein,
als Betrug unſrer Phantaſie, wovon wir uns durch einen innern unwiderſtehlichen Zwang bethören lieſſen. Ich weis
nicht, wie Sie grade umgekehrt behaupten können, daß,
wenn Sie der Roſe an ſich die Röthe, dem Saturn die Henkel, oder allen äuſſeren Gegenſtänden die Ausdehnung an ſich
beylegten, ohne auf ein beſtimmtes Verhältniß dieſer Gegenſtände zum Subject zu ſehen, und Ihr Urtheil darauf ein-

zu-

zuschränk.n, alsdann erst der Schein entspringen würde. Doch vielleicht könnten wir Beyde in einem gewissen Verstande wohl Recht haben. Sie setzen voraus, daß diese Merkmale, welche Sie sich bey den Dingen in der Erscheinung oder empirischen Anschauung derselben denken, keine objective Realität auffer Ihrer subjectiven Anschauung haben, und daß es also blosser Schein, blosser Betrug wäre, wenn Sie diese den Dingen an sich beylegen wollten. Wäre Ihre Voraussetzung wahr: so würde der Schlußsatz, welchen Sie machten, seine Richtigkeit haben. Ich hingegen glaube die Ungültigkeit derselben einzusehn, und bin davon überzeugt, daß die Dinge einem grossen Theile nach wirklich so sind, wie wir sie uns in unsern Anschauungen darstellen. Es ist unleugbar, daß die Merkmale, welche von unsern Vorstellungen der Gegenstände unzertrennlich, aber bey den Dingen, nicht als Anschauungen, sondern als Bestimmungen keine objective Realität hätten, nichts als blosser Schein, zwar nicht in Rücksicht unsrer Anschauungen, sondern in Ansehung der Dinge an sich seyn würden.

Es wird noch einmal von Ihnen versichert, daß Sie nach Ihrem Princip der Idealität aller unserer sinnlichen Anschauungen aus demjenigen, was Sie zur Erscheinung zählen sollten, nicht blossen Schein machen; sondern daß vielmehr, wenn man jenen Vorstellungsformen objective Realität beylegte, man es nicht vermeiden könnte, daß nicht alles dadurch in blossen Schein verwandelt würde. Grade so wird jeder Philosoph denken. Die Centauren, die Harpyien, alle Götterkriege, und Götterliebeshändel der Dichter sind blos ihre Vorstellungsformen, und auffer diesen Nichts. Wollte man ihnen eine objective Realität zuschreiben: so wären alle diese nichts als blosse Phantasien der Dichter, nichts als leerer Schein. Wären Raum und Zeit nichts als subjective Formen unsrer Vorstellung: so würden sie auffer unsrer Anschauung nichts seyn: so würden sich weder

R 5   bey

bey den Dingen an sich Theile ausser und neben einander
zugleich, noch ununterbrochne Reyhen von Veränderungen
finden; so würden folglich alle diese Dinge an sich, in wie
weit wir Zeit und Raum als ihre objective Bestimmungen
uns dächten, nichts als Täuschung unsrer Einbildungen,
nichts als blosser Schein, wie etwa Löwen, Tieger, und
Berge, seyn können, welche die Kinder om Himmel in
den Wolken zu erblicken sich einbilden. Bloß diese Formen
unsrer Vorstellungen wären nicht blosser Schein, sondern
etwas, welches in unserm Gemüthe wirklich angetroffen
würde. Wer hat es sich jemals erträumen können, daß
seine subjectiven Vorstellungsformen als solche ausser ihm
eine objective Realität haben? Hierinn können Sie auf
den Beyfall aller Philosophen rechnen. Allein sie werden
auch hieraus schliessen, daß, wenn gleich diese Vorstellungsformen nicht blosser Schein sind, aber ausser ihnen keine
Dinge wären, in welchen Zeit und Raum als objective Bestimmungen angetroffen würden, alle diese Dinge, bey welchen wir beyde als Bedingung ihres Daseyns wahrzunehmen uns bereden, an sich nicht so sind, wie wir sie uns nach
unserm gesunden Menschenverstand denken, und daß sie
folglich für nichts als blossen Schein gehalten werden könnten. Hiegegen streubt sich alle ihre Erfahrung, hiegegen
ihre Vernunft. Hierüber glauben sie mit Ihnen im Streit
zu seyn, und setzen dabey voraus, daß Sie ihnen nicht eine
Kurzsichtigkeit zuschreiben, vermöge welcher sie ihren subjectiven Vorstellungsformen als solchen eine objective Realität beylegen können. Dieß wäre Phantasie eines Träumen-
den, deren sich kein Denker schuldig machen wird.

Allein Ungereimtheiten, sagen Sie, würden daher
entspringen, wenn man Raum und Zeit als Beschaffenheiten ansehen wollte, welche ihrer Möglichkeit nach bey Sachen an sich angetroffen würden. Ungereimtheiten? Welche
sind denn diese Ungeheuer? Wir wollen ihnen näher treten,
um

um zuzusehen, ob sie denn wirklich unsrer Vernunft so fürch-
terlich sind, als sie Ihnen erscheinen. Unsre Vernunft
betrachtet Zeit und Raum freylich als Beschaffenheiten, welche nur in den Dingen an sich ausser unsern Vorstellungsformen obiectiv möglich und wirklich sind, und gar nicht seyn
würden, wenn keine solche Dinge wären, welche vermöge
ihres Wesens nicht ohne diese existiren können. Welche
Ungereimtheiten entspringen denn nun aus dieser unsrer Behauptung, um sie zu zernichten, wie etwa jene bewafnete
Krieger, welche aus dem Bauch des Pferdes in Troja her-
vorkamen, diese Stadt verheerten? Unsre Vernunft, sagen
Sie, würde alsdann gezwungen werden, zwey unendliche
Dinge anzunehmen, welche nicht Substanzen, auch nicht
etwas wirkliches den Substanzen inhärirendes, dennoch existirendes, ja die nothwendige Bedingung der Existenz aller
Dinge seyn müßten, auch übrig blieben, wenn gleich alle
existirende Dinge aufgehoben würden. Diese Ungereimtheiten sind in der That groß genug, erscheinen in einer
fürchterlichen Gestalt, und würden ohne Zweifel das seyn,
was sie zu seyn scheinen, wenn wir Zeit und Raum durch
die subiective Bedingung unsrer Sinnlichkeit als unbegrenzt
uns denken müßten. Denn wären sie auch nur bloß unsre
Vorstellungsformen: so würde der Menschenverstand in allen
übrigen Menschenköpfen, wie die Erfahrung aller Jahrhunderte es gelehret hat, sie sich als etwas ausser ihren subiectiven Vorstellungsformen gedacht haben, und durch einen
gewissen unwiderstehlichen innern Zwang sich sie nicht anders
haben denken können. Hier würde also dieses Ungeheuer
grade wie die lerneische Schlange dadurch mehrköpfigt geworden seyn, daß Sie, wie dort Hercules, einen Kopf weg-
hauen wollten. Ich glaube hingegen, daß es durch unsre
Theorie, welche der Ihrigen grade entgegen steht, vollkommen getödtet werden soll. Wir behaupten auch, daß Zeit
und Raum keine Substanzen, sondern Beschaffenheiten endlicher Substanzen sind; daß sie diesen als solchen Dingen

inhä-

in zählen, und in so weit als obiective Bestimmungen in
ihnen existiren. Sie sind blos Beschaffenheiten solcher
Dinge, welche zusammengesetzt sind, wo also Theile ausser
und neben einander zugleich angetroffen werden, und worin-
nen Reyhen von Veränderungen statt haben können, welche
also selbst endlich sind. Wir schliessen hieraus, daß Zeit
und Raum nicht etwa als blosse Vorstellungen unsrer Imagination, sondern als reelle Bestimmungen der Dinge selbst
endlich seyn müssen. Wir können sie uns als solche nicht ohne
Verirrung unsrer Vernunft unter dem Charakter der Unendlichkeit denken. Sie sind nicht nothwendige Bedingungen der Existenz aller, sondern nur eingeschränkter und also
endlicher Dinge. Wenn diese mit einmal zu seyn aufhörten:
so würden auch Raum und Zeit als ihre obiective Bestimmungen dahin seyn, und es wäre der offenbarste Widerspruch, wenn wir die Zeit als etwas noch existirendes, und
den Raum nicht blos als eine äussere Möglichkeit uns denken wollten, daß da, wo Dinge ausser und neben einander
zugleich gewesen sind, sie auch seyn können. Hier sind mit
einmal alle Köpfe des Ungeheuers, welches sich gegen unsre
Vernunft erheben soll, von ihr weggebrannt, und ich denke,
daß es völlig zernichtet seyn wird.

Der gute Berkley irret sich also sehr, ob Sie es ihm
gleich nicht verdenken, wenn er jene Ungereimtheiten als
nothwendige Folgen davon ansieht, daß Raum und Zeit
ihre obiective Realität in den Dingen selbst haben sollen,
und wenn er deswegen die Körper zu blossem Schein herab-
setzte, ja so gar unsre eigne Existenz, weil sie auf solche Art
von der für sich bestehenden Realität eines Undings, wie
die Zeit, abhängen würde, mit dieser in lauter Schein ver-
wandelte. Wir würden alsdann mit dem verschobnen Verstande dieses Mannes Mitleiden haben müssen. Er würde
sich eine Ungereimtheit erträumet haben, welche, wie Sie
selbst sagen, bisher noch niemand sich hat zu Schulden kommen

men laſſen, und alſo auch unſre Philoſophen nicht, welche
Zeit und Raum nicht blos als unſre Vorſtellungsformen,
ſondern auch als Beſchaffenheiten ſich gedacht haben, welche
mit endlichen Dingen anfangen, und wenn alle dieſe Dinge
zernichtet würden, zugleich mit ihnen zu ſeyn aufhörten.
Haben aber nicht bisher faſt alle Philoſophen ſo gedacht?

In der natürlichen Theologie denken wir uns einen
Gegenſtand, welcher für uns gar kein Gegenſtand der Anſchauung werden kann. Freylich kann er dieß nicht, wenn hier blos
von einer ſinnlichen Anſchauung die Rede iſt. Allein denken
können wir uns dieß unendliche Weſen; dieſes Gedankens
von ihm können wir uns bewuſt werden, und ihn dadurch als
Gegenſtand von uns, und der Vorſtellung, welche wir
von ihm haben, unterſcheiden. Es giebt aber auch Anſchauungen des Verſtandes und der Vernunft, und ſo nennen Sie ſelbſt unſre Vorſtellungen in Beziehung auf ihren
Gegenſtand. Sie ſind alſo nach der Sprache in Ihrem
Syſtem nicht berechtiget, es ohne alle Einſchränkungen zu
leugnen, daß wir von dieſem groſſen Gegenſtande unſrer Ver-
ehrung und Anbetung Anſchauung haben können. Begreifen können wir ihn nicht. Dazu iſt kein Geiſt in dem Gebiete der Endlichkeit fähig. Die Anſchauungen, welche wir
durch Hülfe unſrer Vernunft von ihm haben können, haben
Licht genung für unſern Verſtand, ihn von allen andern
Dingen zu unterſcheiden, haben Wärme genung für unſer
Herz, um es mit Andacht zu beleben, und mit ihren eigenthümlichen Freuden zu entzücken. Gott kann ſich ſelbſt durchaus kein Gegenſtand der ſinnlichen Anſchauungen ſeyn, weil
ſich dieſe nie ohne Grenzen denken laſſen und in ihm Vollkommenheiten — ohne alle Schranken ſind. Er hat alſo
von ſich eine höhere Anſchauung. Seine Erkenntniß, ſagen
Sie, iſt nicht Denken, ſondern Anſchauen, weil Denken jederzeit Schranken beweiſet. Es kömmt hier auf eine Erklärung darüber an, was Sie denken nennen. Sonſt pflegt
man

man sich so auszudrücken: Gott denket sich alle seine unendli-
liche Vollkommenheiten mit einmal in einem Lichte, welches, so wie sein Verstand, ohne Grenzen ist. Wollen wir
Anschauung uns so vorstellen, wie sie bey uns, wie sie bey
jedem endlichen Geiste ist: so würde sie auch nicht von Grenzen befreyet seyn. Diese müssen also erst von ihrem Begriff abgesondert werden, ehe wir Gott eine Anschauung zuschreiben können. Wir sind sorgfältig darauf bedacht, von
aller seiner Anschauung die Bedingung des Raumes und
der Zeit wegzuschaffen; aber wie? nicht als ob er nicht
Dinge ausser sich so anschaue, wie sie nach ihren wesentlichen Bestimmungen sind, wie Zeit und Raum sich
bey ihnen findet. In seiner Anschauung der endlichen
Dinge lieget alles, was in den Dingen ist, also auch
Raum und Zeit. Unsre Sorgfalt geht nur dahin, uns
ihn als ein Wesen zu denken, in welchem weder mehrere
Dinge ausser- und neben einander zugleich, noch Reyhen
von innern Veränderungen statt haben, weil beydes ohne
Grenzen nicht denkbar ist.

Allein, fragen Sie, mit welchem Rechte kann man
dieses thun, wenn man beyde vorher zu Formen der Dinge an
sich selbst gemacht hat, und zwar solchen, die als Bedingungen
der Existenz der Dinge, a priori übrig bleiben, wenn man
gleich die Dinge an sich selbst aufgehoben hätte? Denn als
Bedingungen alles Daseyns überhaupt, müßten sie es auch
vom Daseyn Gottes seyn. Wo sind aber die Philosophen,
welche Zeit und Raum zu Bedingungen alles Daseyns überhaupt gemacht haben? Vielleicht in der Schule des Spinoza
möchte so etwas zum Theil behauptet werden können. Allein diese haben die meisten Philosophen für dasjenige angesehen, was sie ist, und ihr Lehrgebäude für ein solches gehalten, welches sich auf einen falsch angenommenen Begriff
von der Substanz gründet, und durch Sophismen errichtet
ist. Sie haben Raum und Zeit zu Bedingungen der Existenz

stenz bey den endlichen Dingen gemacht, welche ohne diese
nicht seyn können, mit welchen diese Bestimmungen ihre
obiective Realität erhalten, und sie mit ihnen wieder verliehren würden, wenn diese Dinge zu seyn aufhörten.
Weiter konnten sie nichts aus Raum und Zeit machen,
wenn sie ihnen eine obiective Realität in den Dingen
beylegten. Kennen Sie unter unsern scharffinnigsten
Philosophen einige, welche Zeit und Raum zur Bedingung der Existenz aller Dinge, oder auch nur der endlichen a priori gemacht haben, so daß sie übrig blieben,
wenn gleich die Dinge selbst aufhörten? Gegen diese
würden wir eben so gut, wie Sie, die Waffen ergreifen,
welche die Vernunft uns in die Hände gegeben hat.

Es soll nichts übrig bleiben, wenn man Zeit und Raum
nicht zu obiectiven Formen aller Dinge machen will, als
daß man sie zu subiectiven Formen unserer äusseren so wohl
als innern Anschauungsart macht. Allein dieser Schluß
folget nicht aus dem Vordersatz, in wie weit er wahr ist.
Wir machen sie zu obiectiven Formen der Dinge, aber nicht
aller. In dem unendlichen Wesen ist weder Zeit noch Raum.
Von ihm können sie also auch keine obiective Form seyn. Doch
warum nennen Sie denn Zeit und Raum Form der Dinge?
Sie sind nicht das ganze Wesen derselben, sondern Beschaffenheiten von den Gegenständen, in welchen Theile ausser
und neben einander zugleich sind, und Reyhen von Successionen angetroffen werden. Wir können sie auch Formen unserer innern und äusseren Anschauungen nennen, weil
wir in den Gegenständen, welche wir durch Hülfe unsers
Gesichtes sehen, bis auf einzelne Puncte Raum erblicken,
und weil wir in unsern innern Veränderungen, welche
auch bey diesen Anschauungen vorgehn, eine Reyhe von
Successionen, d. i. Zeit gewahr werden. Sie fügen noch
einen Satz hinzu, welcher verschiedene Erklärung wegen
seiner Wortfügung zuläßt. Sie sagen: diese Anschauunge-
art

art heißt darum sinnlich, weil sie nicht ursprünglich, d. i. eine solche ist, durch die selbst das Daseyn des Obiects der Anschauung gegeben wird. Das Wort der Anschauung kann so wohl der Dativus als Genitivus seyn. In der ersten Bedeutung des Wortes hieße es so viel: durch unsre Anschauungsart wird der Anschauung das Daseyn des Obiects nicht gegeben. Dadurch können Sie ohne Zweifel nichts anders anzeigen wollen, als daß unsre Anschauungsart, als blos bestimmtes Vermögen, die Gegenstände anzuschauen, uns nicht durch sich selbst die Anschauung von den Gegenständen verschaft, oder wie Sie es etwas dunkler sagen, daß durch sie der Anschauung das Daseyn des Obiects nicht gegeben wird. Im letzten Fall wäre dieß der Sinn Ihres Satzes: die Anschauungsart giebt nicht dem Obiect der Anschauung das Daseyn. Welches ist nun Ihre Meynung? Ich denke das erste, weil Sie hinzusetzen, daß diese Anschauungsart, so viel wir einsehen, nur dem Urwesen zukommen kann, welches also nicht erst sinnliche Empfindungen haben muß, um sich die Dinge zu denken, oder wie sie lieber sagen wollen, sie anzuschauen. Der letzte Fall könnte nur denn statt haben, wenn die Vorstellung eines Gegenstandes zugleich der Gegenstand obiectiv selbst wäre, so wie neulich ein Philosoph aus Gründen, deren Ungültigkeit Sie so gut, wie ich, einsehen werden, behaupten wollte, daß der Gedanke Gottes von Substanzen zugleich die Substanzen selbst wären. Sie halten unsre Vorstellungsart für eine solche, welche von dem Daseyn des Obiects abhängig, mithin nur dadurch, daß die Vorstellungsart des Subiects durch dasselbe afficiret wird, möglich ist. Muß aber in diesem Fall das Obiect nicht nur ausser unsrer Vorstellung selbst, sondern auch seine Beschaffenheit von der Art seyn, daß sie zu den empirischen Vorstellungen, welche wir von ihnen erhalten, den Stoff grade zu diesen und keinen andern uns darreichet? Wie könnten sie aber dieß seyn, wenn sie nicht Raum, nicht Zeit obiectiv in sich enthielten,

von

von welchen sie uns den Stoff zu empirischen Anschauungen von beyden und von sich geben? Wir haben zwar a priori oder von Natur das Vermögen Dinge anzuschauen. Es muß aber von dem Daseyn der Obiecte und von ihren Einwirkungen auf unsre Sinne abhängen, daß wir unter diesen und keinen andern Formen von ihnen Anschauungen haben. Das Daseyn der Obiecte selbst bestimmt unsre Anschauung nicht. Sie müssen auf unsre Organe wirken. Nur dadurch wird unsre Vorstellungsfähigkeit afficirt, und darnach richten sich die Vorstellungen selbst, welche wir von ihnen erhalten.

Die Anschauungsart in Raum und Zeit wollen Sie nicht auf die Sinnlichkeit der Menschen einschränken, weil vielleicht alle endliche denkende Wesen hierinn mit dem Menschen nothwendig übereinkommen. Was heißt hier aber Anschauungsart in Zeit und Raum? was sie auf Sinnlichkeit der Menschen einschränken? Wird Zeit und Raum hier obiectiv, oder subiectiv genommen? Obiectiv? Nun so hieß es: unsre Anschauungsart ist so bestimmt, daß die Anschauungen selbst bey uns nicht anders, als nach und nach, folglich als Successionen in einer Reyhe oder in der Zeit erfolgten. Würden sie aber auch so im Raum da seyn? Das erste ist wahr, ist ohne Zweifel auch so bey allen endlichen Geistern und ist dieß ein Charakter der Sinnlichkeit: so hat diese allem Ansehen nach eine allgemeine Gültigkeit in Ansehung aller endlichen Geister. Das letzte ist nicht denkbar, oder wir müßten uns denn das Subiect unserer Vorstellungsart als ein geräumigtes Wesen vorstellen. Nehmen Sie Raum und Zeit subiectiv: so würden wir es so verstehen müssen: unsre Anschauungsarten sind alle von der Beschaffenheit, daß Raum und Zeit mit angeschauet wird. Dieß ist aber, wie ich es mehrmal bewiesen, und durch Beyspiele erläutert habe, unsrer Erfahrung und den Anschauungen unsers Verstandes und unsrer Vernunft entge

S   gen

gen gefest. Von wie vielen Gegenständen haben wir nicht
Anschauungen, worinn wir uns weder der Zeit noch des
Raums bewust werden?

Sie ist, wird von Ihnen hinzugefügt, eine abgeleitete,
nicht ursprüngliche Anschauung. Worauf bezieht sich dieß
Sie? Auf Allgemeingültigkeit, oder auf Sinnlichkeit, oder
Anschauungsart in Zeit und Raum, oder auf — keines
von allen? Weder auf Allgemeingültigkeit, noch auf Sinnlichkeit kann es sich beziehen. Denn beyde sind keine intuitus, und also auch keine intuitus deriuatiui: also ohne
Zweifel auf Vorstellungsart? Allein auch diese ist kein
intuitus, oder Sie müssen sich dadurch unsre Vorstellungen in den Formen denken, welche sie nach Beschaffenheit
ihrer Gegenstände haben. Diese sind freylich keine bloße Wirkungen unsrer Selbstthätigkeit, ob es gleich viele Entwicklungen den Wahrheiten, und also Vorstellungsarten giebt,
in welchen sich unser Verstand und unsre Vernunft sehr
selbstthätig beweisen, und uns in so weit intellectuelle Anschauungen verschaft haben. Nennen Sie ursprüngliche
Anschauungen (intuitus originarios) solche, welche ohne alle
Sinnlichkeit, ohne alle Erfahrung in dem denkenden Wesen blos durch seine Selbstthätigkeit da sind: so ist dieß
höchst wahrscheinlich blos ein Eigenthum des Urwesens,
wenigstens in wie weit die intellectuellen ursprünglichen Anschauungen in einem Wesen ohne alle Grenzen sind, können
sie nur Gott und sonst keinem Geiste zukommen, welcher so
wohl seinem Daseyn, als auch seiner Anschauung nach abhängig ist. Intellectuelle Anschauungen ohne den Charakter der Unermäßlichkeit können auch bey endlichen Geistern
statt haben, finden sich auch in den Köpfen unsrer tiefsen-
kenden Philosophen, und wir würden uns auf der Leiter
denkender Wesen zu tief herabsetzen, wenn wir uns für solche hielten, welche blos eine sinnliche und gar keine intellectuelle Erkenntniß haben könnten.

Zum

Zum Beschluß Ihrer transscendentalen Aesthetik behaupten Sie, daß Sie nun Eins von den erfoderlichen Stükken zur Auflösung der Transscendentalphilosophie uns vorgelegt haben, nämlich: wie sind synthetische Säße a priori möglich? Warum zeigen Sie uns denn wenigstens nicht nur einmal diese Möglichkeit in Beyspielen, woraus es einleuchtete, wie Sie denn bloß Eine der erfoderlichen Stükken zu dieser Aufgabe haben? Reine Anschauungen a priori von Zeit und Raum werden von Ihnen als dieses angegeben. Hier möchte ich Ihnen die Frage vorlegen: sind diese Anschauungen intellectuelle, oder blos sinnliche? Nach Ihrer obigen Aeusserung sind die ersten niemals bey einem Wesen anzutreffen, welches seinem Daseyn, und seinen Anschauungen nach abhängig ist: Folglich sind nach Ihrem eignen System die unsrigen blos sinnliche, nicht durch unsre Selbstthätigkeit ohne Einwirkungen der Gegenstände in uns entstanden, wodurch unsre Sinnlichkeit afficiret wurde. Sie können also auch nicht bey uns in Ansehung ihres ersten Ursprunges vor aller Erfahrung und folglich auch nicht Anschauungen a priori in dem Verstande seyn, wie sie diese erkläret haben. Wenn wir in unsern Urtheilen a priori über den Begriff hinausgehen wollen: so sollen wir in der reinen Anschauung von Zeit und Raum dasjenige antreffen, was nicht im Begriffe, aber wohl in der Anschauung, welche ihm entspricht, entdeckt, und mit jenem synthetisch verbunden werden kann. Dieß ist nun dasjenige, was Sie oft wiederhohlten, und ich widerleget habe. Ich will zum Beschluß noch ein Beyspiel aus der Geometrie anführen. Eine grade Linie, welche um den einen unbeweglichen Endpunct rund herum beweget wird, beschreibt einen Zirkel. Dieß ist ein synthetischer Satz, dessen Allgemeinheit und Nothwendigkeit ich erkennen will. Wozu kann mir hier die reine Anschauung von Raum und Zeit nüßen? Ich setze freylich voraus, daß diese Bewegung nicht blos in meiner Anschauung, sondern auch ausser derselben

S 2　　selben

selben keinen Widerspruch setzet. Wäre hievon blos in meiner Anschauung diese Möglichkeit: so würde ich nie einen oblectiven Zirkel beschreiben können. Lassen Sie uns auch annehmen, daß blos die Möglichkeit in Rücksicht unsrer Anschauung denkbar wäre: wie würden wir dadurch die allgemeine Wahrheit dieses synthetischen Satzes beweisen können? Es würde uns nichts übrig bleiben, als daß wir den Begriff eines Zirkels zum Grunde legten, und nun zeigten, daß durch diese Bewegung einer Linie eine Figur zu Stande käme, worauf der allgemeine Begriff des Zirkels angewandt werden könnte. Wir beweisen die Richtigkeit dieses Satzes nicht aus einer reinen Anschauung des Raums, sondern aus dem Begriff des Zirkels. Von der Möglichkeit, daß Dinge ausser und neben einander zugleich seyn können, sind wir durch die Erfahrung überzeugt, weil eben durch diese zuerst in uns empirische Anschauungen von Raum hervorgebracht wurden, woraus unser Verstand selbstthätig den allgemeinen Begriff, oder die Form der reinen Anschauung von Zeit bildete. Die Richtigkeit dieser Begriffe erkennen wir aus dem Grundsatz, daß dasjenige, was wirklich ist, auch möglich seyn muß; diesen Grundsatz selbst zu leugnen wird uns aber unmöglich, weil unsre Vernunft durchaus unfähig ist, es sich zu denken, daß etwas zugleich und unter ganz ähnlichen Lagen A seyn, und auch nicht A seyn könnte.

Sie wollen uns überreden, daß unsre synthetischen Urtheile nicht weiter als auf Gegenstände der Sinne reichen, und nur für Obiecte möglicher Erfahrungen gelten können. Wenn Sie von solchen Urtheilen redten, deren Sublect ein Gegenstand ist, bey welchem Raum und Zeit angetroffen wird: so würde man unter dieser Einschränkung Ihnen diesen Satz zugeben. Aber hieraus folgt nicht, daß alle unsre synthetischen Sätze, (Theoremer) blos Obiecte der Sinnen, oder Gegenstände zu Sublecten haben müssen, worinn wir Raum und Zeit erblicken. Es giebt unzählig viele andre

Gegen-

Gegenstände, welche nicht unter den allgemeinen Begriffen oder reinen Anschauungen von Zeit und Raum liegen, und wovon wir doch durch Hülfe unsrer Vernunft aus richtigen Grundsätzen und Begriffen Prädicate herleiten, dadurch Sätze bilden, und von ihnen eine apodiktische Gewißheit erlangen können. Nicht blos Sinnlichkeit, sondern auch Verstand und Vernunft sind die Fähigkeiten, womit unser Geist ausgerüstet ward, um unter den unzähligen Classen andrer Geister uns vielleicht auf eine eigenthümliche Art Erkenntnisse von Wahrheiten zu erwerben. Diese Würde der Menschheit ist ein zu wichtiges Geschenk der wohlthätigen Natur; ist für uns ein zu schätzbares Gut; ist zu sehr in unsre übrigen natürlichen Selbstgefühle verwebt, als daß wir sie nicht anerkennen müssen, nicht gerne anerkennen.

Ich habe bisher mit aller Freymüthigkeit, welche ein Freund der Wahrheit überall beweisen kann und muß, Ihre transscendentale Aesthetik geprüfet. Nicht Partheylichkeit, nicht Anhänglichkeit an einer Secte hat mich zu dieser Prüfung aufgefodert. Von keiner der bekannten philosophischen Schulen bin ich eigentlich ein Anhänger. Frey von den Fesseln irgend eines Systems habe ich schon lange in dem Gebiete der Philosophie meinen eignen Gang genommen, habe gerne die Blumen aufgesammlet, welche vor mir die Hand eines weisen Mannes gepflanzt, und gewartet hatte. Eine eigne freye Untersuchung meiner Fähigkeiten, ihrer Wirkungen, ihrer gegenseitigen Einflüsse, und ihrer Verkettungen ist schon lange mein Lieblingsgeschäfte gewesen. Ihre Kritik der reinen Vernunft war in dem Gebiete der Weltweisheit eine Erscheinung, welche meine Neugierde sehr erregte. Ich bemühte mich ohne alle Theilnehmung an dem Kriege, welchen Ihre Gegner und Vertheidiger bitter genug gegen einander führen, und von denen Sie mit vieler Gleichgültigkeit ein Zuschauer zu seyn, das Ansehen haben, Ihr neues System in der ruhigsten Fassung der Seele genau

S 3   zu zu studiren. Es sind Dunkelheiten darinn. Dieß ist das einstimmige Geständniß von beyden Partheyen, und die Ihrige nimmt grade daher am liebsten ihre Waffen, und wähnet vom Siege, wenn sie ihren Gegnern es nur vorwirft, daß sie Ihre Kritik der Vernunft nicht recht verstanden haben. Ob diese Männer alle es selbst recht verstehen, darüber scheinen sie unter sich selbst noch nicht völlig übereingekommen zu seyn. Die Dunkelheiten in Ihrem System entspringen theils aus Ihren neuen Terminologien, theils auch aus einer Ihnen eigenthümlichen Schreibart in diesem Werke. Ich bemühte mich, mir diese so gut aufzuhellen, als möglich war, und nun erst glaubte ich, als ein unbefangner Freund der Warheit mich an eine genaue Prüfung Ihres neuen Systems mit einigem glücklichen Erfolge machen zu können. Ich habe Ihnen hiemit die ersten Resultate derselben vorgelegt. So sehr sie auch Ihrer Kritik entgegen gesetzt sind: so groß ist doch meine Hoffnung, daß Sie diese Ihrer Aufmerksamkeit nicht ganz unwürdig finden werden: so groß ist aber auch die Hochachtung, mit welcher ich die Ehre habe, stets zu seyn Ihr ergebenster ꝛc.

Noch Etwas

aus der

Popularpsychologie

für diejenigen,

welche es prüfen können und wollen:

Bin ich, oder nicht? Nicht? — Wie seltsam? Auch der strengste Idealist, ja selbst der Egoist, so sehr er sich gegen den gesunden Menschenverstand empöret, hat doch in seinen tollsten Träumereyen noch, nie im Ernst an seinem Daseyn gezweifelt, und wann er zweifeln wollte: so hat er den Gedanken — ich bin unschlüssig, folglich ich bin, nicht verdrengen können. Von den Phantasien der Unglücklichen in Irrhäusern kann hier die Rede nicht seyn.

Was bin ich? Geist, oder bloßer Körper? Eine einfache Substanz, oder eine feine organisirte Maschine, ein bewundernswürdiges Kunstwerk der bildenden Natur? Hier kann ich bejahen, verneinen, zweifeln, und wieder das erste oder letzte thun. Die Vernunft findet hier ein Gebiet, wo sie Dunkelheiten aufhellen, oder diese noch finstrer machen kann, und vielleicht wird sie immer in den verschiedenen Köpfen nach einer ihnen eigenthümlichen Stimmung auf dieser Rennbahn aus verschiedenen Schranken nach entgegengesetzten Zielen hindringen. Sie mag es anfangen, wie sie will: so muß sie auf unsre Fähigkeiten und Wirkungen aufmerksam seyn, hieraus Folgerungen ziehen, und sich nun die Frage aufwerfen: wohin werde ich geführt? Wie weit kann ich etwas entscheiden, und so mein Ziel nur mit Wahrscheinlichkeit oder mit apodietischer Gewißheit erreichen?

Ich werfe meinen Blick auf einen äusseren Gegenstand, und in mir entsteht von ihm eine Vorstellung. Ich nehme jenen weg, setze an seine Stelle einen andern, und in mir entsteht eine ganz andre Vorstellung, welche ich nicht in jene umschaffen kann, so lange ich diesen erblicke. Ich werde mir dessen bewußt, und in diesem Bewußtseyn unterscheide ich den Gegenstand von der Vorstellung, welche ich

von

von ihm habe, und auch von mir selbst. Bey dieser Vorstellung bleibe ich entweder gleichgültig, oder ich beziehe den
Gegenstand auf mich, und nun entsteht in mir entw. der
Begierde oder Abscheu. Auch dieses innern Gefühles werde
ich mir bewußt, und erkenne zugleich, daß nicht bloße Vorstellung die Begierde oder der Abscheu selbst ist. Jene kann
also nicht allein den Grund von der ersten, oder von dem
letzten in sich fassen, sondern es muß auch in mir etwas
seyn, welches von meinem bloßen Vorstellungsvermögen unterschieden ist. Wie will ich dieß nennen? Die Philosophen haben es Begehrungsvermögen genannt, und ich sehe
keine Ursache, warum ich diese Benennung verwerfen sollte.

Vorstellungsvermögen, Begehrungsfähigkeit sind also
Bestimmungen meines Ichs, haben in der Grundkraft
meines Subiects auf eine verschiedne Art ihren hinreichenden Grund. Allein wie? Dieß ist die große Aufgabe,
welche so viele Weltweisen auflösen wollten, aber nicht konnten. Hier ist Dunkelheit, welche noch kein Menschenverstand zu vertreiben vermochte, und auch wohl nie aufklären
wird. Hier ist das innre Heiligthum der Natur, worein
kein Sterblicher noch gedrungen ist.

Beyde Fähigkeiten liegen vor aller Erfahrung, und
folglich a priori in mir. Allein Vorstellungen von ihnen
setzen ein Bewußtseyn voraus, und bewußt kann ich mir ihrer nicht anders werden, als wenn ich das Licht nütze, welches mir in dieser dunkeln Gegend von der Erfahrung ange-
zündet wird. Ich habe keine angebohrne Ideen, und also
auch keine solche von ihnen. Sie sind das Werk der Aufmerksamkeit auf meine innre Veränderungen, und entspringen also aus Erfahrung, oder a posteriori.

Durch einen innern Drang meiner Wißbegierde, werde
ich gereizt, mir diese Frage aufzuwerfen: Was ist in mir
Vorstellungsfähigkeit, was Begehrungsvermögen?

Was

Was ist also Vorstellungsvermögen? Daß ich dieses besitze, davon habe ich eine innre unbezwingliche Ueberzeugung, weil ich mir einer unendlichen Mannigfaltigkeit von Vorstellungen bewußt bin, welche nach und nach sich mir aufdrangen. Was sind aber Vorstellungen? Der Ausdruck ist bildlich, so wie es fast alle Ausdrücke sind, womit ich die innre Wirkungen meiner Kräfte bezeichne. Ein Gemälde von einer reizenden Gegend, welches ich vor mir sehe, ist nicht selbst der Gegenstand, ist eine Vorstellung von ihm. Ich werfe auf dasselbe meine Blicke, und erhalte von diesem eine neue Abbildung in mir. Diese ist meinem Bewußtseyn nach so wenig das Gemälde selbst, als die reizende Gegend, welche in jenem abgebildet ist, sondern etwas in mir als in dem denkenden Subiect. Sie ist eine Vorstellung in mir, erzeuget durch den Anblick des Gemäldes, würde aber nicht erzeuget seyn, wenn es nicht durch meine innre Beschaffenheit möglich gewesen wäre. Diese Möglichkeit, welche in mir schon vor jeder Vorstellung von Natur oder a priori da seyn mußte, nenne ich mein Vorstellungsvermögen.

Wie weit erstreckt sich dieses? Hier muß ich die Erfahrung befragen. Will ich dieses nicht: so kann ich nirgends einen Unterricht davon erwarten. Die innre Grundkraft meines denkenden Subiects kenne ich viel zu wenig, als daß ich dadurch etwas bestimmen könnte. Was lehret mich denn meine Erfahrung? Ich erhalte Vorstellungen von äusseren unzähligen Dingen, welche ich nach einem instinctmässigen Naturzwang nicht anders als ausser mir denken kann. Allein auch andre Vorstellungen werden in mir rege, deren Gegenstände die innere Wirkungen meiner Denkkraft und Begehrungsfähigkeit sind, folglich erhalte ich auf die Art neue Vorstellungen, theils von den Vorstellungen, welche ich von äusseren Gegenständen habe, theils von den innern Wirkungen meiner Denkkraft und meines Begehrungsvermögens.

Aller

Aller dieser kann ich mir bewußt werden, wann sie da sind. Ich kann sie als innre veränderliche Bestimmungen von mir selbst, und sie auch unter sich von einander unterscheiden. Hieraus erkenne ich, daß mein Vorstellungsvermögen einen grossen Umfang habe, und sich auf alle Arten erstrecke, wie meine Denkkraft, wie mein Begehrungsvermögen sich wirksam beweisen.

Es ist in mir a priori ein blosses Vermögen, zu tausend verschiedenen Vorstellungen aufgelegt, und kann nicht blos durch seine Selbstthätigkeit eine bestimmte Vorstellung von den unzählich vielen möglichen in mir erregen. Soll es also in Wirksamkeit gesetzt werden: so muß 1) ein Gegenstand da seyn, 2) dieser auf mein Vermögen so wirken, daß dadurch nicht überhaupt Vorstellung, sondern eine solche erreget wird, welche dem Gegenstand entspricht. Vorstellen setzt also voraus 1) ein Subiect, welches dieß Vermögen hat, 2) das Vermögen selbst, 3) ein Obiect, das vorgestellet wird, 4) seine Wirkung auf das vorstellende Subiect, 5) das Resultat von allen diesen, die Vorstellung selbst. Fehlet eine von den vier ersten Erfordernissen: so kann auch die letzte nicht entstehen.

Mein Vorstellungsvermögen ist nicht in mir das Subiect, welches Vorstellung erhält, sondern eine innre Bestimmung von ihm. Ich kann jenes zwar in Gedanken von diesem unterscheiden, aber nicht ganz denken, ohne zugleich auf dieses Rücksicht zu nehmen. In die Definition des Vermögens gehöret also nicht das Subiect als ein Charakter; unterdessen wird doch dieses allemal als ein Ding vorausgesetzt, ohne welches jenes nicht seyn kann, und wovon dieß Vermögen eine innre Bestimmung ist. Bin ich fähig, Merkmale anzugeben, woran ich es erkenne: so werde ich auch fähig seyn müssen, eine Erklärung von ihm zu machen. Ein bloßes Vermögen denke ich mir als eine Anlage in einem

nem Subject, etwas zu erhalten. Ich muß das Subject so denken, daß es durch seine Grundkraft dazu aufgelegt ist. Habe ich also Vorstellungen: so steht es nicht mehr in meiner Gewalt es zu leugnen, daß auch die Möglichkeit, diese zu haben, in meiner Urkraft liegen muß. Aber wie? Diese Frage kann unsre Vernunft freylich nicht befriedigend beantworten. Dieß hemmet aber meine Ueberzeugung von der Möglichkeit, Vorstellungen zu haben, nicht, welche in meiner Denkkraft ihren hinreichenden Grund haben muß.

In jeder Vorstellung unterscheide ich den Gegenstand von diesem Vermögen, und auch von ihr selbst: so wie ich in jeder Sache auch die Materie von der Form zu unterscheiden pflege. Jene bezeichnet die Theile, woraus sie besteht, und diese die besondre Art, wie sie verbunden sind, um die Sache hervorzubringen. So sind in einem Triangel die drey Linien seine Materie, und die Art ihrer Verbindung, daß dadurch ein Raum eingeschlossen wird, ist die Form desselben. Jedes Ding hat seine eigne Materie und Form, und es wäre Widerspruch, wenn ich die eigenthümliche Materie und Form des einen Dinges für die Materie und Form eines andern ausgeben wollte. Der Gegenstand und die Vorstellung, welche ich von ihm habe, sind wesentlich unterschieden. Jener ist das Ding an sich, diese die Folge meiner von ihm erregten Vorstellungskraft in mir. Wollte ich deswegen ein Ding an sich unvorstellbar nennen, weil die eigenthümliche Materie und Form eines Dinges an sich nicht beydes von meiner Vorstellung seyn könnten: so würde ich entweder mit Worten spielen, und leicht dadurch Verwirrung anrichten, welches sich doch für keinen Philosophen schicket, oder ich müßte wider den Sprachgebrauch nur das vorstellbar nennen, was in der Vorstellung selbst als subjective Bedingung liegt.

Vor-

Vorstellbar ist für mich jeder Gegenstand, wovon ich eine Vorstellung erlangen kann. Er bleibt an sich, was er ist. Seine Form ist nicht die Form meiner Vorstellung von ihm. Diese ist in mir, und stellet mir gleichsam im Bilde die Form dar, welche der Gegenstand eigenthümlich hat. Auch wenn ich mir ihn nicht vorstelle: so behält er unverändert die seinige; nur für mich ist dieß Ding dann nicht mehr ein Gegenstand der Vorstellung.

Wie entstehen aber die äusseren Vorstellungen je mir? Die Dinge ausser mir wirken auf meine Organe der Sinne. Diese Wirkung erregt mein Vorstellungsvermögen. In so weit verhält es sich leidend, nimt auf, und ich bin berechtiget, ihm deswegen eine Empfänglichkeit (Receptivität) zuzuschreiben. Was es aufnimt, das nenne ich den Stoff, weil grade dieser den Innhalt der Vorstellung bestimmt. Mein Vermögen muß aber diesen durch seine eigenthümliche Thätigkeit (Spontaneität) zur Vorstellung erheben. Von allen diesen würde ich nichts wissen, wenn meine Vernunft die Erfahrung nicht befraget, und aus ihrem Unterricht diese Folgerung gezogen hätte. Fraget sie aber weiter: wie muß mein Vorstellungsvermögen beschaffen seyn, um diese Empfänglichkeit und Thätigkeit haben zu können? Wie wird eigentlich durch Einwirkung des Gegenstandes der Stoff meiner Receptivität gegeben, wie von ihr aufgenommen? wie ist er in mir beschaffen, ehe er zur Vorstellung wird? Wie erhebt meine Vorstellungskraft durch ihre Thätigkeit ihn dazu? so ist das ganze Resultat ihres Nachdenkens darüber dieß — das weis ich alles nicht, nur dieß weis ich, daß es so ist. Die Materie meiner Vorstellung ist das Mannigfaltige, was in ihr liegt; ihre Form ist die Verbindung desselben, wodurch sie diese und keine andre Vorstellung ist, nicht aber dasjenige, wodurch der blosse Stoff zur Vorstellung wird. Dieß ist die thätige Kraft meines Vermögens. Denn diese kann nicht Form der bestimmten Vor-

stel-

ſtellung ſeyn, wenn ich anders dem Ausdruck Form nicht
eine ganz ungewöhnliche Bedeutung unterlegen will.

Meine Vorſtellungen ſind ſehr verſchieden, ich mag
auf ihren Innhalt oder auf die Art ſehen, wie ſie durch
verſchiedne Mittel in mir entſtehen. Wie kann ich ſie in
Rückſicht ihres Innhalts eintheilen? Eine lange aufmerkſame
Beobachtung hat es mich gelehret, daß ich mir entweder
überall beſtimmte Dinge (individua) oder auch die Aehnlichkeit und Unähnlichkeit derſelben, allgemeine Dinge, und
beyde entweder als bloſſe Objecte oder auch als Subjecte in
Beziehung der Prädicate zu ihnen vorſtelle. Wie will ich
die Vorſtellungen von der erſten, wie die von der letzten
Art nennen? Ich muß wieder die Erfahrung fragen.
Vielleicht wird ſich durch dieſe mir Gelegenheit anbie-
ten, daß ich eine ſchickliche Benennung für beide finden
kann.

Gegenſtände, die mir den Stoff zur Vorſtellung darreichen, oder mich afficiren, ſind entweder äuſſere Dinge,
oder die innere einzelne Wirkungen meiner Fähigkeiten.
Das Vermögen mir dieſe ſo vorzuſtellen, wie ſie mich afficiren, iſt ein ſinnliches. Dieß kann ich auch meine Sinnlichkeit nennen. Ich habe aber auch eine Fähigkeit, aus
dieſen Vorſtellungen von einzelnen Dingen (individuis) dasjenige wegzulaſſen, was ihre individuellen Beſtimmungen bezeichnet, und mir im allgemeinen nur dasjenige vorzuſtellen, worinn ſie mit einander mehr oder weniger übereinkommen. Hier hört das Gebiet meiner Sinnlichkeit auf,
und durch die Selbſtthätigkeit meiner Denkkraft ſchaffe ich
mir Vorſtellungen, worinn blos allgemeine Begriffe von
den Dingen enthalten ſind. Dieß Vermögen, welches ſich
ſelbſtthätig in mir beweiſet, und wodurch ich mich von allen
andern Thierarten auf Erden unterſcheide, iſt mein Verſtand (intellectus). Hier finde ich alſo eine gegründete Urſache,

fache, meine Vorstellungen in sinnliche und intellectuelle nach der Verschiedenheit ihres Innhalts, und der Art, wie sie in mir entstehen, einzutheilen. Sinnliche sind nach ihrem Inhalte diejenigen, welche einzelne Gegenstände, intellectuelle, welche allgemeine Begriffe in sich fassen. Mein Verstand kann seine Selbstthätigkeit nicht beweisen, wenn nicht sinnliche Vorstellungen vorhergehn. Seine Vorstellungen sind also ihrem Ursprunge nach nicht von aller Erfahrung unabhängig; sie erheben sich aber über diese, erhalten dadurch ein höheres Ansehen und geben meiner Vernunft Gelegenheit, sie in ihr Gebiet aufzunehmen.

Meine Sinnlichkeit hat gleichsam zwo Seiten, von welchen sie afficirt werden kann 1) eine äussre, 2) eine innere. Die äussre steht den Einwirkungen äusserer Gegenstände, die innre den innern Wirkungen offen, und die Vorstellungen, die daher entspringen, beziehen sich entweder auf äussere oder innre Gegenstände, von welcher meine Sinnlichkeit afficiret wird. In beyden Fällen sind sie empirische Vorstellungen, wozu die Gegenstände meiner Sinnlichkeit den Stoff dargereichet haben. Hieraus erhellet also, was der innre Sinn ist. Jener ist das Vermögen meiner Sinnlichkeit von aussen, dieser, von innen afficirt zu werden.

Auf wie viele Art ist es bey mir möglich, daß Gegenstände von aussen auf meine Sinnlichkeit Eindrücke machen? Schon wieder muß ich die Erfahrung zu meiner Lehrerinn wählen. Nur durch sie weis ich es, daß die Natur fünf sehr verschiedene Kanäle eröffnet hat, wodurch äussere Objecte auf meine Sinnlichkeit einen Einfluß haben können. Sie hat mir fünf Sinnenorgane verliehen. So verschieden diese nach ihrem innern Bau sind: eben so verschieden sind die Vorstellungen. Hat meine Sinnlichkeit nur für fünf besondre Gattungen von Organen eine Receptivität, oder noch für mehrere? So wenig ich fähig bin, mir mehrere Gattung tungen von Sinnenorganen zu denken: eben so wenig ist meine Vernunft vermögend, diese Frage sicher zu bestimmen. Dieß braucht sie nun auch nicht. Es ist für mich genug, daß ich weis, die Receptivität meiner äusseren Sinnlichkeit muß eine fünffache Form oder Beschaffenheit haben, um jeden Eindruck auf eine eigenthümliche Art aufzunehmen, und den gegebenen Stoff durch ihre Spontaneität zur Vorstellung zu erheben. Den innern Unterschied selbst in der fünffachen Beschaffenheit meiner Receptivität kann ich nicht erforschen. Ich muß mich an die Verschiedenheit der Vorstellungen halten, welche daher entstehen, weil ich mir ihrer bewust werden, und durch Hülfe dieses Bewußtseyns sie von einander unterscheiden kann.

In den Vorstellungen, welche ich durch die Organe meines Gesichtes und Gehörs erhalte, liegt nichts von Empfindung dieser Organe, sondern von Gegenständen, welche ich ausser mir denke, von Tönen, deren Ursprung ich ausser mir suche. Dieß ist nicht das Werk der Erziehung, oder der Vernunft, sondern der Natur, welche mich so bildete, daß ich dadurch von dem Daseyn äusserer Gegenstände eine unbezwingliche Ueberzeugung erhalten sollte. Das Kind greift nach dem Gegenstand, welcher sich seinen Blicken darstellt, und wogegen seine Triebe erreget sind. Er richtet sein Ohr nach dem Ort hin, wo der Schall herkam, und in welcher Richtung er am stärksten auf sein Gehör wirkte. Beydes ist eine bekannte Erscheinung, welche sich nicht ereignen könnte, wenn das Kind nicht das Object des Gesichtes und des Gehörs ausser sich suchte, ohne noch darüber reflectiren zu können, was es thut. Diese Vorstellungen, wenn sie durch Gegenstände erregt werden, welche eben itzt auf unsre Organe wirken, heissen auch Sensationen, und haben eine so grosse Klarheit für uns, daß wir an dem Daseyn dieser Gegenstände nicht zweifeln können, wenn wir auch wollten.

T   Wie

Wir haben ein Vermögen, die Sensationen in einem gewissen Grade der Klarheit wieder zu erregen, wenn auch schon die Gegenstä de unsre Organe nicht mehr afficiren. Dieß Vermögen nennen wir unsre Einbildungskraft, und die Vorstellungen, welche daher entspringen, sind Einbildungen, Phantasien. Sie gehören auch zur Sinnlichkeit, weil sie blos einzelne Dinge zu Gegenständen haben. Die Natur hat zwischen ihnen und den wahren Sensationen eine solche Grenzlinie gezogen, daß nur die Unglücklichen dieß nicht mehr sehen können, deren Verstand verrückt ist, und deren Einbildungskraft eine widernatürliche Stärke erhalten hat. Bey gesunder Vernunft unterscheiden wir auf das sicherste unsre blosse Imaginationen von den Sensationen. Diese erscheinen uns im Sonnenlicht, jene unter dem Flor der Abenddämmerung. Diese wohlthätige Einrichtung unsrer Natur hat für uns die herrliche Folge, daß wir die äusseren Gegenstände, welche auf unser Gesicht wirken, von den Gegenständen unsrer blossen Imagination unterscheiden, jenen ihr Daseyn ausser unsren Vorstellungen durch einen gewissen innern Zwang beylegen müssen, diese aber für blosse subiective Formen unsrer Vorstellungen halten.

Anschauen ist in engrer Bedeutung eine Wirkung unsres Sinnes durch Hülfe des Gesichts. Eine Vorstellung, welche also durch diesen Sinn erregt wird, ist eigentlich eine Anschauung. Wir können die Bedeutung eines Wortes in einer wissenschaftlichen Sprache ändern, wenn es die Umstände erfodern. In der kantischen Schule heißt eine Vorstellung, in wie weit sie auf das Oblect bezogen wird, eine Anschauung. Beziehen wir sie aber auf das denkende Subiect: so wird sie Empfindung genannt. Auch dieß Wort hat hier eine Bedeutung erhalten, welche von der gewöhnlichen abgeht. Sonst redet man auch von Vorstellungen, welche wir von unsern Empfindungen haben, und unterscheidet also jene von diesen. Doch hievon werde ich nachher noch einige

Be-

Bemerkungen hinzufügen. Nach dieser kantischen Erklärung von Anschauungen und Empfindungen sind diese nicht blos sinnlich, sondern auch die Vorstellungen des Verstandes und der Vernunft können in verschiedener Beziehung entweder Anschauungen oder Empfindungen genannt werden.

Nicht jedes Mannigfaltige ist Raum, sondern nur denn kann es so genannt werden, wenn mehrere Theile ausser und neben einander in ihm zugleich sind. Es giebt auch intensive Grössen, und also ein Mannigfaltiges in ihnen. Wer wird dieses aber in ihnen Raum nennen können? Alle Gegenstände, welche sich unsern Blicken darstellen, sind von der Beschaffenheit, daß Theile ausser und neben einander zugleich angetroffen werden. Wollte also der Urheber unsrer Natur unser Vorstellungsvermögen, in wie weit es eine Receptivität für Eindrücke durch das Gesichtsorgan haben sollte, so einrichten, daß wir daher wahre, nicht täuschende, Vorstellungen von ihnen erhielten: so mußte die Form dieser Receptivität so beschaffen seyn, daß sie den Stoff zu Vorstellungen aufnehmen konnte, daß in ihnen die Theile ausser und neben einander, so wie in den Gegenständen selbst, als Abbildungen von diesen sich uns darstellten. Allein diese Form unsrer Receptivität ist nicht der Grund von dem Mannigfaltigen in der Vorstellung, sondern nur davon, daß solche Vorstellungen in uns möglich sind. Die Gegenstände selbst, welche auf uns wirken, sind der Grund davon, daß diese Vorstellungen so und nicht anders das Mannigfaltige uns darstellen, weil dieß und die Verbindung seiner Theile in der Vorstellung sich ändert, so bald ich den Gegenstand meiner Anschauung ändere, aber alles wieder in der Vorstellung da ist, wie vorher, wenn ich eben so wieder den Gegenstand wie vorher betrachte. Die Vorstellung nimmt also eine Form an, welche der Form des Gegenstandes entspricht, aber übrigens von ihr wesentlich unterschieden bleibet. Anschauungen von Gegenständen,

T 2   worinn

worinn wir nichts mehr unterscheiden, sind nicht blos möglich, sondern wir können sie uns auch verschaffen, wenn wir
einzelne Puncte so klein vor uns hinstellen, daß wir gar kein
Mannigfaltiges in ihnen gewahr werden, und also auch dieses nicht in der Anschauung angetroffen wird, welche wir von
ihnen haben.   In allen übrigen Anschauungen des Gesichtes werden die Theile so ausser und neben einander zugleich
vorgestellt,   wie sie es in den Gegenständen unsers Gesichtes sind.

Wir erblicken ausser uns überall objectiven Raum.
Unser Verstand kann sich im Allgemeinen Theile ausser und
neben einander zugleich denken, und folglich den reinen Begriff vom Raum bilden.   Allein nun höret diese Vorstellung
auf, sinnlich zu seyn.   Sie wird eine intellectuelle.   Sie
ist eine reine Anschauung nicht meiner Sinnlichkeit, sondern
meines Verstandes von Raum, auch nach der kantischen Sprache, wenn sie auf den allgemeinen Gegenstand bezogen wird.
Reine Anschauung der Sinnlichkeit ist sie nicht, weil sinnliche Anschauungen keine andre Gegenstände als einzelne
Dinge haben können.   Sie ist auch keine Anschauung a
priori in dem Verstande,   als ob sie in mir ursprünglich
vor aller Erfahrung hergehe, sondern mein Verstand hat
den Begriff dieser Anschauung aus empirischen Anschauungen solcher Gegenstände gebildet,   welche individuell sind,
in welchen Theile ausser und neben einander zugleich angetroffen werden, und welche so, wie diese in ihnen sind, mir
den Stoff zu Vorstellungen von ihnen gegeben haben.   Uebrigens kann ich sie eine Anschauung a priori nennen, in wie
weit alle Begriffe meines Verstandes so genannt werden,
welche er durch seine Selbstthätigkeit aus empirischen Vorstellungen gezogen hat.

Die Organe des Geschmacks, des Geruchs, des Gefühles erregen in mir Vorstellungen, welche eben so verschieden

ben sind, als die Organe sich ihrem innern Baue nach selbst
von einander unterscheiden. Wenn durch sie Gegenstände
auf unsre Sinnlichkeit wirken: so entstehen nicht bloße Vorstellungen, wie durch das Gesicht und Gehör, sondern wir
werden uns dabey einer körperlichen Empfindung grade in
dem afficirten Organe bewußt, und setzen diese selbst dahin,
wo die Organe afficirt wurden. Auch von diesen Empfindungen mit allen den angeführten Bestimmungen erhalte
ich Vorstellungen, und unterscheide diese von jenen. Sie
sind also als Vorstellungen auf mich bezogen Empfindungen, und folglich nach der kantischen Sprache von jenen Empfindungen als ihren Gegenständen unterschieden. Hier sehen wir also, daß eine Zweydeutigkeit in Ansehung dieses
Ausdruckes entsteht, welche leicht zu unrichtigen Folgerungen Gelegenheit geben kann, vor welchen wir uns sorgsam
hüten müssen.

Durch einen innern Zwang werden wir genöthiget, die
körperlichen Empfindungen, welche durch diese Organe erregt werden, in die Theile zu setzen, die afficirt wurden.
Aber auch dadurch wird es uns unmöglich, im Ernst an
dem Daseyn unsers Körpers zu zweifeln. So wohlthätig
sind von unserm Schöpfer die Organe unsres äußeren Sinnes eingerichtet, daß wir sowohl von der Existenz äußerer
Gegenstände, als von dem Daseyn unsers eignen Körpers
eine Ueberzeugung erhalten, welche durch keine Grübeleyen
geschwächt werden kann. Will die Vernunft andre Beweise
für das Daseyn dieser Gegenstände durchaus aufsuchen: so muß
sie erst zur Thörinn werden, welche unmögliche Dinge möglich
machen will. Aus Begriffen läßt sich die Existenz einzelner endlicher Dinge nicht beweisen, aber auch nicht mit Vernunft
bezweifeln, und es ist mehr als wahrscheinlich, daß die
Idealisten es auch im Ernst nie gethan haben, als wenn sie
etwa von einem gewissen Grade des Wahnsinnes befallen
waren. Die Natur selbst hat für diese unsre Ueberzeugung

T 3 auf

auf eine Art gesorget, daß der Idealist selbst, wenn er
uns von dem Gegentheil durch Reden oder Schreiben
überzeugen will, seinen Verstand verlohren haben müßte,
wenn er das Daseyn der Dinge leugnen wollte, welche
er als Werkzeuge brauchen muß, um uns seine Grille
mitzutheilen. Widerlegen können wir ihn aus allgemeinen Begriffen nicht. Die Natur hat ihn selbst auf das
nachdrücklichste widerlegt. Hat er sich unfähig gemacht, die
Stärke dieser Widerlegung zu fühlen: so ist er für uns un-
heilbar. Doch wer wollte sich auch wohl die Mühe geben,
einen Sophisten zu widerlegen, der sich immer am stärksten selbst widerlegt, wenn er sein Hirngespinst vertheidigen will?

Ich habe auch ein Vermögen, welches von meinen
innern Veränderungen so afficirt werden kann, daß von ihnen als von Gegenständen Vorstellungen in mir erregt werden.
Dieß ist meine innre Sinnlichkeit, und ihre Beschaffenheit ist
mein innrer Sinn. Sein Gebiet erstreckt sich auf alle Arten
meiner innren Wirkungen, in wie weit sie da sind, und also afficiren. Alle Vorstellungen von äussern Gegenständen, alle
Wirkungen meiner Denkkraft, der angebohrnen Grundprincipien, wornach sie wirket alle Ausbrüche meines Begehrungsvermögens, meiner ursprünglichen Grundtriebe, und die Arten,
wie sie erregt, gelenket, und wieder gehemmet werden, sind
die Gegenstände meines innern Sinnes, in wie weit er von
ihnen afficirt wird.

Die Vorstellungen, welche durch ihn erzeuget werden,
sind sinnliche. Sie haben nur immer einzelne innre Veränderungen zum Gegenstande. So bald mein Verstand aus
ihnen allgemeine Begriffe bildet, und sich diese denket: so
hört das Geschäfte meiner Sinnlichkeit auf, und das Gebiet der intellectuellen Vorstellungen nimmt seinen Anfang.
Mein innrer Sinn kann nur durch einzelne Veränderungen
                                                        in

in mir afficirt werden. Seine Vorstellungen müssen sich darnach richten, haben stets einzelne Veränderungen, nie eine fortgehende Reyhe derselben zum Gegenstand. Durch meine bloße Sinnlichkeit kann ich mir also nie einer solchen Reyhe bewust werden; sondern meine Erinnerungskraft stellt meinem Verstande solche Reyhen theils in mir, theils ausser mir dar, und so bildet er den allgemeinen Begriff von einer ununterbrochnen Reyhe der Veränderungen. Welches Definitum will ich nun brauchen, um diesen Begriff, diese Definition, dadurch anzuzeigen? Dieß ist willkürlich, wie es aus den so vielen Benennungen in den verschiedenen Sprachen erhellet. Ich nenne sie in der meinigen Zeit. Die Reyhe der Veränderungen in den einzelnen Dingen ist die obiective Zeit. Ausser meinen Vorstellungen kann diese nicht anders als individuell, in jedem einzelnen Dinge einzeln seyn. Der allgemeine Begriff, welchen ich mir von diesen einzelnen Zeiten mache, ist als Vorstellung keine Anschauung meiner Sinnlichkeit, sondern meines Verstandes, keine sinnliche, sondern eine intellectuelle Anschauung. Reine Anschauung der Zeit kann ich sie denn nennen, wenn in ihr nichts als der allgemeine Begriff derselben liegt. Diese war aber nicht a priori, d. h. vor aller Erfahrung in meinem Gemüthe. Die Fähigkeit habe ich, durch meine Aufmerksamkeit auf innre und äussere Veränderungen durch meine Erinnerungskraft, und meinen Verstand den Begriff der Zeit zu bilden. Diese ist als Bestimmung meiner Denkkraft vor aller Erfahrung a priori in mir. Allein so ist sie nicht Anschauung selbst, sondern Vermögen, diese zu erhalten. Durch meine Aufmerksamkeit auf die Folgen meiner innern Veränderungen wird mein Verstand fähig, einen allgemeinen Begriff von der Zeit zu bilden, sich ihn zu denken, oder sich die Zeit in einer reinen Anschauung vorzustellen. Die Zeit als eine solche Anschauung war also eben so wenig in mir vor aller Erfahrung als sie, wie eine solche, eine obiective Realität ausser dieser meiner subiectiven

T 4   Vor-

Vorstellung haben kann. Nicht als meine Anschauung, sondern als eine individuelle Reyhe von Veränderungen der
Dinge hat sie in ihnen ihre obiective Gültigkeit; und daß
sie diese auch in mir hat, davon belehrt mich das untrügli-
che Bewustseyn, welches ich von meinen eignen Veränderungen habe.

Allein worinn besteht denn dieses? Diese Frage ist
für mich von Wichtigkeit. Ich würde sie nie beantworten
können, wenn ich nicht auf die Lage aufmerksam wäre,
worin meine Denkkraft sehr oft bey Vorstellungen ist, welche durch Gegenstände erregt wurden, die meine Sinne af-
fiirten. Ich weis sehr oft, daß ich diese Vorstellungen
habe. Ich beziehe sie auf mich, beziehe sie auf ihre Gegenstände, und unterscheide sie von beyden. So finde ich
es bey keinem der übrigen Thiere, welche ausser den Menschen um mich her Mitbewohner der Erde sind. Ohne
Zweifel ist hier die Stuffe, wohin diese nicht dringen können; ist hier die Scheidewand zwischen meiner Sinnlichkeit
und meiner höheren Denkkraft. Dieß Vermögen erhebet
mich über die Geschöpfe, deren Vorstellungen blos sinnlich
sind. Es ist das Vermögen, mir meiner als eines denkenden Subiects, mir der Vorstellungen, als meiner innern Bestimmungen, mir der Gegenstände, wovon ich
Vorstellungen habe, bewust zu werden, und mir diese drey
nicht als Eine Sache, sondern als verschiedene vorzustellen.

Nun erst eröffnet sich für mich ein Feld der Erkenntniß. Diese besteht in dem Bewustseyn, welches ich von
meinen Vorstellungen, und von den Verhältnissen habe,
worinn diese gegen ihre Gegenstände stehen. Bin ich mir
blos der sinnlichen Vorstellungen und der individuellen Gegenstände von ihnen bewust: so ist meine Erkenntniß eine
sinnliche. Ich gebe ihr diesen Namen nicht deswegen, weil
ich blos Sinnlichkeit besitze, oder weil diese die einzige Quelle
der-

derselben ist, sondern weil die Objecte meinen Sinnen den
Stoff zu empirischen Vorstellungen darreichten, deren sich
mir bewuſt bin. Hätte ich nicht das Vermögen, mir dieser bewuſt zu werden, und sie in diesem Bewuſtseyn von
mir und den Gegenständen zu unterscheiden: so würde ich
auch keine sinnliche Erkenntniß haben können. Wer hat
jemals einem Adler, oder einem Löwen sinnliche Erkenntniß
beygelegt? Und warum nicht? Sie haben doch auch
ihre, und erhalten durch diese sinnliche Vorstellungen? Ihre
ihnen angebohrne Kunsttriebe werden dadurch erreget, und
erhalten nach ihnen eine zweckmässige Richtung. Dieß alles kann statt haben, ohne daß sie sich deren besonders bewuſt sind, ohne daß sie durch dieses sich von ihren Vorstellungen, von ihren Trieben und den Gegenständen unterscheiden, worauf beyde eine Beziehung haben.

Wann erhebt das Kind sich zuerst aus diesem bloſſen
Thierstande? Wann fängt es zuerst an zu denken? denn
dieß heißt nichts anders, als Vorstellungen haben, deren
man sich bewuſt ist. Diese Frage ist freylich wichtig genung,
um unsre Wißbegierde anzufeuern. Hier ist aber der Ort
nicht, sie umständlich zu beantworten. So viel ist ausgemacht, daß, so wie sein Bewuſtseyn rege wird, und sich
auf mehrere Gegenstände erweitert, auch seine sinnliche Erkenntniß ihren Anfang nimmt, sich in eben dem Grade weiter ausbreitet, und sich der Kreis seines Denkens gleichsam
ausdehnet.

Vielleicht habe ich es diesem Vermögen zu verdanken,
daß sich bey mir Verstand und Vernunft entwickelten. Vielleicht ist dieses die Wurzel in meiner Grundkraft, woraus
diese schönen Blumen hervorschoſſen.

Die Natur hat mir gewisse Regeln eingepflanzt, wornach ich von Vorstellungen zu Vorstellungen fortgehe.
T 5   Diese

Diese nenne ich die Regeln der Association meiner Ideen. Sie sind in mir nicht das Werk der Erziehung, nicht des Fleisses, sondern der Natur. Sie werden in mir wirksam. Ich befolge sie, ohne daß ich es weis, wie beydes geschieht, ohne daß ich es vorher wollte, und willkürlich bestimmte, wie sie erfolgen und angewandt werden sollten. Diese Associationsregeln sind mir und jedem Menschen, auch dem Kinde, wenn sich seine Denkkraft zu entwickeln angefangen hat, so natürlich, daß dieses so gut als der aufgeklärteste Philosoph stutzet, wenn es einen Menschen höret, welcher nicht nach ihnen seine Gedanken ordnet. Diese sind die Regeln, wornach Dichter so gut als Redner und selbst die Weltweisen ihr Geschäfte betreiben, und ohne welche sie einer Bildsäule gleichen würden, welche den Fuß erhebt, aber nicht von ihrer Stelle kommen kann. Wohlthätig hat die Natur dafür gesorget, daß wir ihnen folgen, ohne zu wissen, wie wir es zu machen haben, um zu folgen, grade so wie wir unserm Körper die Richtung, welche wir wollen, geben können, und es doch nicht verstehen, wie wir es eigentlich machen müssen, um grade so und nicht anders in unsern Körper zu wirken, daß seine Bewegung in der Richtung mit der Schnellkraft und Stärke erfolge, wie wir es wollen. Ohne Zweifel würde für uns alles verlohren seyn, wenn wir dazu erst eines besondern Unterrichts, einer erlernten Kunst, bedürften, da wir nun durch den Unterricht der Natur alles auch für die Künste gewonnen haben, welche eine regelmässige Anwendung dieser Naturfertigkeiten erfodern.

Ich erblicke einen Gegenstand, welcher eine Aehnlichkeit mit dem hat, welchen ich schon vorher betrachtete. Nun wird die Vorstellung von diesem letzten nach einer mir angebohrnen Associationsregel in mir wieder rege. Mein Vermögen, mir der Vorstellungen bewußt zu werden, sie von einander, sie von ihren Gegenständen und von mir zu unter-

unterscheiden, hat es natürlich zur Folge, daß ich sie mir in Verhältnissen vorstelle, und also vergleiche. Ich werde mir ihrer Aehnlichkeit und Unähnlichkeit bewußt, und indem ich mir jene vorstelle: so erwächst in mir eine allgemeine Vorstellung, aus welcher die individuellen Bestimmungen der einzelnen Dinge weggelassen sind. Auch dieser werde ich mir bewußt, und dieß Vermögen nenne ich Verstand, (intellectum). Hier eröffnet sich ein neues Gebiet für meine Erkenntniß. Ich werde mir der allgemeinen Vorstellungen bewußt, welche ich durch meinen Verstand aus den empirischen gezogen habe. So wie ich sie mir itzt denke, sind sie nicht mehr empirische, sondern intellectuelle Vorstellungen, und meine Erkenntniß, die daher entspringet, verdienet auch deswegen eine intellectuelle genannt zu werden.

Die Vorstellungen in dieser sind so wohl ihrem Innhalte als auch ihrem Ursprunge nach von den Vorstellungen in der sinnlichen Erkenntniß sehr verschieden; ihrem Innhalte nach darinn, daß diese letzten stets einzelne Gegenstände (individua), gleichviel, äussere Dinge, oder innre Veränderungen, meinem Bewußtseyn darstellen, da ich hingegen in jenen die Aehnlichkeit einzelner Gegenstände mir denke, ohne mir dieser Gegenstände selbst besonders bewußt zu seyn. Die Vorstellungen in meiner sinnlichen Erkenntniß entspringen unmittelbar nur dann, wenn einzelne Gegenstände auf meine Sinne wirken. Ich kann in diesen nichts ändern, so lange sie auf gleiche Art auf mich wirken. Ich muß mich mehr leidend als thätig beweisen; und wenn ich auch dieß letzte thue: so habe ich es doch nicht in meiner Gewalt, mich auf diese und keine andre Art thätig zu beweisen, und dadurch nach Gefallen in meinen Vorstellungen etwas abzuändern. Bey den Vorstellungen in meiner intellectuellen Erkenntniß verhalte ich mich fast ganz selbstthätig. Wenn auch die Associationsregeln mit wirken: so
werden

werden diese durch meine innre Kraft erreget. Mein Verstand bearbeitet durch seine eigenthümliche Fähigkeit die empirischen Anschauungen, und erzeuget durch sie aus ihnen die intellectuellen Vorstellungen. Ich werde mir in dieser bei allgemeinen Begriffe durch meine eigne Kraft bewußt, welche Geschöpfe meines Verstandes sind, und ich wähle mir willkürlich solche Zeichen, wodurch ich diese intellectuelle Vorstellungen bezeichne. Diese erregen zwar unmittelbar eine empirische Vorstellung von sich selbst, aber mittelbar nach der Wahl, welche ich getroffen habe, werden durch sie die allgemeinen Begriffe angezeiget, mit welchen sie doch oft nicht die entfernteste Aehnlichkeit haben.

Diese Wahl war Bedürfniß für meinen Verstand, weil ich die Gegenstände selbst nicht mir sinnlich denken konnte, ohne einzelne Dinge zu Gegenständen meiner Vorstellung zu machen. Durch eine Kunst, welche mich selbst in Erstaunen setzet, weis mein Verstand seine intellectuelle Vorstellungen mit sinnlichen Zeichen zu verbinden, welche mit jenen keine Aehnlichkeit haben, und demohngeachtet kann er sich jene dadurch deutlich denken. Allein wie kam er denn zu einer Entschließung, welche dem ersten Anblicke nach ganz zweckwidrig zu seyn scheinet? Ich muß die Natur befragen, welche mir mein Schöpfer verliehen hat. Schon das Kind, ehe es noch den Keim seines Verstandes entwickelt hat, weis alle seine innern Triebe, wenn sie in einem gewissen Grade erreget sind, durch Zeichen in den Gesichtszügen, welche es macht, und in gewissen Tönen zu erkennen zu geben. Diese Zeichen sind nicht die erregten Triebe selbst, haben auch keine Aehnlichkeit mit diesen, sind aber für jedes Geschöpf von derselben Art eine so deutliche, vernehmliche Sprache, daß ein jeder ihren Innhalt vollkommen verstehet, gleichviel, er gehöre zu den aufgeklärtesten Nationen unsrer Erde, oder zu solchen, welche noch dem Thierstande sehr nahe sind.

Auch

Auch dieses Naturdranges, meine innern Veränderungen durch Zeichen, die gesehen oder gehört werden zu erkennen zu geben, werde ich mir bewußt. Mein Verstand
fühlte seine Stärke, ward dadurch wegen seiner Bedürfniß,
sich seiner Begriffe ohne die individuellen Bestimmungen der
Gegenstände bewußt zu werden, auf eine ähnliche Bahn
hingetrieben, wählte erst Töne, nachher Zeichen, welche
in die Augen fallen, zu Ausdrücken seiner intellectuellen
Vorstellungen, und nun waren tausend Kanäle geöffnet,
wodurch die innern Wirkungen meines Verstandes durch
Hülfe verabredeter Zeichen in die Seele andrer Menschen
überfliessen, und ihnen mitgetheilt werden konnten. Die
Wahl solcher Zeichen, und eine regelmässige Anwendung
derselben ist also das Werk meines Verstandes, ist ohne
ihn nicht denkbar. Die Gegenstände, wovon ich empirische Vorstellungen erhalte, sind zwar einzelne Obiecte, können sich aber in ihren Bestimmungen mehr oder weniger
von einander unterscheiden, und meine empirische Vorstellungen sind immer von derselben Beschaffenheit. Die Natur hat ihre Werke in Classen, Gattungen, Arten einge-
theilt, und mein Verstand denket sich diese im Allgemeinen. Er brauchte also Zeichen, um diese dadurch anzuzeigen, und daher entstanden die unzähligen Namen, für
Classen, Ordnungen, Gattungen, Arten und einzelne Dinge.
Daher endlich die ausgebildeten Sprachen. Es ist ein Gesetz meiner Natur, daß ich getrieben werde, zu ähnlichen
Zwecken ähnliche Mittel zu wählen. Daher eine solche Re-
gelmässigkeit in den Sprachen der verschiedenen Völker,
daß man glauben sollte, als ob sie die Kunstwerke der aufgeklärtesten Philosophen wären, daß ich diese Zeichen zur
Erweiterung meiner sinnlichen und intellectuellen Erkenntniß gebrauchen kann; daß ich ihren Gebrauch für einen
solchen erkenne, welchen nur vernünftige Geschöpfe von ihnen machen können. Mein Verstand bildet also durch seine
selbstthätige Kraft seine eigne Vorstellungen, auch seine
eigne

eigne Anschauungen, weil er jene auf die allgemeinen Dinge bezieht, und sie von ihnen als von ihren Gegenständen unterscheidet.

Durch Hülfe der mir angebohrnen Associationsregeln bin ich vermögend, mir der Aehnlichkeiten und Unähnlichkeiten der Dinge und der Begriffe von ihnen bewußt zu werden. Ich habe also auch ein ermögen, die Dinge gegen einander zu vergleichen, ihre Uebereinstimmungen und Abweichungen gewahr zu werden, und mir folglich ihre Verbindung oder ihren Zusammenhang zu denken. Dieß ist die grosse Fähigkeit, wodurch ich so wohl meine sinnliche als intellectuelle Erkenntniß erweitern, wodurch ich von einer Stuffe derselben zur andern und immer höher empor dringen kann. Diese Fähigkeit, ist meine Vernunft. Durch sie kann ich den Zusammenhang in meiner sinnlichen Erkenntniß entdecken, mehr bestimmen, genauer abwägen. Durch sie kann ich auch die Begriffe, welche mein Verstand gebildet hat, gegen einander halten, ihrer Uebereinstimmung und Abweichung, kurz ihrem Zusammenhang nachspüren, und aus ihnen ein Gebäude von Wahrheiten zweckmässig errichten. In beyden Fällen ist es eine und dieselbe selbstthätige Kraft meiner Seele. Nur die Gegenstände sind verschieden, welche sie bearbeitet. Will ich meine Vernunft darnach verschieden benennen: so kann sie empirische Vernunft heissen, in wie weit sie in meine sinnliche Erkenntniß den Zusammenhang bringet, reine Vernunft, in wie weit sie blos mit meiner intellectuellen Erkenntniß, mit den reinen Begriffen und ihrem Zusammenhang, mit allgemeinen Wahrheiten sich beschäftiget.

So selbstthätig auch ihre Kraft wirket: so muß doch der Verstand ihr vorgearbeitet, so müssen doch sinnliche Vorstellungen durch diesen ihr die Materialien zu ihrem herrlichen Bau dargereichet haben. Wäre dieß nicht vorhers hergegangen: so würde sie in mir ihre Kraft ungeachtet aller ihrer eigenthümlichen Selbstthätigkeit doch nicht haben anwenden können.

Auch die Natur selbst hat ihr noch auf eine andre Art vorgearbeitet. Sie hat meinem denkenden Wesen gewisse Grundregeln vorgeschrieben, wornach meine Vernunft sich wirksam beweiset, und wodurch sie fähig wird, mir von Wahrheiten eine allgemeingültige, apodiktische Gewißheit zu verschaffen. So viel ich bisher bemerket habe, lassen sich diese in drey verschiedenen Grundsätzen ausdrücken. Ich nenne sie den Grundsatz 1) der Identität, 2) des Widerspruch's, 3) des zureichenden Grundes. Ich bin durch einen innern Naturzwang genöthiget, es zuzugeben, daß ein Ding das Ding ist, was es ist. Dieß giebt meiner Vernunft eine unerschütterte Festigkeit in der Ueberzeugung, daß, wenn sie erst weis, daß ein Object A ist, es auch, in wie weit es dieß ist, dieß seyn muß. Wenn ich einmal davon gewiß bin, daß ein Ding A ist: so ist es mir unmöglich zu denken, daß es nicht A seyn sollte, und zwar vermöge der Grundregel vom Widerspruch. Freylich kann ich blos aus beyden Regeln es nicht erkennen, daß ein Ding A sey. Zu dieser Erkenntniß muß ich mir andre Quellen eröffnen. Allein dieß weiß ich aus beyden daß, wenn ein Object A ist, durchaus falsche Sätze entstehen würden, wenn ich in Gedanken mit dem Object A etwas verbinden wollte, wodurch es aufhörte, A zu seyn. Ich verlasse mich darauf, daß in der ganzen Natur sich keine Begebenheit ereignen könne, welche diesen Grundsätzen entgegen wäre. Widersprüche in der Natur von der Art können unmöglich statt haben. Widersprechende Bestimmungen können in einem Objecte angetroffen werden. Der Physiker denket sich die Kraft einer Kugel so bestimmt, daß sie vom Mittelpunct aus in der Richtung der radiorum nach der Oberfläche mit unbestimmtgrosser, aber gleicher Schnellkraft hinwirke, und

daß

daß grade daher ihre Trägheit (vis inertiae) komme, weil
die sich diametraliter entgegenwirkenden gleichen Bewe-
gungstendenzen sich im Gleichgewicht erhalten, und also sich
gegenseitig in ihren Bewegungen stören. Wenn diese Hypothese ihre Richtigkeit hätte: so wären in einer Kugel sich
entgegen kämpfende oder widersprechende Bestimmungen.
Jede einzelne Bestimmung wäre aber deswegen das, was
sie ist, wäre nicht mit sich selbst im Widerspruch. Es hat
Tyrannen gegeben, welche grausam und mitleidig waren. Allein ihre Grausamkeit ist nicht ihr Meitleiden.
Sie hatten widersprechende Leidenschaften, aber keine welche
sich selbst widersprachen, d. h. keine, die zugleich das wären, was sie waren, und es auch nicht waren. Widersprüche in eigentlicher Bedeutung des Wortes, können nur in
subiectiven Vorstellungen der denkenden Wesen, und nicht
ausser ihnen angetroffen werden. Sobald sie diese entdecken: so sind sie auch gezwungen, dasjenige als eine
falsche Vorstellung zu verwerfen, wodurch ein Widerspruch
gesetzt wird.

Die dritte uns angebohrne Grundregel des Denkens
sind wir gewohnt, durch den Grundsatz des zureichenden
Grundes auszudrücken. Die allgemeine Wahrheit dieses
Satzes können wir nicht beweisen, aber auch nicht leugnen;
nicht beweisen, weil keine Beweise möglich seyn könnten, wenn
er falsch wäre, und nicht als ausgemacht voraus gesetzet
würde; nicht leugnen, weil wir entweder mit Grund oder
ohne Grund ihn leugnen müßten. Mit Grund: so setzen wir
seine Wahrheit voraus, um seine Falschheit, und die Richtigkeit unsers Urtheils beweisen zu können. Ohne Grund —
Nun so empören wir uns gegen unsre eigne Natur, welche
uns von unsrer ersten Kindheit an auch ohne besöndre Belehrung von ihm nöthigte, in allen unsern Urtheilen, Schlüssen, Handlungen uns nach ihm zu richten: so nehmen wir
unsrer Vernunft die Flügel, wodurch sie sich empor zu heben

und

und in das Gebiet der Wahrheiten hineinzubringen nur allein
fähig ist. Mißbrauchen können wir diese Grundregeln. Dieß
zeiget die Geschichte der Menschen, dieß ihr Betragen in den
Wissenschaften, und selbst in den verschiedenen Verbindungen
des gesellschaftlichen Lebens. Allein die Schuld dieses Irrthums
liegt nicht in den Regeln selbst, sondern in dem unregelmäßigen
Gebrauch, welchen sie von ihnen machten. Sie sind die
Quellen, woraus alle apodictische Erkenntniß der Wahrheiten
zuletzt für uns herfließet, und wenn wir diese verstopfen könnten: so würde es um die Gewißheit unsrer Erkenntnisse geschehen seyn. Allein die Natur selbst hat wohlthätig dafür
gesorget, daß dieß uns nicht möglich ist, und daß wir, wenn
wir uns ja gegen sie empören wollen, es sehr lebhaft empfinden, daß es blos eine widersinnige ohnmächtige Empörung
ist, deren Thorheit wir uns schämen müssen, weil sie unsrem eignen Gefühle nach nahe an Wahnsinn grenzen würde.
Durch sie bildet meine Vernunft ihre Sätze, nach ihnen
prüfet sie ihre Richtigkeit. Wenn sie es bemerkt, daß sie
einem Subiect ein Prädicat beylegt, welches ihm widerspricht,
d. i. es aufhebt, oder welches nicht so in ihm gegründet ist,
als die Verbindung es nothwendig fodert, worinn sie sich
das Prädicat mit dem Subiect denkt: so weis sie es mit
apodictischer Gewißheit, daß dieser Satz falsch ist. Erkennet sie aber, daß diese Grundsätze für ungültig erkläret werden müßten, wenn das Prädicat nicht in der bestimmten
Verbindung dem Subiect zukommen sollte: so weis sie mit
apodictischer Gewißheit, daß der Satz in dieser Bestimmung
durchaus wahr seyn muß.

Allein weis sie auch dieß, daß das Subiect A ausser
ihrer Vorstellung sein eigenthümliches Daseyn haben müsse?
Hierauf antworte ich: wäre es durchaus eine nothwendige
Folge, daß sie entweder das Daseyn dieses Subiectes zugeben, oder auch diese angebohrne Grundregeln für falsch erklären müßte: so würde sie mit eben der apodictischen Ge-

U   wiß-

wißheit von dem Daseyn dieses Subiects auch ausser ihren Vorstellungen überzeugt seyn, als sie es von der Allgemeinheit und Nothwendigkeit irgend einer allgemeinen Wahrheit seyn kann. Wenn aber dieser Fall nicht da ist, oder nicht von ihr erkannt wird: so kann sie wohl aus einem allgemeinen Begriff als einer Art von einzelnen Dingen manche Prädicate beweisen, und folglich mit Gewißheit schliessen, daß alle indiuidua dieser Art auch dieß Prädicat haben müssen. Allein daß es als ein endliches Ding existiret, daß es ein einzelnes Ding von dieser Art ist, dieß kann sie freylich nicht durch Hülfe ihrer intellectuellen Erkenntnisse aus allgemeinen Wahrheiten folgern. Dieß muß sie aus andern Gründen wissen. So bald sie aber dieß weis: so hat meine Vernunft die Fähigkeit, das Prädicat, was der Art nothwendig zukömmt, unter welche dieß einzelne Ding begriffen ist, auf dieses anzuwenden, ihr Prädicat zwar nicht zur obiectiven Bestimmung desselben zu machen, aber doch richtig zu schliessen, daß die Bestimmung in ihm nothwendig liegen muß, welche sie sich unter diesem Prädicate in ihrer Anschauung vorstellte.

Meine Vernunft kann aus allgemeinen Begriffen, aus Grundsätzen und richtig bewiesenen Theoremen mit apodictischer Gewißheit erkennen, daß zwey Parallelogrammen sich geometrisch zu einander verhalten, wie ihre Höhenlinien, wenn ihre Grundlinien sich gleich sind. Hat sie auch das Vermögen, den Stoff übersinnlicher Vorstellungen zur materiellen Wahrheit dieses Schlußsatzes herbey zu schaffen, wie sie es nach der Sprache einiger Kantianer haben muß, wenn ihr Vermögen nicht blos logisch sondern auch metaphysisch seyn soll? Diese Frage ist in sehr ungewöhnlichen dunkeln Terminologien aufgeworfen. Wir wollen also zuerst die Dunkelheiten, so gut es möglich ist, wegzuschaffen suchen. Was heißt Stoff übersinnlicher Vorstellung herbeyschaffen? Doch nichts anders als allgemeine Wahrheiten als Principien auffinden,

ben, welche zur Vorstellung erhoben werden müssen, ehe meine Vernunft aus ihnen etwas schliessen kann? Was heißt es, diese zur materiellen Wahrheit der Schlüsse herbey schaffen? ohne Zweifel nichts anders als sie so brauchen, daß die Wahrheit der Schlüsse dadurch von ihr mit apodictischer Gewißheit erkannt wird. Es ist also die Frage, wenn sie in deutlichern gewöhnlichen Ausdrücken aufgeworfen wird, diese: hat die Vernunft das Vermögen, die allgemeinen und folglich übersinnlichen Wahrheiten zu Vorstellungen zu erheben, um daraus die Wahrheit ihrer Schlußsätze mit apodictischer Gewißheit zu erkennen? Diese werde ich bejahen müssen, weil meine Vernunft in tausend Fällen dieß Vermögen sattsam zu meiner Belehrung geäuffert hat. Mehr brauche ich nicht zu wissen, um einzusehen, daß mir der Weg zur apodictischen Gewißheit intellectueller Erkenntnisse durch meine Vernunft geöffnet ist. Wollen diese Herren Kantianer mit ihrer Frage, welche so sonderbar klinget, etwas anders andeuten: so kann mir dieses sehr gleichgültig seyn. Genug für mich, wenn ich nur das von meiner Vernunft und ihrem Vermögen weis, was ich oben erkannt habe.

Eine andere Frage würde diese seyn: hat meine Vernunft ein metaphysisches Vermögen, diese übersinnlichen allgemeinen Wahrheiten, welche in ihren Schlüssen liegen, auf einzelne Dinge anzuwenden, und sich in diesen von der Richtigkeit ihres singulären Schlußsatzes zu überzeugen? Auch dieß Vermögen kann ich ihr nicht absprechen. Sie kann es aber nicht anwenden, wenn ihr nicht eine empirische Erkenntniß zu Hülfe kömmt. Ist die Frage diese: ob zwo Figuren, ob sie als Parallelogrammen da sind, ob sie gleiche Höhenlinien haben: so kann sie diese freylich nicht aus ihren allgemeingültigen, übersinnlichen Principien allein beantworten. Die Erfahrung muß es sie lehren, ob sie da sind. Nun muß sie durch Betrachtung dieser Figu-

U 2 ren

ren es erst untersuchen, ob sie die Beschaffenheit der Parallelogrammen, ob sie gleiche Höhenlinien haben. Wann sie durch empirische Untersuchungen davon überzeugt ist, dann hat sie das metaphysische Vermögen, mit apodictischer Gewißheit die Wahrheit ihres Schlußsatzes zu erkennen, daß nämlich die gegebenen Parallelogrammen von gleicher Höhenlinie sich geometrisch zu einander verhalten müssen, wie ihre Grundlinien. Dieß ist der glänzende Weg, welchen sie betreten muß, wenn sie ihre allgemeine Schlüsse, die von übersinnlichem Innhalt sind, auf einzelne Dinge mit dem besten Erfolg anwenden will. Auf diesem verschaffet sie sich eine Erkenntniß von individuellen Wahrhalten, schaffet aber diese Prädicate als ihre Vorstellungen nicht in die eigenthümlichen Bestimmungen der Dinge um. Diese liegen in ihnen selbst, und es ist für unsre Vernunft genug, es mit apodictischer Gewißheit zu wissen, daß sie in ihnen liegen, und mit eben der Gewißheit die Gültigkeit ihrer letzten Schlußsätze zu erkennen, in welchen die Subiecte einzelne überall bestimmte Dinge, und die Prädicate die Eigenschaften bezeichnen, welche ihnen individuell zukommen müssen, weil diese Prädicate von den allgemeinen Begriffen oder den Arten, wovon sie individua sind, ohne Widerspruch nicht können geleugnet werden. Dieß ist die schöne Bahn, welche vor uns liegt, und welche unsre Vernunft betreten muß, um unsre intellectuelle Erkenntniß mit der sinnlichen zu verbinden, diese durch jene zu erweitern, zu berichtigen, zu befestigen.

Habe ich aber auch ein Begehrungsvermögen? Ist es von meiner Vorstellungsfähigkeit unterschieden, und worinn? Welches sind gleichsam die Bestandtheile, woraus es besteht? Woher kommen meine Triebe? Entspringen sie alle aus einem einzigen Grundtriebe, oder giebt es mehre ursprüngliche Grundtriebe, welche zwar alle in einer und derselben Grundkraft meines Gemüthes gegründet sind, aber aus dieser gleichsam als aus Einem Stamme in verschiedene

Zweige

Zweige ausgehn? Sind sie, wenn sie da wären, von Natur untergeordnet, oder habe ich es in meiner Gewalt, sie auf verschiedene Art sich unterzuordnen? Wie erwächst daher Tugend, wie Laster? Welchen gegenseitigen Einfluß haben mein Vorstellungsvermögen und meine Begehrungsfähigkeit auf einander? Können sie gegenseitig ihren Wirkungskreis erweitern, einschränken, berichtigen, auch wohl verderben? Fragen, welche es sehr werth sind, genau untersucht zu werden, worauf ich mich aber hier nicht einlassen kann, weil eine solche Untersuchung mit meiner Prüfung der Kantischen Transscendentalaesthetik in keiner genauen Verbindung stehet, und ich nur mehr in Fragmenten Aphorismen aus der Psychologie, als ein System dieser Wissenschaft liefern wollte.

Verbesserungen.

Seite 23, Zeile 15. statt gnug lies gung. S. 34, Z. 19. nach folgenden l. Entwicklungen. S. 53, Z. 21. st. nichts l. nicht. S. 62, Z. 23. nach soll l. als. S. 71, Z. 25. st. Spontanität l. Spontaneität. S. 79, Z. 8. st. mehrmal l. sechsmal. S. 92, Z. 15. st. diesen l. dessen. S. 93, Z. 23. st. Freude l. Furcht. S. 98, Z. 30. nach selbst l. nicht. S. 115, Z. 3. st. jedem l. jenem. S. 119, Z. 6. st. mir l. mich. S. 127, Z. 21. st. welcher l. welche. S. 152, Z. 32. st. ihnen l. uns. S. 171, Z. 13. st. bestunde l. bestände. S. 175, Z. 27. st. den l. der. S. 178, Z. 21. st. aus l. nach. Z. 25. st. von einander l. von nach einander. S. 180, Z. 27. st. subiective l. obiective. S. 191, Z. 13. st. Diese l. Bey dieser. S. 192, Z. 6. statt unterscheidet l. unterscheiden. S. 204, Z. 10. st. sollen l. soll. S. 205, Z. 31. st. also l. als. S. 240, Z. 17. st. wird l. wird nicht. S. 214, Z. 22. st. welche l. welcher. S. 234, Z. 14. st. zwar l. amen.